教育部职业教育与成人教育司推荐教材
职业院校教学用书（汽车运用与维修专业）

汽车钣金

（第2版）

陈 均 主 编

电子工业出版社

Publishing House of Electronics Industry

北京·BEIJING

内 容 简 介

本书内容是在第 1 版的基础上，结合现代钣金设备和技术以及汽车车身的材料的变化重新修订而成的。包括车身维修安全、车身制图识读、钣金基本技能、车身结构识别、车身材料识别、车身损坏分析、车身测量、车身校正、车身焊接、钣金件更换、车身塑料件维修、车身附件维修、车身防腐等知识。

本书适合职业院校汽车钣金专业或者汽车车身修复专业的师生作为教材使用，也适合从事汽车钣金职业的各类人员参考。

图书在版编目（CIP）数据

汽车钣金 / 陈均主编. —2 版. —北京：电子工业出版社，2012.7
教育部职业教育与成人教育司推荐教材. 职业院校教学用书. 汽车运用与维修专业
ISBN 978-7-121-17453-7

Ⅰ. ①汽… Ⅱ. ①陈… Ⅲ. ①汽车—钣金工—中等专业学校—教材 Ⅳ. ①U472.4

中国版本图书馆 CIP 数据核字（2012）第 140039 号

策划编辑：杨宏利
责任编辑：杨宏利　　特约编辑：王　纲
印　　刷：河北虎彩印刷有限公司
装　　订：河北虎彩印刷有限公司
出版发行：电子工业出版社
　　　　　北京市海淀区万寿路 173 信箱　邮编　100036
开　　本：787×1 092　1/16　印张：14　字数：358.4 千字
版　　次：2005 年 10 月第 1 版
　　　　　2012 年 7 月第 2 版
印　　次：2025 年 8 月第 17 次印刷
定　　价：27.00 元

凡所购买电子工业出版社图书有缺损问题，请向购买书店调换。若书店售缺，请与本社发行部联系，联系及邮购电话：(010) 88254888，88258888。

质量投诉请发邮件至 zlts@phei.com.cn，盗版侵权举报请发邮件至 dbqq@phei.com.cn。

本书咨询联系方式：(010) 88254592，bain@phei.com.cn。

前　言

我国已经成为世界上最大的汽车生产国。迅速增加、数以亿计的汽车保有量给汽车维修行业带来的巨大的发展空间，也对汽车维修人才的培养提出了更高的要求。

现在，汽车钣金从业人员的数量和质量都不能满足市场的需求。由于汽车制造技术和汽车维修技术的迅猛发展，汽车钣金技术已经发生了巨大的变化，一些仅仅十年前还普遍使用的技术已经落后。因此，本书将按照钣金作业的工作过程介绍钣金作业的安全事项、钣金的基础知识、钣金的设备和工艺、车身损伤分析、车身测量、车身校正，车身板件更换、车身焊接以及车身塑料件修理等知识和技能，突出汽车钣金的新知识、新技术、新工艺和新方法。

为了让读者直观地了解相关的知识和技能，本教材收集了大量的图片，希望能为读者学习技术提供更好的帮助。

本教材秉承现代职业教育理念，精心组织学习内容，提供了丰富的案例，详细地、直观地介绍各种钣金技术的操作步骤。学习者只要按照教材完成了相应的作业，就能掌握钣金工岗位所需的技能。

本教材由陈均任主编，经过教育部审批，列为教育部职业教育与成人教育司推荐教材。

本教材不当之处，请读者予以指正。

为了方便教师教学，本书还配有教学指南、电子教案及习题答案（电子版），请有此需要的教师登录华信教育资源网（http://www.hxedu.com.cn）下载。

编　者

2012 年 7 月

目　　录

第1章 车身维修安全

本章学习任务

❖ 了解车身维修车间的布置及安全注意事项。

❖ 熟悉钣金工的劳动保护。

❖ 熟悉钣金操作中的安全注意事项。

在汽车钣金作业中，维修人员频繁接触各种机电设备、易燃、易爆品，一不小心，就可能发生伤害事故，因此，维修人员必须熟悉车身维修相关的安全知识，把安全作业放在首位，养成良好的安全习惯。

1.1 车间布置与安全

1. 车身维修车间布置

车身维修车间是进行车身修复、车身涂装的场所。车身修复工作区分为：钣金加工检查工位、钣金加工校正工位、车身校正工位、材料存放工位等。一般的车身修复车间布置如图 1.1 所示。

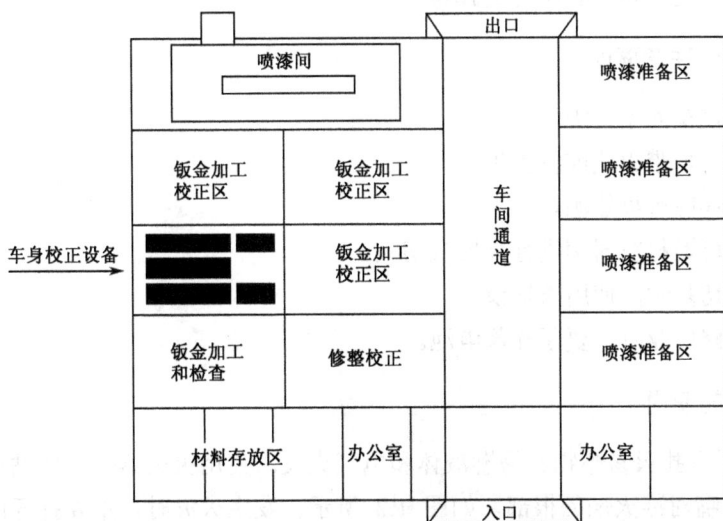

图 1.1 汽车车身修复车间布局示意图

车身修复工作区主要完成的工作是：事故车辆的检查、车辆零部件拆卸、板件维修、车身测量校正、车身板件更换安装、车身装配调整等。

2. 压缩空气安全注意事项

① 维修车间内压缩空气的压强一般为 0.5～0.8 MPa。
② 气路要安装油水分离器，保证压缩空气的干燥和清洁。

3. 电气安全注意事项

① 使用维修电动设备和工具前应先断开电源。
② 工作区保持地面无水。
③ 电源线正确接地。
④ 定期检查电线的绝缘情况。
⑤ 气体保护焊焊接时的电流不能小于 15 A 。
⑥ 电阻点焊机焊接时的电流不能小于 30 ～40 A。

4. 维修期间车辆的安全注意事项

① 按规定的固定路线行驶。
② 移动车辆时，确保没有人或物品挡住道路。
③ 车辆进行作业时应拉起驻车制动器。
④ 避免接触旋转中的部件。
⑤ 点火钥匙转到关闭位置。
⑥ 紧固件要重新适当地安装。
⑦ 放掉管路中的燃油。
⑧ 手指远离处于拉伸状态时的弹簧。

5. 消防安全注意事项

① 车身修理车间禁止吸烟。
② 不要随身携带火柴或打火机。
③ 易燃材料应远离热源。
④ 不要在可燃材料周围进行焊接或切割。
⑤ 焊接和切割时，使用防护毯。
⑥ 车身维修作业时，要断开蓄电池。

6. 灭火器的使用

干粉灭火器可扑灭易燃物、易燃液体和电气火灾。使用灭火器时，要站在距离火源 2～3m 的地方。喷嘴对准火焰的根部，如图 1.2 所示。发生火灾时，不要打开门窗。灭火器应该定期检查、重新冲注灭火剂。

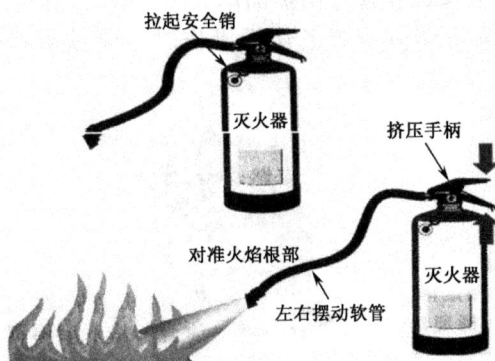

图 1.2　灭火器使用方法

1.2　身体防护

1. 呼吸系统的防护

① 焊接用呼吸器如图 1.3 所示。
② 防尘口罩如图 1.4 所示。
③ 呼吸器的测试和保养。

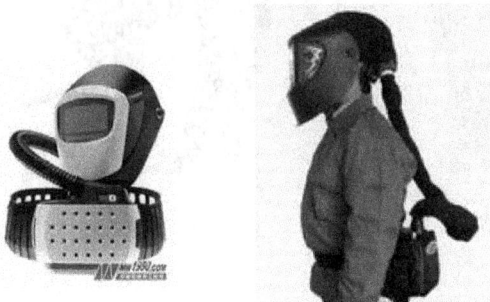

图 1.3　焊接用呼吸器

图 1.4　防尘口罩

使用呼吸器前要进行密合度测试。

负压测试：将手掌放到滤芯上并吸气，密合性良好时，面罩部分会随着正常的呼吸而朝向脸部凹陷。

正压测试：罩住呼气器并呼气，密合性良好时，面罩部分会鼓出，而空气不会随着正常的呼气从面罩中溢出。

2. 头部的防护

维修操作时要戴上安全帽。车下作业或者进行拉伸校正操作时要戴硬质安全帽。

3. 眼睛和面部的防护

① 进行锤击、钻孔、磨削、切削等操作时要佩戴防护眼镜（图 1.5）。

② 进行危险操作时，要佩戴全尺寸防护面罩（图 1.6）。

③ 进行保护焊、等离子切割或氧乙炔焊操作时应佩戴有深色镜片的头盔或护目镜（图 1.7）。

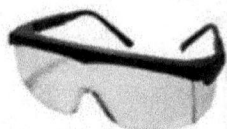

图 1.5　防护眼镜　　　　　图 1.6　防护面罩　　　　　图 1.7　电焊面罩

4. 耳朵的防护

防止高分贝噪声对耳朵产生伤害，可佩戴专用耳塞（图 1.8）。

5. 身体的防护

穿着合格的连体工作服（图 1.9）。衣物应远离发动机等运动部件。焊接时穿着焊接工作服（图 1.10）。

图 1.8　专用耳塞　　　　　图 1.9　连体工作服　　　　　图 1.10　焊接工作服

6. 手的防护

焊接时佩戴电焊手套（图 1.11）。接触有机溶剂时佩戴橡胶手套（图 1.12）。

7. 腿脚的防护

工作时穿着安全鞋（图 11.13）。焊接时最好穿绝缘鞋，佩戴护腿和护脚。跪在地上操作时最好佩戴护膝。

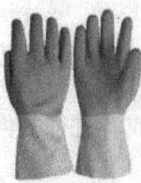

图 1.11　电焊手套　　　　　图 1.12　橡胶手套　　　　　图 1.13　安全鞋

8．个人安全准则

① 掌握安全信息。
② 佩戴个人防护用品。
③ 使用压缩空气吹洗时，应佩戴护目镜和防尘面具。
④ 对金属进行化学处理时，佩戴安全镜、工作服、橡胶手套及气体呼吸保护器。
⑤ 工作场地不允许追逐、打闹。
⑥ 搬运物品时，应弯曲膝部而不能弯曲腰部。

1.3　安全操作

1．手动工具的安全操作

① 保持清洁和良好的工作状况。
② 扳手操作时用拉而不是推的动作。
③ 手动工具在使用前应检查是否损伤。
④ 凿子和冲子应正确研磨，保持锋利。
⑤ 尖锐的手动工具不应放到口袋里。
⑥ 零件和工具整齐、正确地存放在指定位置。
⑦ 不要把车底躺板放到地面上。

2．工具和设备的安全操作

① 使用风动和电动工具修理和维护前，先将空气软管或电源线断开。
② 不要超出其额定功率。
③ 研磨时，避免工具表面硬化金属过热。
④ 研磨、钻孔、打磨时要把工件夹紧或用台钳来固定后进行操作。
⑤ 操作液压机时要站在侧面，佩戴全尺寸面罩。
⑥ 焊接用的气瓶要固定牢靠，使用完毕后应关上气瓶顶部的主气阀。

3．压缩空气的安全操作

① 气动工具都有压缩空气的极限警示，不要超过极限压力。
② 用压缩空气进行清洁工作时，压力值应保持在 0.5 MPa 以下。
③ 不要用压缩空气来清洁衣物和身体。

4．车辆举升机的安全操作

① 举升车辆的举升点，靠近举升机的中心，如图 1.14 所示。
② 车辆升高大约 150 mm 时停止举升，确认车辆在举升机上是平衡的后再继续进行举升。
③ 将车辆举起后，举升机的安全钩要锁住。
④ 车辆举升时车内不能有人员乘坐。

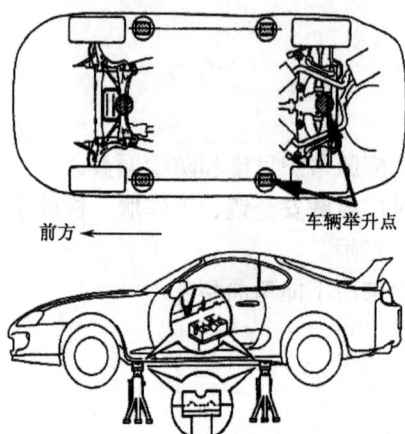

图 1.14　举升机举升点示意图

5．移动式千斤顶和支撑架的安全操作

① 千斤顶的鞍座应放置在建议的举升点处（纵梁、夹紧焊缝、悬架臂或后桥），如图 1.15 所示。

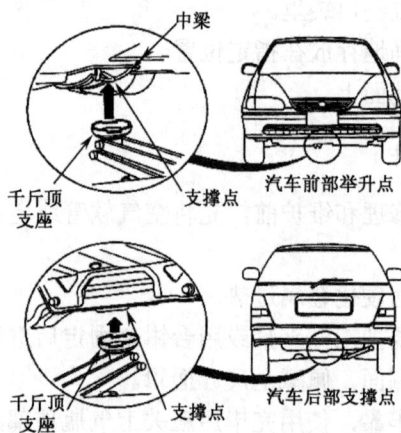

图 1.15　千斤顶举升点示意图

② 车辆升起后，用支撑架进行支撑固定。
③ 车辆置于驻车位。
④ 车辆缓慢降下。
⑤ 在车底作业时，要用支撑架将车辆支撑住。

习题 1

1．钣金作业有可能会产生什么安全事故？你听说或经历过什么安全事故？
2．调查学校实训车间或某个汽车修理厂的钣金作业的安全情况，撰写调查报告并提出合理化建议。

第2章 钣金识图

本章学习任务

❖ 了解轿车、货车、客车的车身基本结构。
❖ 学会识读车身示意图。
❖ 学画钣金展开图。

在汽车钣金作业中，绝大部分是就件修理，一般接触的都是钣金件的示意图，很难获得规范的零件图或装配图来进行钣金作业，因此，维修人员必须能看懂钣金件的示意图，并通过示意图熟悉汽车的钣金件构造。

由于汽车的功能和用途的不同，汽车的品种很多；同时由于汽车的个性化设计和材料科学的发展，使得车身的结构不尽相同。尽管如此，现代汽车的车身通常都包括以下结构。

1. 车身壳体

轿车、客车的车身壳体一般均为整体式车身壳体，而货车的车身一般由驾驶室和货厢两部分组成。

2. 车前钣金件

车前钣金件通常有车轮挡泥板、发动机罩、通风管、灯罩、保险杠等，如图 2.1 所示为车头翻转型驾驶室的车前钣金件。

3. 车门、车窗

车门、车窗因车型的不同，结构形式也各异，大致可分为旋转式、折叠式、推拉式、上掀式、外摆式五种。

车门主要由壳体、附件和内饰盖板三部分组成。车门壳体由厚度为 0.8～1.0mm 的薄钢板冲压、组焊而成。车门附件包括门锁机构、门铰链、门限位器、玻璃升降机构等。如图 1.2 所示为桑塔纳轿车的右前车门结构示意图。

除此之外，汽车车身还包括车身内外装饰件、车身附件、座位及其他通风取暖、安全、行李安放等装置。车身内外装饰件主要包括车轮罩、车辆标志、顶篷、侧壁、仪表板等。车身附件主要指后视镜、雨刮器、车门扶手、收音机、遮阳板等。

在汽车车身结构中钣金件仍然占有相当的比例。认识汽车钣金结构，对汽车的维修和保养，具有极为重要的意义。

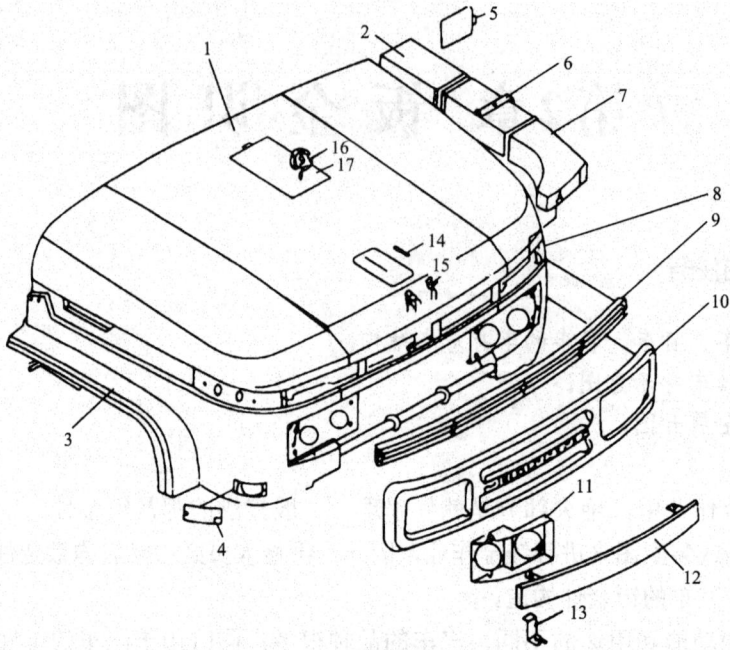

1—发动机罩；2—通风管；3—车轮挡泥板；4—堵盖；5—卡箍总成；6—夹框；7—风道前接头；8—车前板制零件焊接； 9—通风罩；10—水箱面罩总成；11—灯罩；12—保险杠；13—支撑板；14—衬垫；15—车牌标志；16—旋钮总成；17—加水口盖总成

图 2.1　车头翻转型驾驶室的车前钣金件

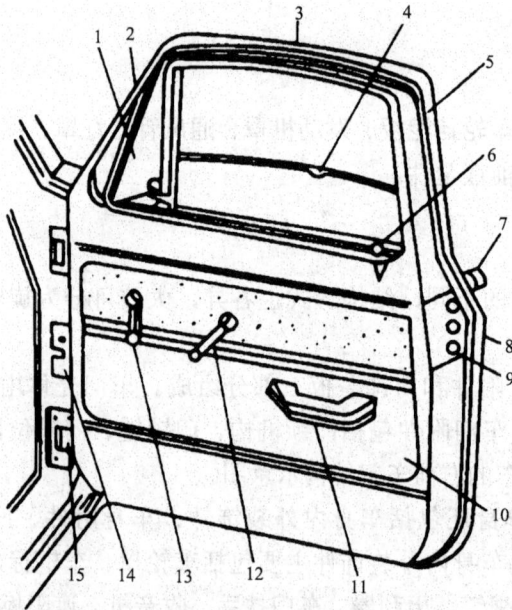

1—三角通风窗；2—门内框；3—门外框；4—升降玻璃；5—密封条；6—内部锁止按钮；
7—门外锁手柄；8—门锁；9—定位榫舌；10—内门框覆件；11—扶手；12—门锁内手柄；13
—玻璃升降器手柄；14—车门开度限位器；15—门铰链

图 2.2　桑塔纳轿车的右前车门结构示意图

2.1　车身识图

2.1.1　轿车车身

轿车车身一般由用于安置发动机（行李）的前舱、用于乘载驾驶员和乘客的中舱、用于安置行李（发动机）的后舱三部分组成，即为三厢式轿车，图 2.3 所示为轿车车身壳体示意图。

两厢式轿车是三厢式轿车的变型，它将中舱和行李舱合二为一。

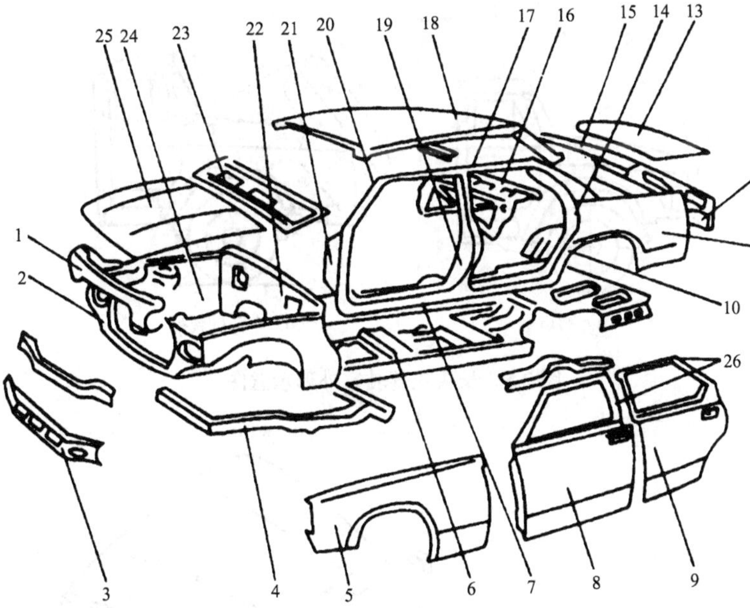

1—发动机罩前支撑板；2—水箱固定框架；3—前裙板；4—前框架；5—前翼子板；6—地板总成；7—门槛；
8—前门；9—后门；10—车轮挡泥板；11—后翼子板；12—后围板；13—行李舱盖；14—后立柱；15—围上盖板；
16—后窗台板；17—上边梁；18—顶盖；19—中立柱；20—前立柱；21—前围侧板；22—前围板；23—前围上盖板；
24—前挡泥板；25—发动机罩；26—门窗框

图 2.3　轿车车身壳体示意图

2.1.2　货车车身

载货汽车的车身包括驾驶室和货厢。

（1）驾驶室

载货汽车的驾驶室采用无骨架的金属覆盖件结构，由薄钢板压型件相互焊接而成，是典型的非承载式结构。其结构类型有长头式、短头式和平头式三种，如图 2.4 所示。其中长头式驾驶室由驾驶室本体和车头两部分组成，如图 2.5 所示，按机器盖打开的方式，长头式驾驶室有鳄口型、车头翻转型。鳄口型驾驶室的车前钣金件示意图如图 2.6 所示。

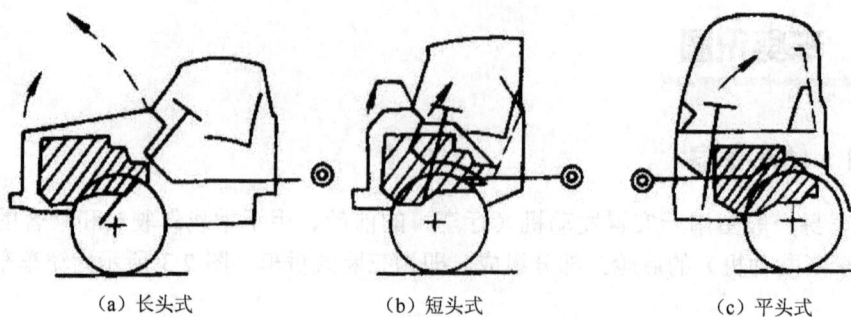

（a）长头式　　　　　　（b）短头式　　　　　　（c）平头式

图2.4　货车驾驶室结构示意图

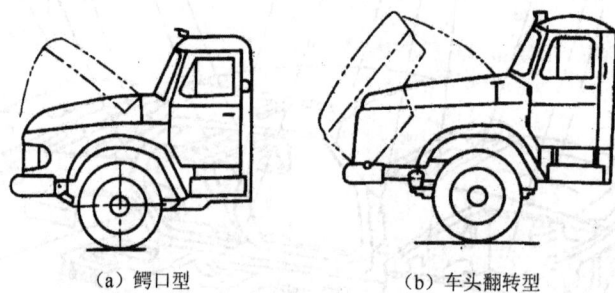

（a）鳄口型　　　　　　　　（b）车头翻转型

图2.5　长头式驾驶室外形示意图

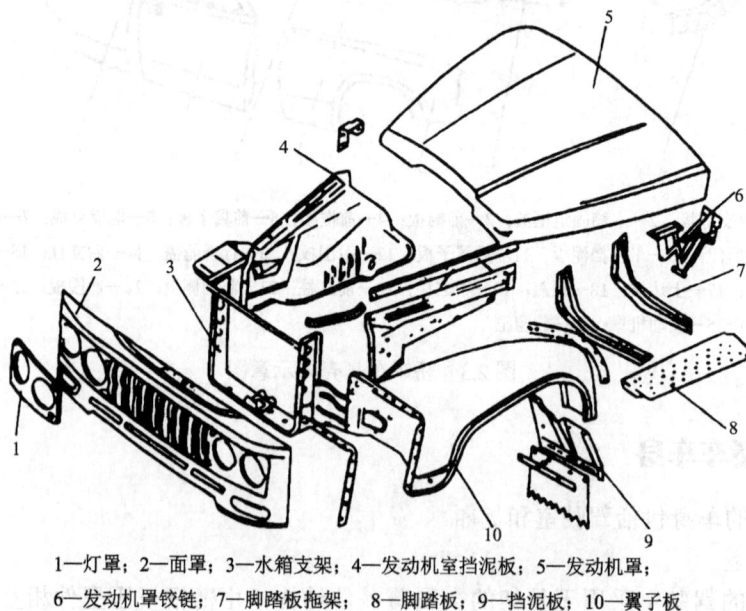

1—灯罩；2—面罩；3—水箱支架；4—发动机室挡泥板；5—发动机罩；
6—发动机罩铰链；7—脚踏板拖架；8—脚踏板；9—挡泥板；10—翼子板

图2.6　长头式鳄口型驾驶室的车前钣金件示意图

（2）货厢

载货汽车的货厢可分为栏板式货厢（图 2.7）、封闭式货厢以及特殊用途的专用货厢（如罐式货厢）三种。

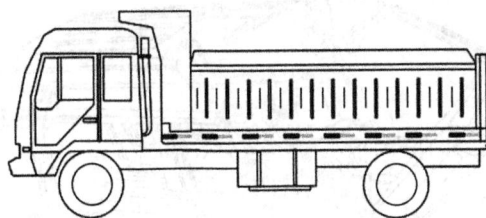

图 2.7 栏板式货厢示意图

2.1.3 客车车身

客车车身都采用封闭的厢式车身，以确保乘客安全和增加载客面积。其车门结构有单门和双门之分，一般采用折叠式结构。大客车根据需要还有双层客车、卧铺客车及专用客车等类型。

客车车身的主要结构有三种：全金属骨架式非承载的车身结构、半承载式或组合式的车身结构、承载式车身结构。

客车车身主要由底架与车架、骨架、蒙皮及车顶等组成。底架与车架是客车的基础，底盘和发动机安装在车架或底架之上。骨架用以形成一定的内腔，并具有足够的刚度，以确保行车安全。

图 2.8 所示为车身骨架件示意图。

客车车身可分为骨架式客车车身（图 2.8）、薄壳式客车车身（图 2.9）、嵌合式客车车身等。嵌合式车身没有组焊骨架，是由将车身侧壁挤压形成的型材嵌合而成的。

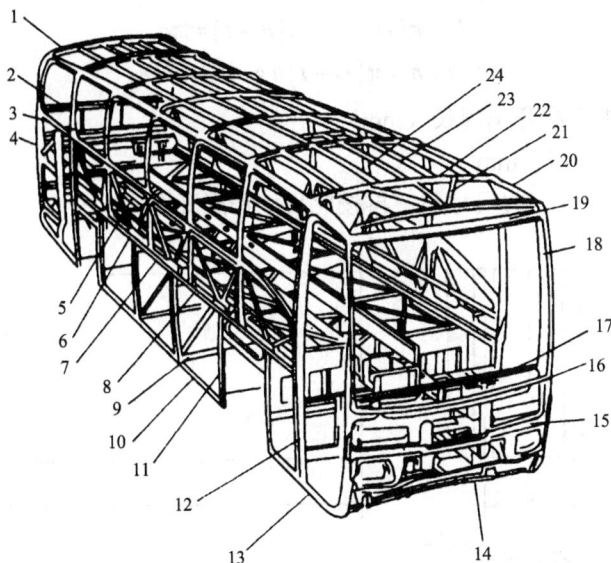

1—后风窗上横梁；2—后风窗下横梁；3—后围加强横梁；4—后围立柱；5—腰梁；6—角板；7—侧围撑梁；8—斜撑；9—底架横格栅；10—侧围裙边梁；11—裙立柱；12—门立柱；13—门槛；14—底架纵格栅；15—前围撑梁；16—前风窗下横梁；17—仪表板横梁；18—前风窗立柱；19—前风窗上横梁；20—上边梁；21—顶杆斜撑；22—顶杆横梁；23—顶杆纵梁；24—侧窗立柱

图 2.8 车身骨架件示意图

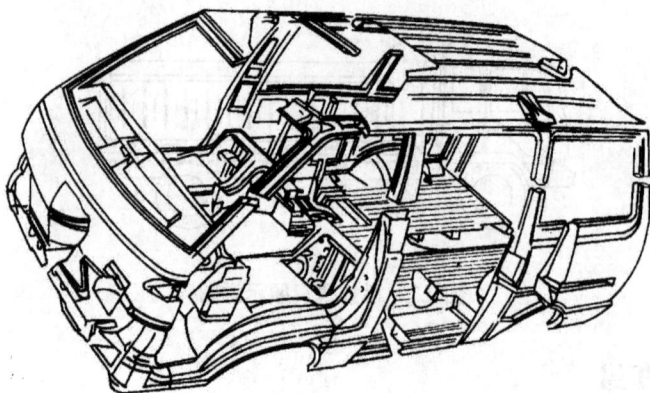

图 2.9　薄壳式客车车身示意图

2.2　钣金展开图

2.2.1　正圆柱管的展开

图 2.10 所示为正圆柱管按中心层尺寸画出的主视图和俯视图，并以中心层作为计算展开尺寸的依据。已知尺寸为 D——正圆柱管外径，mm；d_1——中心层直径，mm；t——板料厚度，mm；h——正圆柱管高度，mm。

正圆柱管展开后为一矩形，其长边为 L，短边为 h。展开计算公式如下。

中心层直径为：$d_1=D-t$，则

$$L = \pi(D - t) = \pi(d + t) = \pi d_1$$
$$S = Lh = \pi(D - t)h = \pi(d + t)h$$

式中，L——正圆柱中心展开圆周长（mm）；

　　　　S——展开后表面积（mm^2）。

求出正圆柱管展开图有关尺寸后，再按此尺寸作展开图。

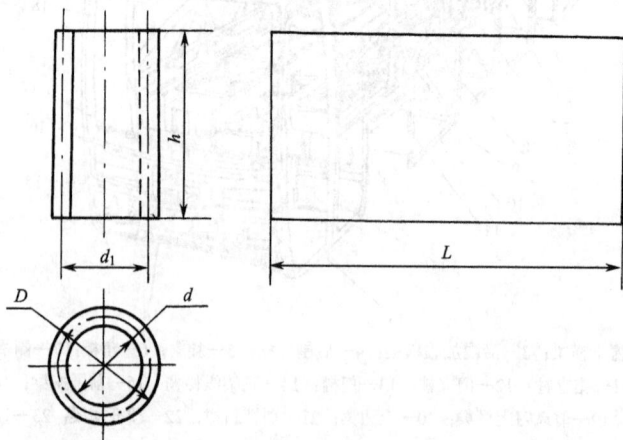

图 2.10　正圆柱管的展开计算

2.2.2 斜切正圆柱体的展开

图 2.11 所示为用平行线法作斜切正圆柱体的放样展开图，斜切圆柱表面实质上可以看成由无数微小的梯形组合而成，分别作出这些梯形展开图即可完全将圆柱的表面展开，步骤如下：

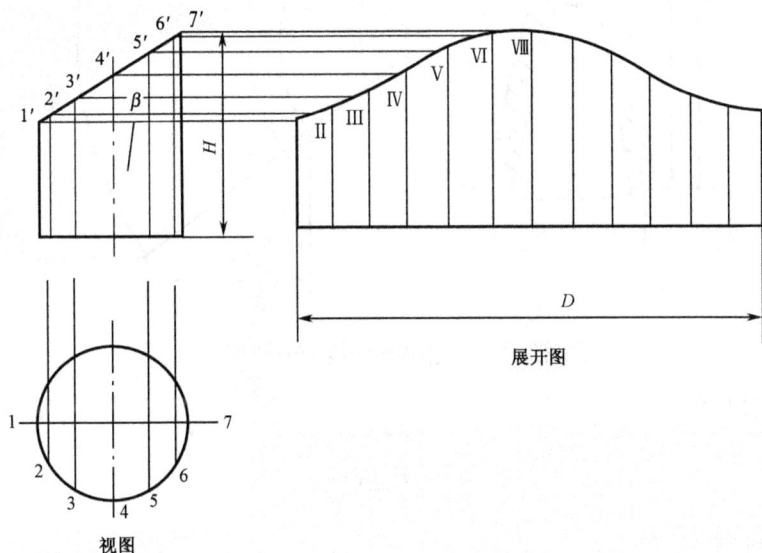

图 2.11 用平行线法作斜切正圆柱体的展开图

① 在水平投影上将圆分成十二等份，分别过这些等分点作主视图底边垂线，交于 1′, 2′, 3′, 4′, 5′, 6′, 7′。

② 作主视图底边的延长线，并在延长线上截取线段十二段，使每段长度均等于水平投影的已等分弧长，得十二个交点。

③ 分别过十二个点作底边延长线的垂线。

④ 过 1′, 2′, 3′, 4′, 5′, 6′, 7′分别作底边的平行线，与十二个点的垂线相交于十二个点。

⑤ 用曲线板把十二个交点光滑地连接起来，即得到斜切正圆柱体的放样展开图。

曲面的近似展开法，其等分点越多，展开作图越精确。

2.2.3 正圆锥台的展开

图 2.12 所示为正圆锥台展开计算图。已知尺寸为 D——大端中径，mm；d——小端中径，mm；h——中心层中心线间锥面高，mm。

展开图以中心层尺寸为准，其计算公式如下。

整体圆锥体高：

$$H = \frac{Dh}{D-d}$$

上锥体高：

$$h_1 = H - h$$

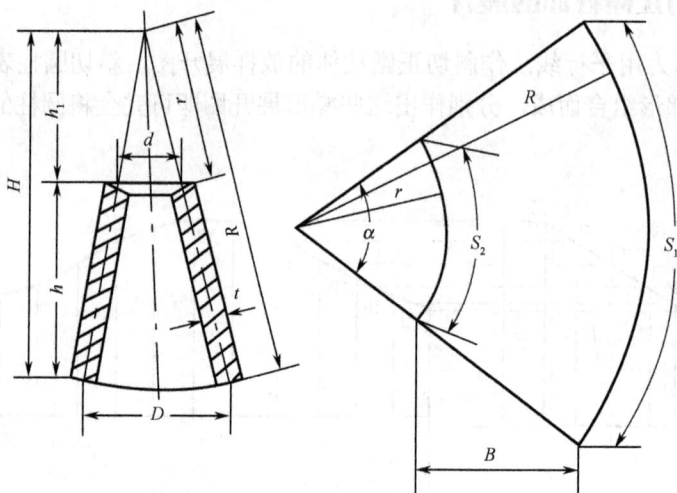

图 2.12　正圆锥台的展开计算图

整体圆锥展开半径：

$$R = \sqrt{H^2 + \frac{D^2}{4}}$$

上半部圆锥展开半径：

$$r = \frac{h_1 R}{H}$$

展开料夹角：

$$\alpha = 180° / R$$

展开料小端弧长：

$$S_2 = \pi d$$

展开料大端弧长：

$$S_1 = \pi D$$

2.2.4　斜截圆锥面的展开

图 2.13 所示为斜截圆锥面的展开图。可以看到斜圆锥面的立体图、放射图及其展开图。由图可知，此构件由圆锥面斜截去顶部，斜截面为椭圆，作展开图时应求出锥顶至斜截面素线的长度，步骤如下。

① 在水平投影图中将圆锥底面分成十二等份，并作各等分素线的水平投影与正面投影，在正投影图中，交截平面于 a'、b'、c'、d' 等十二个点。

② 用圆锥面放射展开的方法画出圆锥面的展开扇形图，并将中心角十二等分，划出各等分素线。

③ 用旋转法求各等分素线至截平面交点的实长，过交点 a'、b'、c'、d'、e'、f'、g' 作轴线的垂直线段，与轮廓线 $o'\,7'$ 相交，此交点至 o' 的长为所求各素线实长。

④ 分别在各等分素线 o'Ⅰ、o'Ⅱ、o'Ⅲ、…依次截取 OA、OB、OC 等，令它们分别等于相应素线的实长，得 A、B、C、…各点，并用对称的方法画出圆锥另一半对称点，再依次将这些点光

滑地连接成曲线，即得到斜截圆锥面的放样展开图。

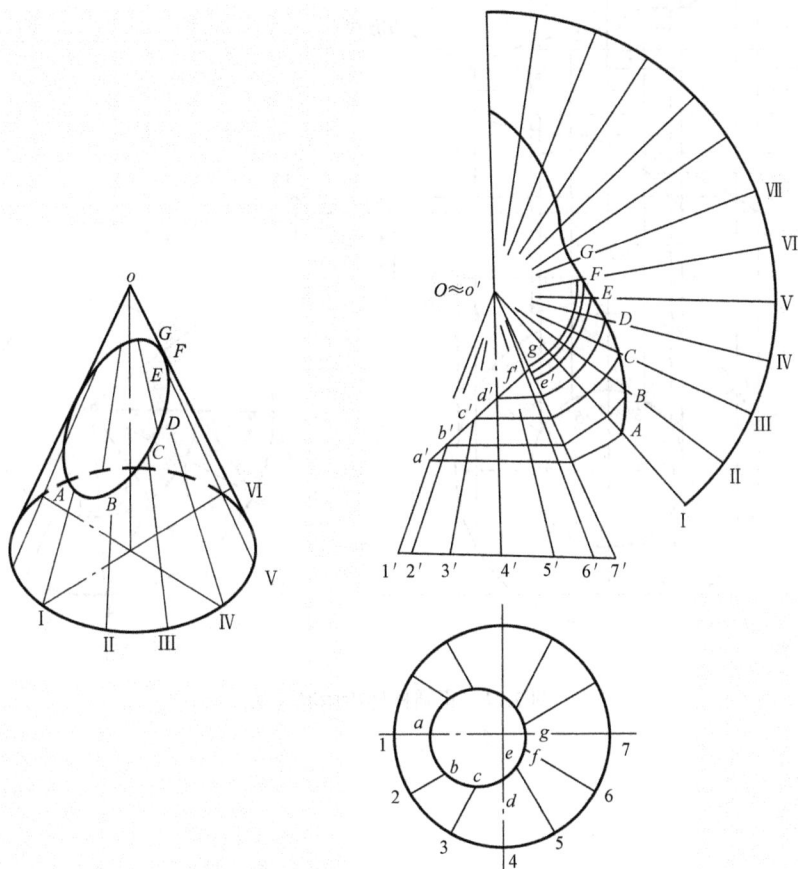

图 2.13　用放射线法作斜截圆锥面的展开图

2.2.5　正圆柱螺旋面的近似展开

如图 2.14 所示为正圆柱螺旋面的展开图。正圆柱螺旋面的形状，是由一直母线曲导线为圆柱螺旋线及直导线为圆柱轴运动，且始终平行于轴线所垂直的平面而成形的，是由导程 S 和两个圆柱面的直径 G 和 d 决定的，步骤如下。

① 将俯视图的外圆十二等分，得等分点 1, 2, 3, 4, 5, 6, 7, 6, …, 2 各点，再把这些点与圆心相连，交内圆圆周于 1', 2', 3', …, 6', 7', 6', 5', …, 2'各点，连接 1'2, 2'3, …, 5'6, …, 2'1, 得到 24 个三角形。

② 用直角三角形法求实长。在 24 个三角形中，有两种三角形，边长分别为 n, m, s 的三角形和边长为 n, m, p 的三角形。在三角形中，只有 m 即 $D-d$ 的边长反映实长。n, p, s 的实长则可用直角三角形法求得。

③ 按 n, m, s, p 的实长有序地依次画出各个三角形。

④ 把三角形各内、外顶点圆滑地连接起来，即得到正圆柱螺旋面的展开图。

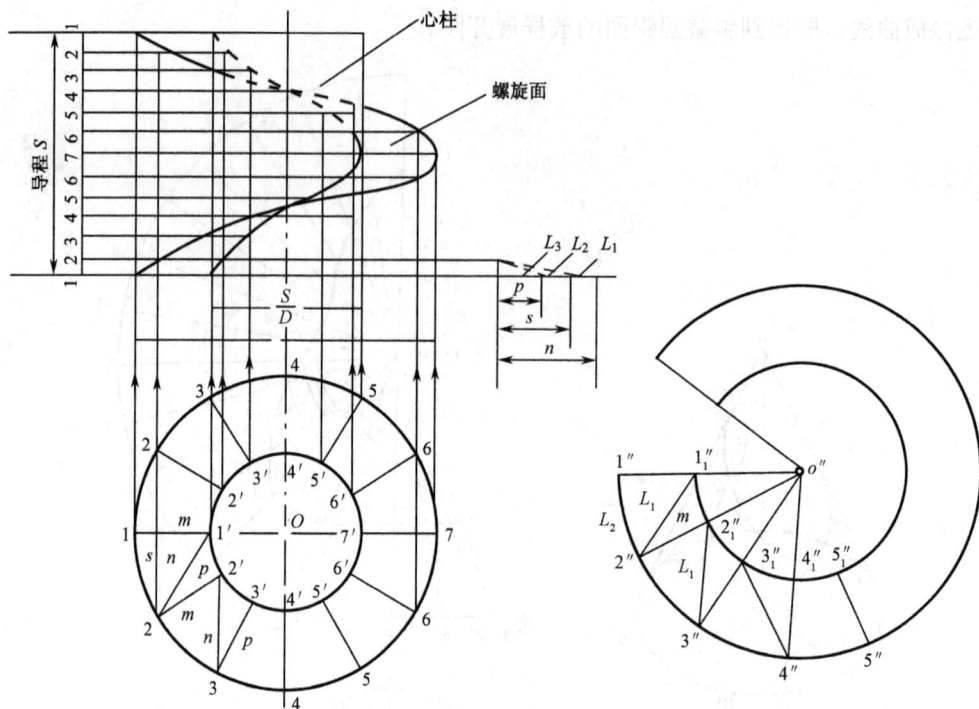

图 2.14　正圆柱螺旋面展开图

习题 2

1. 为什么在修复汽车钣金件时很少使用规范的零件图和装配图？
2. 客车的蒙皮一般采用什么材料？
3. 使用硬纸壳制作圆柱、斜切正圆柱、圆台和正圆柱螺旋面，尺寸自定。

第3章 钣金剪切技术

本章学习任务

❖ 熟悉手工剪切工具的使用方法。
❖ 熟悉小型剪切设备的使用方法。
❖ 了解大型剪切设备的使用方法。

3.1 手工剪切工具及使用

1. 手剪刀

手剪刀有直剪刀、弯剪刀和直弯剪刀三种，而手剪柄有直柄和弯柄两种形式，如图 3.1 所示。

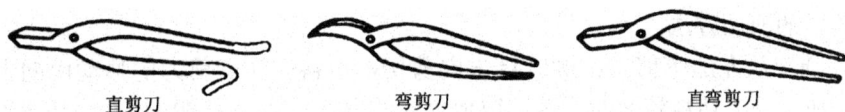

直剪刀　　　　　弯剪刀　　　　　直弯剪刀

图 3.1　手剪刀

手剪刀常用于剪切薄钢板、紫铜皮、黄铜皮、薄铝板等。直剪刀适用于直线剪切。弯剪刀适用于曲线剪切。直弯剪刀既可沿直线剪切，又可沿曲线剪切。

使用手剪刀剪切时一般用右手握持剪柄末端以增加力臂长度，既省力又便于剪刀刃口向剪切方向推进。当剪切较厚的板料时，应把剪柄的弯曲部位压在地上，可以起到省力的作用，如图 3.2 所示。

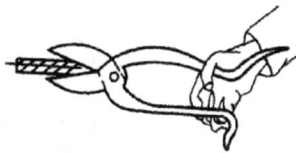

图 3.2　剪刀的使用方法

2. 固定式手剪刀

单柄固定式手剪刀可剪切批量大且较厚的板料，如图 3.3（a）所示。如没有这种手剪刀，可采取将直剪刀夹在台虎钳上的方法进行剪切，如图 3.3（b）所示，但直剪刀的下柄必须牢固夹紧，上柄套入一根 200～300mm 长的管子，可代替固定式手剪刀用。

3. 手工剪切工艺

直线的剪切方法：剪切短料直线时，被剪去的那部分，一般都放在剪刀的右面。左手拿板料，右手握住剪刀柄的末端。剪切时，剪刀要张开大约 2/3 刀刃长。上下两刀片间不能有空隙，否则剪下的材料边上会有毛刺。剪切长或宽板料的长直线时，必须将被剪去的部分放在左面，这样使被剪去的部分容易向上弯曲，如图3.4所示。

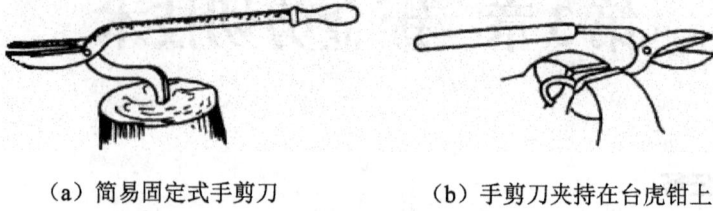

（a）简易固定式手剪刀　　　　　（b）手剪刀夹持在台虎钳上

图3.3　固定手剪刀的方法

剪短料　　　　　　　　剪长料　　　　　　　　剪切板料

图3.4　剪直线的方法

（1）曲线的剪切方法

剪切外圆应从左边下剪，按顺时针方向剪切，边料会随着剪刀的移动而向上卷起，如图3.5（a）所示。若边料较宽时，可采取剪直线的方法。剪切内圆时应从右边下剪，按逆时针方向剪切，边料会随着剪刀的移动而向上卷起，如图3.5（b）所示。

在剪切作业中，应注意使标记线始终能够看得清楚。

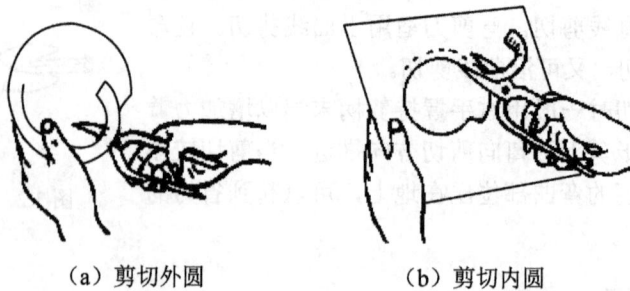

（a）剪切外圆　　　　　　　　（b）剪切内圆

图3.5　剪圆弧的方法

（2）厚料的剪切方法

① 剪刀加力法。将剪刀夹在台虎钳上，在上剪柄套上一根加力管，右手握住加力管，左手拿住板料进行剪切，如图3.6（a）所示。

② 敲击剪刀法。由两人操作，一人敲击剪刀，另一人持剪刀和板料，这样也可剪切较厚的板料，如图3.6（b）所示。

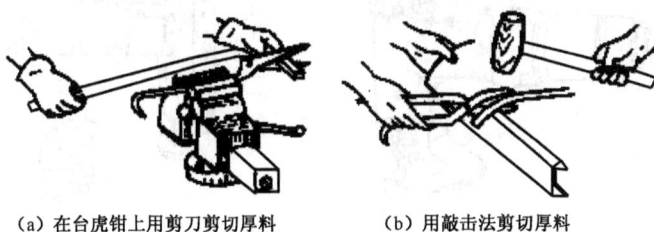

（a）在台虎钳上用剪刀剪切厚料　　　　（b）用敲击法剪切厚料

图 3.6　厚料的剪切方法

3.2　小型剪切设备及使用

1. 杠杆剪刀（压剪）

杠杆剪刀（压剪，如图 3.7 所示）用于剪切 1～2mm 厚的金属板。使用杠杆剪刀剪切板料时，应事先在板料上划好标线。将所剪板料送至两刀刃之间，使标线对准两刀刃的交点。

2. 台剪

台剪（图 3.8）利用在手柄与刀刃间增添的杠杆或齿轮构件，可使较小的作用力变成较大的剪切力，剪切厚度可达 10mm。为了防止板料在剪切时移动，还配以能调节的压紧机构。

图 3.7　压剪

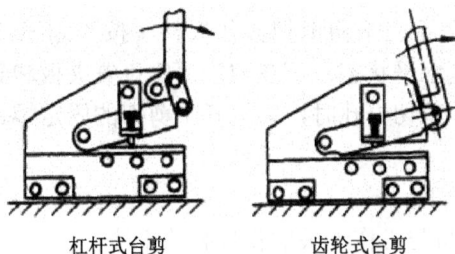

杠杆式台剪　　　　　　　齿轮式台剪

图 3.8　台剪

用台剪剪切板料时，由于台剪位置较高，人可以直立着或微弯着腰剪切，右手往下方拉压。由于台剪的两级杠杆作用，剪切时比手剪刀轻松得多。

3. 手提式振动剪刀

对于大型钣金零件的修边和开口常使用手提式振动剪刀。手提式振动剪刀有风动式 [图 3.9（a）] 和电动式 [图 3.9（b）] 两种，能剪裁厚度不超过 2.5mm 的硬铝板和 2mm 以内的薄钢板。

使用振动剪刀时，只要将板料稍许垫起，使剪刀前进不受阻碍，剪刀刃依划线方向用力往前推行即可。剪切时，若依划线轨迹左右移动电动剪刀，还可以剪切曲线，不用将大张板料转动，方便灵活，如图 3.10 所示为手提电动式振动剪刀的使用方法。

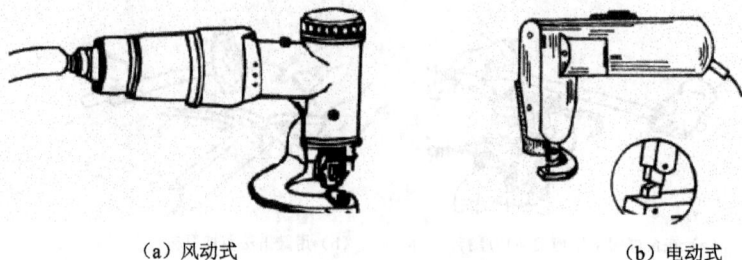

（a）风动式　　　　　　　　（b）电动式

图 3.9　手提式振动剪刀

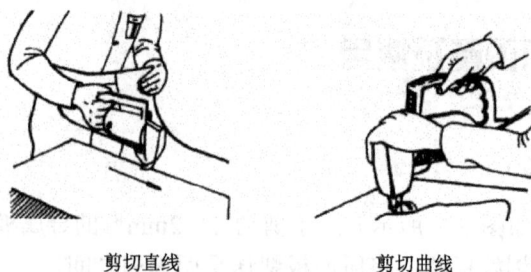

剪切直线　　　　　　　　剪切曲线

图 3.10　手提电动式振动剪刀的使用方法

4．振动剪床

振动剪床又称振动剪板机，如图 3.11 所示。不同型号的振动剪床可以剪切 5mm 以下的低碳钢板或有色金属板材。振动剪床主要用于剪切直线或曲线内外轮廓的板料及内孔零件，还可用于切除零件内外余边。

用振动剪床剪切时，两手应平稳地把握住板料，按照划线痕迹将板料沿水平面方向推进。为了使板料在刀口中呈水平状态，可在刀口两侧设置夹板和导轨。振动剪床也能沿半径较小的任意曲线进行剪切。剪切内孔时，须松开下剪刀的固定螺钉，将剪刀分开，把板料放入后再对合上、下刀片。

使用与维护注意事项如下。

① 工作前清理场地，将与工作无关的物件收拾干净。

② 检查配合部位的润滑情况，加足润滑油。

③ 开机前要紧固上、下刀片，并使上刀片与下刀片相对倾斜成 20°～30°的夹角。上刀片走到下止点时应与下刀片重叠 0.3～0.5mm，并应根据板料厚度进行调整。重叠量过小则板料剪不断，重叠量过大则会使送料费力。同时，上、下刀片的侧面之间，应保持相当于板料厚度 0.25 倍的间隙。调好后，应空载试车。

④ 振动剪床不得剪切超过技术规格规定的最大剪切厚度的板料。

⑤ 发现机床工作不正常时，应及时停车检修。

⑥ 剪切内孔时，须操纵杠杆系统，将上刀片提起，将板料放入后再对合上、下刀片。

⑦ 剪切一般工件，应先在板料上划线。开动剪床后，两手平稳地把握板料，按照划线保持板料沿水平面平行移动。

⑧ 工作完毕后应立即关闭电源，清理场地，并将剪切下的废料妥善处理。

⑨ 将工件码放整齐，并擦拭机床。

5. 斜口剪床

斜口剪床（图 3.12）用于剪切厚度较大的板料。如果剪切线很短，应使剪切线对准刀口，一次剪完。当剪切线较长时，应分次剪切。初剪时，剪切长度不宜过长。

图 3.11　振动剪床　　　　　　　　　　　　　　图 3.12　斜口剪床

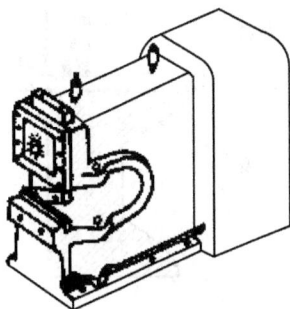

3.3　大型剪切设备及使用

1. 龙门剪床及使用

龙门剪床又称剪板机（图 3.13），可沿直线轮廓剪裁长方形、四边形、三角形等各种平面形状的零件或板材毛坯。其优点是使用方便，送料简单，剪切速度快，精度较高。剪切大件和精度要求不高的板料时，可直接在板材上划线或目测，并与下刀刃对齐后再进行剪裁。如大批量生产时，可利用后挡板或在工作台上划出基准来代替挡板。

图 3.13　龙门剪床

（1）剪切划好线的板料

将板料面积大的一面放在剪床的台面上，然后调整板料，使剪切线的两端对准刀口。开机后，当上刀架下移准备剪切时，通过偏心机构使压料架先行压紧被剪切的板料，接着进行剪切，如图 3.14（a）所示。当剪切窄料时，剪床压料架若不能压牢板料，可在适当的位置加垫板和压板，并使垫板与板料同厚度，如图 3.14（b）所示。

（2）剪切未划线的板料

剪床的前后挡料架和角挡架用来靠紧样板，以便按样板切割板料，也可以使用前、后挡料架和角挡架剪切直角或量取规定尺寸。

① 角挡架的使用。在剪切批量金属板材时，不必预先划线即可切成直角。将停止块固定于角挡架上的刻度尺适当位置，便能正确地将板材剪切成预定的长度，如图 3.15 所示。

② 前挡料架的使用。用卷尺或直尺测量前挡料架，使架杆与刀片平行，最后将螺母完全固定。当剪切有斜度的板材时，应使用角度装置。首先旋松一个支架螺栓，使螺栓沿槽滑动，然后使架杆随螺栓沿支架槽移至所需角度，如图 3.16 所示。

（a）剪切划好线的板料　　　　　　　　　　　（b）剪切窄料

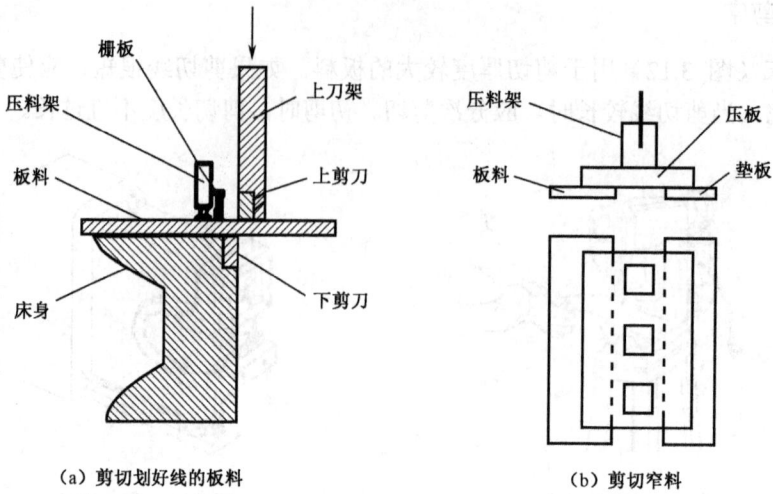

图 3.14　龙门剪床剪切板料的方法

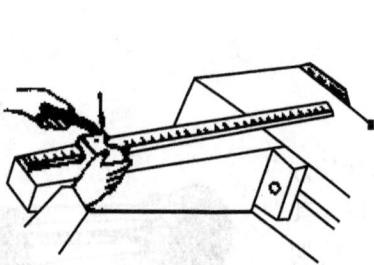

图 3.15　使用角挡架

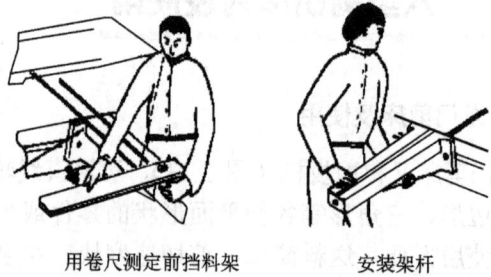

用卷尺测定前挡料架　　　安装架杆

图 3.16　使用前挡料架

③ 后挡料架的使用。后挡料架一般用于板材的成批生产。剪切时板材从机器前面送入。后挡料架的宽度，一般以调整为所剪切材料宽度的一半为宜。使用后挡料架时，先松下全部锁杆，将挡料架按刻度尺滑至所需位置，固定端杆后，再转动微调螺杆，最后调整一下。待其他部位调好后，固定全部锁杆，如图 3.17 所示。

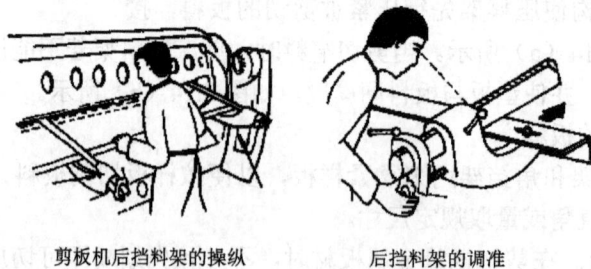

剪板机后挡料架的操纵　　　　　后挡料架的调准

图 3.17　使用后挡料架

（3）使用与维护

① 剪板机必须有专人负责维护使用，操作人员必须熟悉设备的技术性能和特点。

② 刀片刃口应保持锋利，发现损坏应及时调换。

③ 开机前应检查板料表面质量，如有硬疤、电渣等，则不能进行剪切。

④ 使用机器应严格遵守操作规程，严禁过载剪切。

⑤ 使用中如发生不正常现象，应立即停车并检查修理。

⑥ 使用完毕后，应立即切断电源。

⑦ 机器检修完毕后，应开车试运转，并注意电动机转向和规定转向是否一致。

2．滚刀剪床及使用

滚刀剪床又称滚剪机、圆滚剪床，如图 3.18（a）所示，可剪切直线外形零件或毛坯，还能完成曲线的剪切，并能剪切圆形内孔。但由于是手工操纵板料按线剪切，滚刀转速较低，所以精度较低，而且剪切断面质量较差，因此，常用来剪切精度要求不高的工件。

（1）滚刀间隙的调整

滚刀剪床的滚刀有自动送料的作用，但必须调整得当，一般是调整滚刀的间隙。两滚刀垂直间隙a通常应为板厚的 1/3，水平间隙b应为板厚的 1/4，如图 3.18（b）所示。

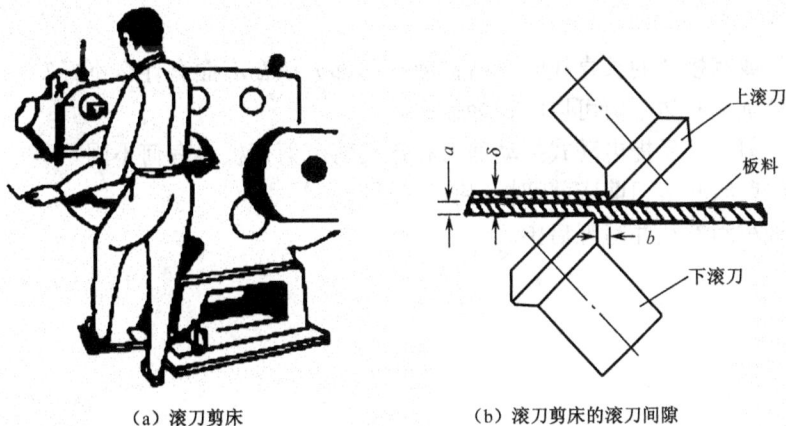

（a）滚刀剪床　　　　　　　　　　　　（b）滚刀剪床的滚刀间隙

图 3.18　滚刀剪床

（2）剪切速度的调整

剪切速度由齿轮杆调整，如图 3.19 所示。剪切复杂的形状时要以低速徒手操纵；当剪切直线或圆形时，可装上附件以较高的速度操作。

（3）离合器的操纵

接合的操纵：用脚踏下踏板并轻轻向前转动。

分离的操纵：踏下踏板向反方向扭转移动即可，如图 3.20 所示。

图 3.19　调整剪切速度　　　　　　　　　　图 3.20　操纵离合器

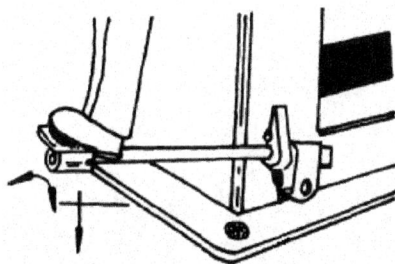

（4）使用与维护

① 滚剪机要专人负责和维护，定期加注润滑油。

② 工作前应清理场地，清除无关物件。检查滚刀是否锋利，发现损坏时应及时调换。

③ 检验板料牌号、厚度和质量是否符合工艺要求。板料表面如有硬疤、电渣等则不能进行剪切。

④ 根据板料厚度调整机床转速和滚刀间隙。

⑤ 剪切时，虽然滚刀在滚剪过程中也起着自动送料的作用，但操作者仍要平稳托住板料，按划线严格控制进料方向。否则，易使所剪工件报废。

⑥ 两人或两人以上操作时，要密切配合。

⑦ 在使用过程中，如果发生不正常现象，应立即停车检修。

⑧ 机器使用完毕后应立即切断电源，清理场地，并将工件码放整齐。

习题 3

1. 剪切长或宽板料的长直线时，将被剪去的部分放在右面有什么不好？

2. 剪切外圆从右边下剪可以吗？为什么？

3. 用杠杆剪刀、手提电动式振动剪刀和振动剪床剪切板料有何不同？

4. 用龙门剪床和滚刀剪床剪切板料有何不同？

5. 到钣金车间参观并写观后感。

第4章 车身构造

本章学习任务

- ❖ 熟悉车身的种类。
- ❖ 熟悉轿车车身的结构和主要零部件。

4.1 车身的分类

4.1.1 根据车厢分类

按轿车车身的三个功能性构件（发动机室、乘客室、行李舱）来分，轿车可分为三厢式轿车和两厢式轿车。

1. 三厢式轿车

三厢式轿车是一种最为流行的有代表性的车型，如图4.1（a）所示，由于发动机室、乘客室、行李舱分段隔开形成相互独立的三段布置，三厢式轿车便因此得名。

2. 两厢式轿车

图4.1（b）和图4.1（c）所示的两厢式轿车后部形状按较大的内部空间设计，乘客室与行李舱相连。其中，图4.1（c）所示的斜背两厢式轿车，旨在克服高速行驶时抗侧风稳定性差的不足。而直背两厢式轿车，则多用于越野车或其他一些有特种用途的汽车。

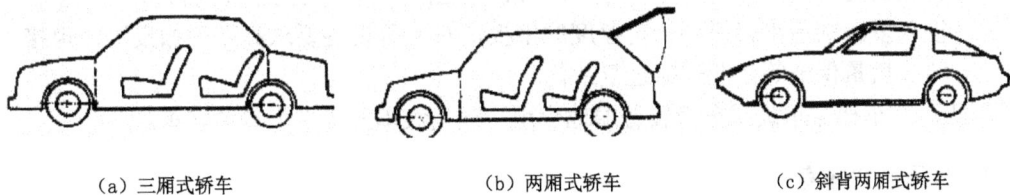

（a）三厢式轿车　　　　　　　（b）两厢式轿车　　　　　　　（c）斜背两厢式轿车

图4.1　轿车的外形

4.1.2 根据车身受力分类

按车身的受力情况不同，车身可分为三类：非承载式、半承载式、承载式。

1. 非承载式车身

非承载式车身的主要特征是车身下面有足够强度和刚度的独立车架，车身由壳体与底架组合而成，大部分载荷几乎全部由车架所承受，车身壳体不承载或只在很小程度上承受由车底架弯曲或扭曲变形所引起的部分载荷。当车身发生较大损伤时，可以拆开分别修理和校正。相当一部分类型的客车、载货汽车和传统轿车，均采用有车架非承载式车身结构（图4.2）。

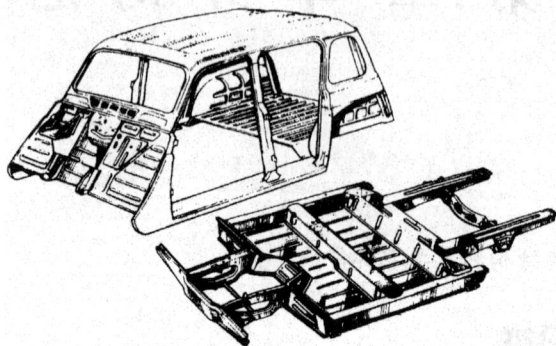

图4.2　非承载式车身的典型结构（大众VW1200）

非承载式车身的优点：

- 减振性能好。发动机和底盘各主要总成，直接装配在介于车身主体的车架上，可以较好地吸收来自各方面的冲击与振动。
- 工艺简单。壳体与底架共同组成车身主体，它与底盘可以分开制造、装配，然后再组装到一起，总装工艺因此而简化。
- 易于改型。由于以车架作为车身的基础，易于按使用要求对车身进行改装、改型和改造。
- 安全性好。当汽车发生碰撞事故时，冲击能量的大部分由车架吸收，对车身主体能起一定的保护作用。

非承载式车身的缺点：

- 质量大。由于车身壳体不参与承载或很少承载，故要求车架应有足够的强度与刚度，从而导致整车质量增加。
- 承载面高。由于车架介于车身主体与底盘之间，给降低整车高度带来一定困难。
- 投入多。制造车架需要一定厚度的钢板，对冲压设备要求高而增加投资，焊接、检验及质量保证等作业也随之复杂化。

因此，有车架非承载式车身较普遍地应用于载货汽车及大中型普通客车。

2. 半承载式车身

车身与车架是用焊接、铆接或螺钉连接的，载荷主要由车架承受，车身也承受一部分。如图4.3（a）所示的结构车身，是为了避免非承载式车身相对于车架移动时发出的噪声而设计的。由于重量大，现在很少采用。

3. 承载式车身

承载式车身的一个突出特征是没有独立的车架，车身是承担全部载荷的刚性壳体，如图4.3（b）所示。由于底盘各部件直接装配在车身上，所承受的载荷包括载质量、驱动力、制动力以及来自不同方向的冲击、振动等。承载式车身有利于减轻自重并使结构优化。这不仅是当前轿车车身发展的主流，而且已经形成了一边倒的设计趋势。

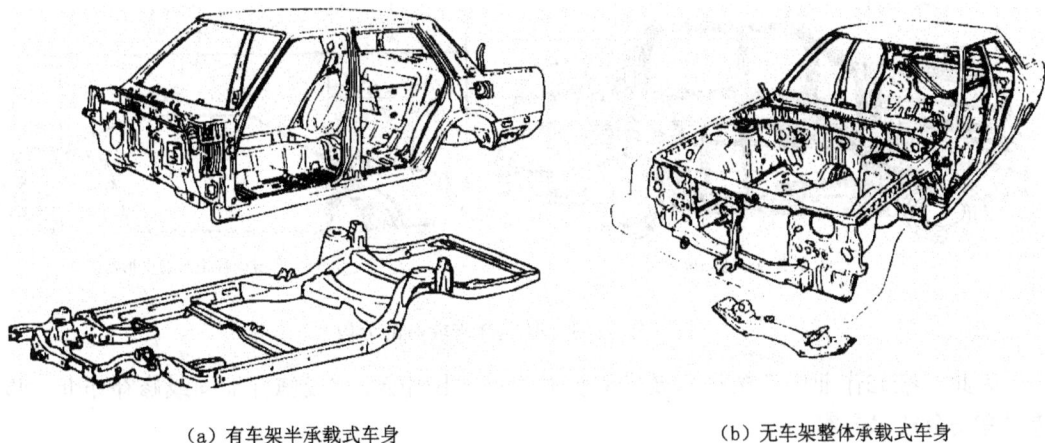

(a) 有车架半承载式车身　　　　　(b) 无车架整体承载式车身

图 4.3　丰田公司的两种典型轿车车身

承载式车身的优越性主要体现在：

- 质量小。由于车身由薄钢板冲压成形的构件组焊而成，因而具有质量小、刚性好、抗扭变能力强等优点。
- 生产性好。车身采用容易成形的薄钢板冲压，并且采用点焊和多工位自动焊接等现代化生产方式，使车身组焊后的整体变形小，且生产效率高，质量保障性好。
- 结构紧凑。由于没有独立的车架，使汽车整体高度、重心高度、承载面高度都有所降低，可利用空间也有条件相应增大些。
- 安全性好。由薄板冲压成形后组焊而成的车身，具有均匀承受载荷并加以扩散的功能，对冲击能量的吸收性好，使汽车的安全保障性得到改善与提高。

承载式车身的缺点主要有以下几点：

- 底盘部件与车身接合部在汽车运动载荷的冲击下，极易发生疲劳损伤；乘客室也更容易受到来自汽车底盘的振动与噪声的影响。为此，需要有针对性地采取一些减振、消噪声等技术措施。
- 由事故所导致的整体变形较为复杂，并且会直接影响到汽车的行驶性能。钣金维修作业中复原参数时，须使用专门设备和特定的检查与测量手段。

4.2　轿车车身构造

4.2.1　轿车的壳体构造

在研究车身壳体构造之前，先介绍一下刚度分级的概念。乘客室尽可能具有最大的刚度（其中包括侧向抗撞击能力），而相对于乘客室的前、后舱室（发动机室、行李舱）则应具有较大的韧性。如图 4.4 所示，分别于前、后两处设置可以吸收冲击能量的安全结构。当汽车发生正面碰撞或追尾等事故时，所产生的冲击能量可以在车身前部A段或后部C段得以迅速吸收，以前车身或后车身局部首先变形成A′或C′，来保证中部乘客室B段有足够的活动范围与安全空间。

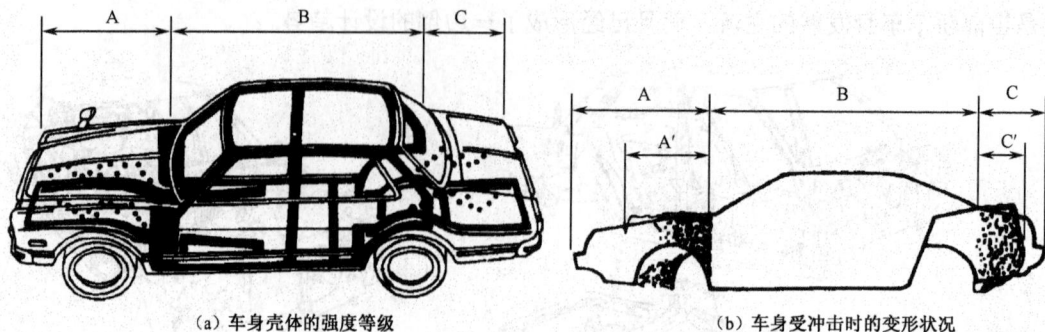

（a）车身壳体的强度等级　　　　　　　　　（b）车身受冲击时的变形状况

图 4.4　车身上吸收冲击能量的分段

因此，维修作业中应按技术要求避免对类似于图中 A、C 段施行加固或修补作业，以保持原有安全技术方案。

轿车车身壳体及骨架的断面构造如图 4.5 所示。鉴于承载式车身结构被广泛地应用于轿车，这里也以承载式车身的前车身、中间车身和后车身构造为例加以介绍。

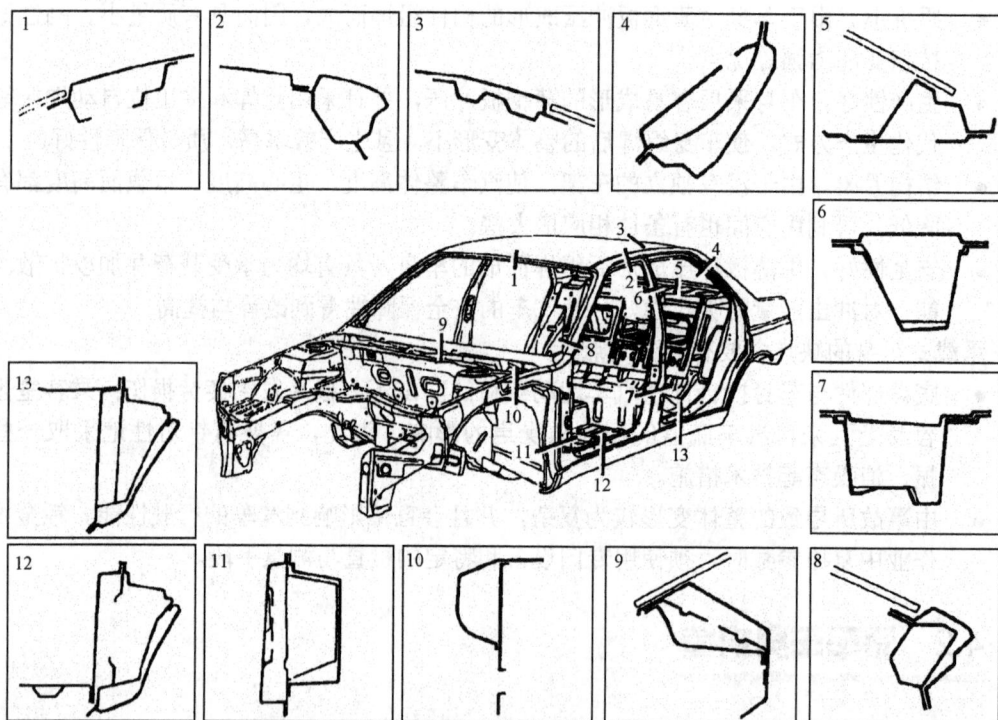

1—风窗边框；2—车顶边梁；3—顶盖；4—后门边框；5—后风窗下边框；6—中柱上；7—中柱下；

8—前风窗侧边框；9—前风窗下边框；10—前翼子板支撑；11—前门柱；12—前门槛；13—后门槛

图 4.5　轿车车身壳体及骨架的断面构造（标致 605）

1. 前车身

前车身（图 4.6）主要由翼子板、前段纵梁、前围板及发动机罩等构件组成。大多数轿车的前部，除装有前悬架及转向装置等总成外，发动机总成一般也装在前车身上。另外，当汽车受到正向冲击时，也要靠前车身来有效地吸收冲击能量。

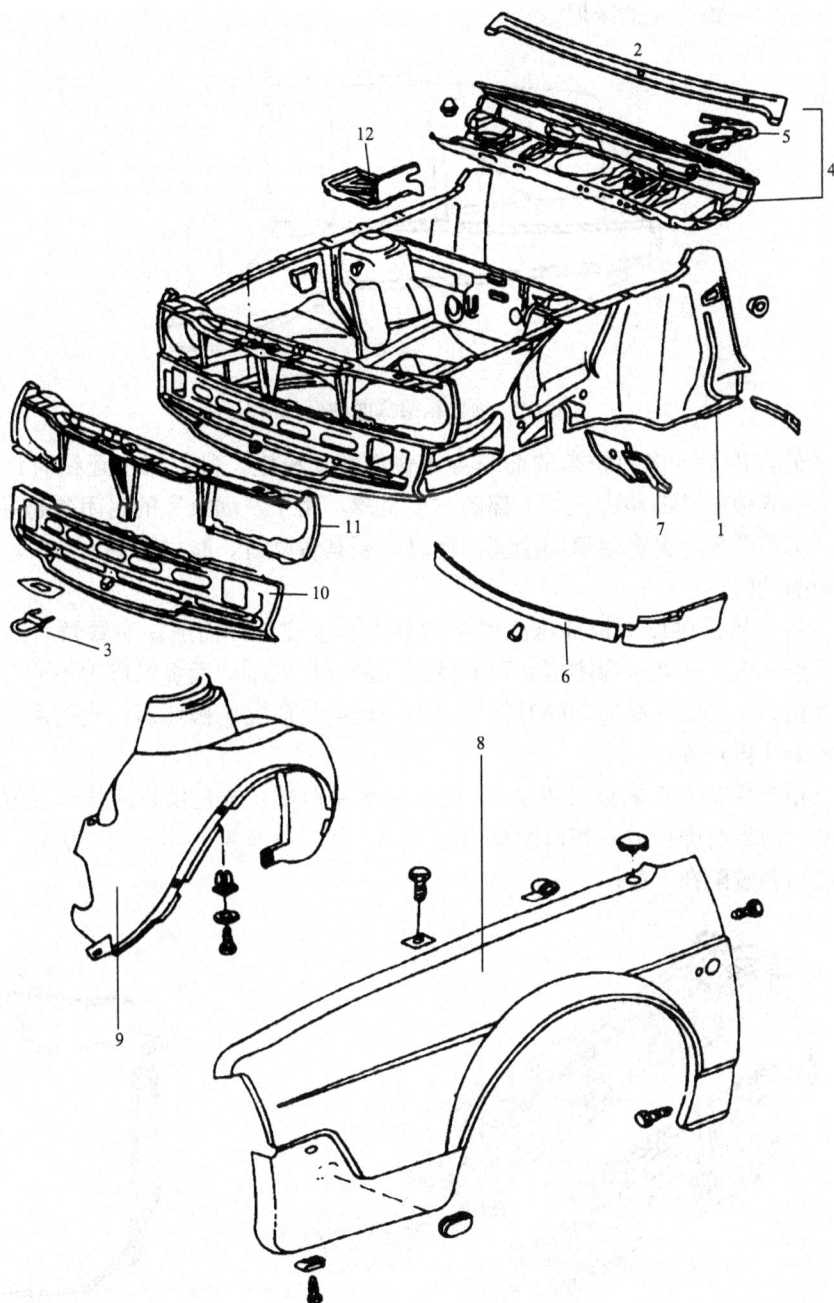

1—前翼子板支撑；2—前风窗与发动室过渡板；3—牵引钩；4—雨水收集盒；5—转向器支架；6—前护板；
7—角板；8—翼子板；9—软罩；10—散热器下边框；11—散热器上边框；12—蓄电池架

图 4.6 轿车前车身（上海桑塔纳）

轿车多采用独立悬架方式。所以，前车身不仅受力复杂，而且对汽车行驶稳定性也起着重要的保障作用。针对前车身的受力特点，一般将前悬架支撑座的断面制成箱形封闭式结构。为了提高汽车受冲撞时对冲击能量的吸收效率，纵梁的截面变化也较为明显，使之适应不同断面上的载荷变化（图 4.7）。尤其是当汽车受到冲击时，令A、B处的断面首先变形，由此实现对车内乘客的安全保护。

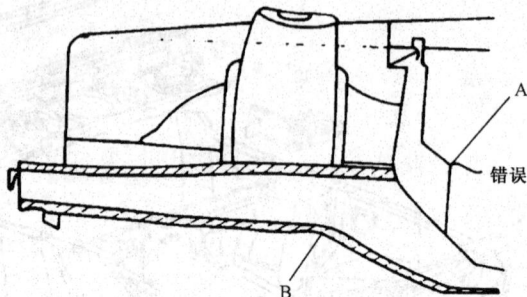

图 4.7　前段纵梁截面的变化情况

除此之外，由于大多数轿车的前车身还兼作发动机室，故纵梁上还钻有许多用于装配发动机总成及其他附件的装配孔。上部的发动机罩，用于发动机室的封闭并起导流作用。一般要求发动机罩既轻薄又有足够的刚度，同时还要具备隔音、减振和避免与发动机运转产生共鸣或共振的功能。

发动机罩由用高强度钢板冲压成的网状骨架和蒙皮组焊而成。多数轿车还在夹层之间使用了耐热点焊胶，使之确保刚度并形成良好的消声夹胶层。钣金维修中不要轻易采用火焰法修理，以免破坏夹胶的减振与隔音作用。不得已而将胶黏层破坏后，应使用环氧树脂液体聚硫橡胶先灌注再点焊。

发动机罩支撑架和中隔板（图 4.8）位于乘客室前部，与前围板连接形成发动机室与乘客室的屏蔽。两端与壳体前立和前段纵梁组焊成一体，使车身整体的刚性更好。发动机罩通过支撑铰链与其装配在一起。

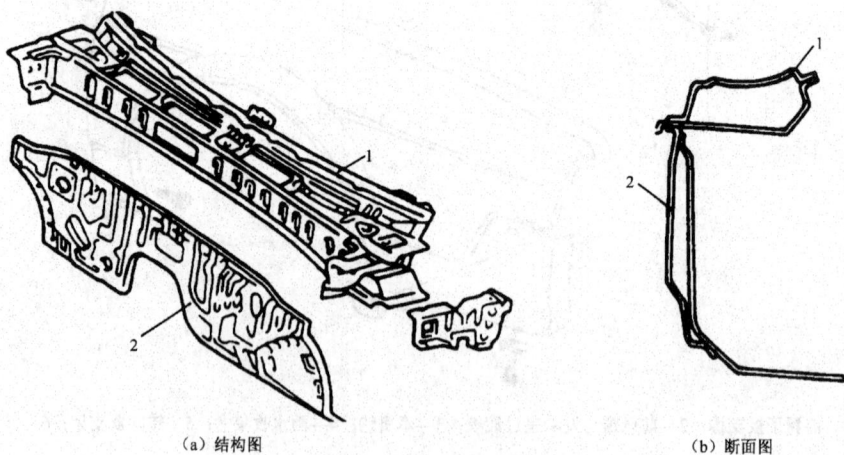

（a）结构图　　　　　　　　　　　　（b）断面图

1—支撑架；2—中隔板

图 4.8　发动机罩支撑架与中隔板

前车身的后部构造一般采用图 4.8（b）所示的双重式结构。其中靠发动机室一侧主要起辅助加强作用，靠乘客室一侧则用高强度钢板冲压成形，并于两侧涂上沥青、毛毡、胶棉等绝缘材料，以求乘客室振动小、噪声低、热影响小。

翼子板与车轮拱形罩同属前车身的主要覆盖件，它不仅起着使车身线条流畅的作用，而且使前车身的整体性更强。

2．中间车身

中间车身在汽车行驶中除承受上下弯曲的弯矩外，还要承受来自不同方向的扭曲力矩。此外，车身下部的冲击与振动也通过车身底板向上部扩散；汽车发生碰撞或颠覆事故时，也需要由中间车身来抵抗变形。中间车身的构造如图 4.9 所示。

侧体门框、门槛及沿周采用高强度钢制成抗弯曲能力较高的箱型断面。侧体框架的中柱、边框、车顶边梁、侧体下边梁等构件也采用封闭型断面结构，如图 4.9（b）所示。车顶、车底和立柱等构件均以焊接方式组合在一起。为防止载荷在结合部形成应力集中，多采用图中所示的圆弧连接。

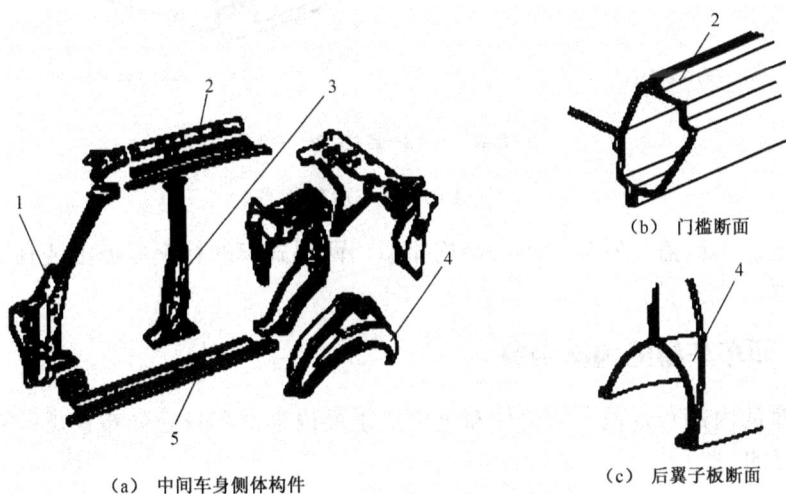

（a）中间车身侧体构件　　　（b）门槛断面　　（c）后翼子板断面

1—前柱；2—车顶边梁；3—中柱；4—后挡泥板；5—门槛

图 4.9　中间车身构造

车身底板除了选用高强度钢板冲压外，还配置了承载能力强的车身纵梁和横梁。车身测量与维修用的基准孔也设计在车身的横、纵梁上。

车顶的形式一般比较简单。除了前述的硬顶车有些特别之处外，还有些轿车出于采光、通风等方面的要求，在车顶适当部位开设天窗，并装有彩色玻璃。车顶天窗的开启多以电动推拉结构为主。

3．后车身

轿车后车身是指乘客室后侧用于放置行李、物品的那一部分（图 4.10）。三厢式车有与乘客室分开的行李舱，如图 4.10（a）所示，而两厢式车的行李舱则与乘客室相通合为一体，如图 4.10（b）所示。

后车身的主要载荷来自于汽车后悬架，尤其是后轮驱动的车辆，驱动力通过车桥、悬架直接作用于车身上。为确保后车身的强度，车身纵梁由中间车身径直向后延伸，到后桥部位再形成拱形弯曲。这样，既保证了后车身的刚度，又使后桥与车身不发生运动干涉。而且，当车身后部受到追尾碰撞时，还能瞬时吸收部分冲击能量，以其变形来实现对乘客室的有效保护。

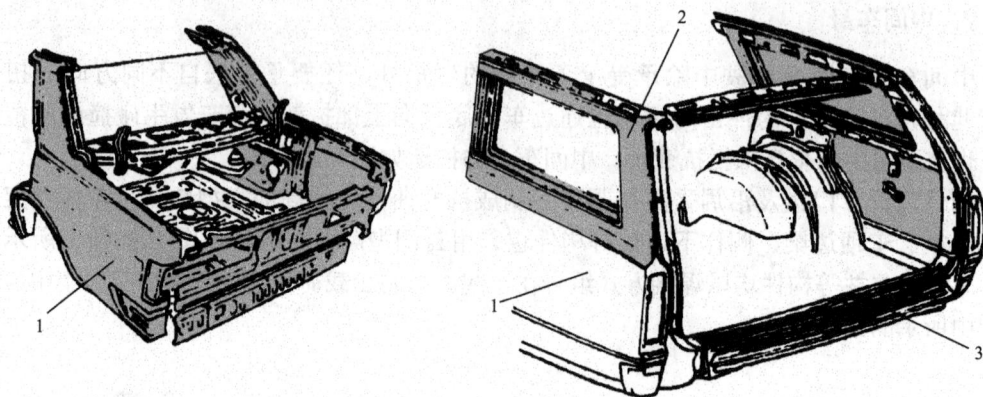

（a）三厢式轿车后车身　　　　　　　　　　（b）两厢式轿车后车身

1—后翼子板；2—窗柱；3—后门槛

图 4.10　轿车后车身

后车身的行李舱盖与发动机罩的结构相似，两厢式车的行李舱盖上装有玻璃，还起着后风窗的作用。

4.2.2　轿车车身的内部布置

轿车车身的内部布置是车身总体布置中的重要内容，车身总体布置是在整车总体布置的基础上进行的。

1. 轿车车身的布置

轿车车身的布置形式常见的有三种，如图 4.11 所示。目前多采用传统布置（发动机前置、后轮驱动，通常用FR表示）和前驱动布置（发动机前置、前轮驱动，通常用FF表示）两种形式。

传统布置形式有利于车室内部布置，可以提高操纵稳定性、行驶平顺性和乘坐舒适性，广泛用于中、高级轿车上。其缺点是地板中部出现凸包，影响踏板布置以及整车高度的降低和质量的减轻。对于前驱动布置形式，由于取消了传动轴，可以降低地板和整车高度，如果采用横置式发动机，更便于车室内部布置。这种布置形式对车身总布置、降低风阻和整车轻量化都是有利的。前轮驱动轿车是当前轿车布置形式的主流。

2. 轿车车身内部布置

如图 4.12 所示为轿车车身内部附件和饰件，其主要功用为隐蔽粗糙的边缘，起到装饰作用，使乘客感到舒适和方便。现代汽车在满足上述要求的同时，已向着艺术化方向发展。

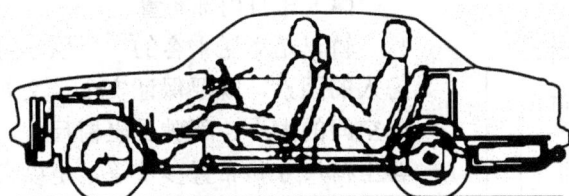

（a）发动机前置、后轮驱动

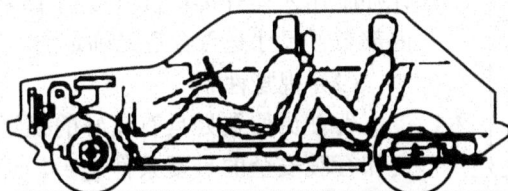

（b）发动机前置、前轮驱动

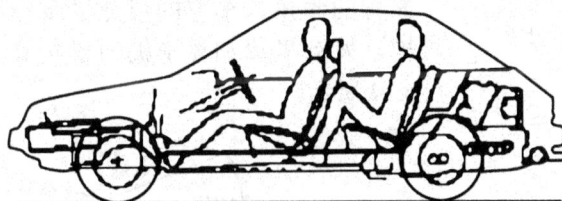

（c）发动机后置、后轮驱动

图4.11 三种常见的轿车车身布置形式

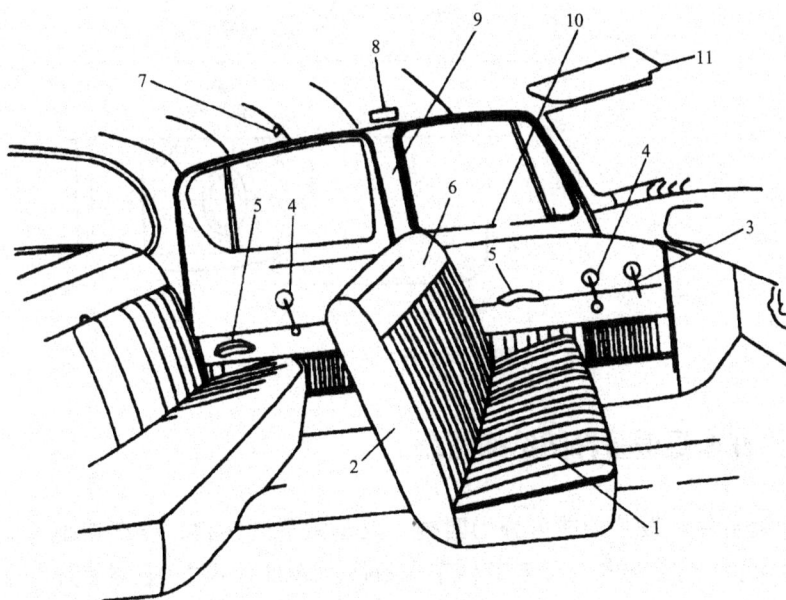

1—坐椅；2—坐椅边；3—门柄；4—窗柄；5—臂托；6—坐椅背；

7—衣架；8—厢板灯；9—中柱饰件；10—门饰条；11—遮阳板

图4.12 轿车车身内部附件和饰件

（1）车身内部布置

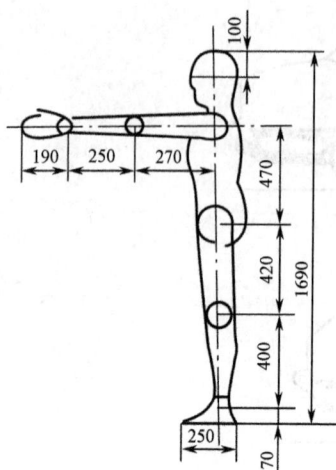

图 4.13　人体样板尺寸

轿车是运送乘客的，所以车身的内部布置第一应考虑人的因素，既要保证安全，又要考虑舒适性。车身内部空间的大小、驾驶员坐椅尺寸、操纵机构的布置、乘客坐椅尺寸和布置参数等，是以人体身长按大个、中等个、小个三种身材统计数据的平均值为依据，由车身设计师制作人体外形样板（图 4.13），然后在图样上校核内部布置尺寸是否合适来确定的。

（2）视野性

驾驶员位置处具有良好的视野性是保证汽车操纵方便和行驶安全的重要条件之一。对乘客来说，也应提供良好的视野性。视野性取决于坐椅的布置高度、座垫和靠背的倾角、车窗的尺寸以及形状和布置、支柱的结构、发动机罩和翼子板的形状等，轿车的视野角如图4.14 所示。

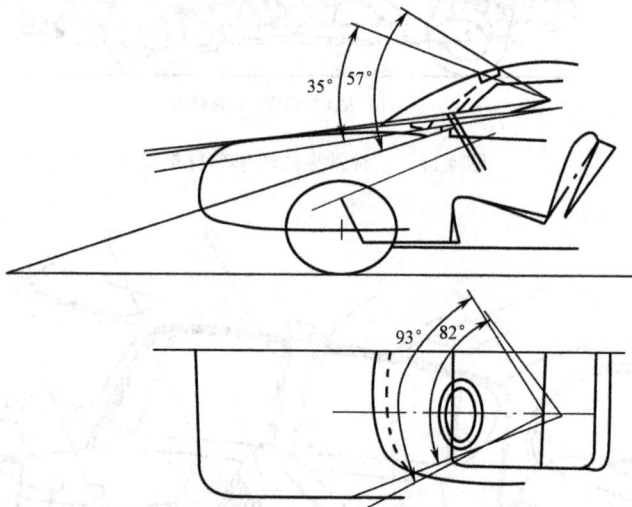

图 4.14　轿车的视野角

4.2.3　汽车车身钣金件的结构特点

汽车车身钣金件，按其功能可分为四类：汽车承载结构件、汽车造型覆盖件、兼有承载和覆盖双重功能的综合结构件以及其他车身附件。这四类不同功能的汽车钣金件的结构特点也各不相同，分述如下。

1. 汽车承载结构件

所谓承载结构件是指构成汽车底架、车架、车身骨架等的主要用于承载的构件。属于这类钣金件的有车架、车身骨架等，它们在外形上大都是由厚度 4mm以下的薄钢板经过以弯曲为主的冲压变形而成的大大小小的U形件、C形件、Z形件，或者是由圆管经过拉拔滚轧而成的方形、矩形空心钢构件。它们的共同特点是单重承载大、刚度好、节省原材料，能大大降低车身自重。它们经过相互对接组焊成为一整体桁架结构，形成车身的承载体系。

2．汽车造型覆盖件

所谓造型覆盖件是指覆盖发动机、底盘，构成驾驶室和车身的薄钢板的异形体表面零件和内部零件。属于这类钣金件的有大客车车身蒙皮、载重车车前板、驾驶室、小客车或轿车车身、车前板等，它们都是由 1～1.5mm 厚度的热轧冷轧薄钢板经过简单剪裁，或经由冲压模具压延成形得到的各种异形薄壳覆盖钣金件。这些薄壳覆盖钣金件相互衔接或过渡，既遮盖了车体内部的"杂乱和丑陋"，又充分表达出设计师对汽车外在造型上的美学追求。

3．汽车综合结构件

所谓综合结构件，是指兼有承载和造型两种功能的钣金件。这类钣金件的典型例子就是风窗框、车门和地板。风窗框也是由薄钢板冲压而成的空间封闭式曲面结构，既具有一定承载能力，又与车身前围覆盖件、侧蒙皮和顶蒙皮相衔接和协调过渡，完成了汽车"脸面"的造型效果。车门同样也是由薄板拉延而成的里外门板，构成汽车车身的一堵活动"墙板"，同样具有承载和覆盖造型的双重作用。汽车地板则是由薄钢板经冲压翻边起筋而成形的，既能覆盖又能承重的具有双重功能的钣金件。

4．其他车身附件

除了上述三种钣金件以外，汽车上还有不少其他附件，如油箱门、行李舱门、仪表板、发动机罩等多种零部件，也都是用薄钢板冲压而成的。这些零部件在结构的复杂性、多样性方面常常比前三种钣金件有过之而无不及。

习题 4

1．路上行驶的轿车哪一种类型的车身较多？

2．神龙富康的各种车型采用何种类型的车身？桑塔纳 2000 型轿车采用何种类型的车身？

3．不属于承载式车身特点的是＿＿＿。

　　A．一旦出现变形，把它修复到原来形状需要花费大量的时间

　　B．碰撞时，冲击能量被分散到汽车的大部分部位

　　C．结构重量轻，燃油效率高

　　D．各个车身钣金件可以通过松开螺栓螺母进行修理或更换

4．前轮驱动汽车的发动机安装方向为＿＿＿。

　　A．横向

　　B．纵向

　　C．横向或纵向

　　D．横向和纵向都不是

5. 下列关于非承载式车身结构的说法不正确的是＿＿＿。

　　A. 重心一般较低

　　B. 车架不与车身的任何主要部分相焊接

　　C. 橡胶垫块有助于减少噪声和振动进入车内

　　D. 上述都不对

6. 汽车车身钣金件，按其功能可分为哪几类？它们有哪些结构特点？

第5章 车身常用材料

❖ 了解金属材料的性能。
❖ 熟悉汽车钢板的种类和修理注意事项。
❖ 了解非金属材料在车身上的应用。

5.1 金属材料的性能

5.1.1 机械性能

金属材料的机械性能是指金属材料在外力作用下表现出来的特性，包括抗拉强度、疲劳强度、塑性、韧性、硬度等。

1．抗拉强度

抗拉强度指金属材料在拉伸断裂前所能够承受的最大拉应力。它是体现材料抵抗变形和断裂的能力的指标，也是金属材料最重要、最基本的性能指标。

2．疲劳强度

疲劳强度是指金属材料在交变载荷作用下而不破坏的最大应力。它是体现材料抵抗疲劳破坏的能力的指标，疲劳破坏是机械零件失效的主要原因之一。据统计，在机械零件失效中大约有 80%以上属于疲劳破坏，而且疲劳破坏前没有明显的变形，所以疲劳破坏经常造成重大事故。因此，疲劳强度是一个非常重要的性能指标。

3．塑性

塑性是材料在力的作用下产生永久变形而不破裂的能力。塑性好的的材料易于成形加工。

4．韧性

韧性是指材料在冲击力的作用下不破坏的能力。韧性越好，则发生脆性断裂的可能性越小。

5．硬度

硬度是材料局部抵抗其他硬物压入其表面的能力。固体对外界物体入侵的局部抵抗能力，是比较各种材料软硬的指标。硬度是反映材料强度、弹性、塑性、耐磨性的一个综合性指标。

5.1.2　工艺性能

1．铸造性

铸造性指金属材料能用铸造的方法获得合格铸件的性能。铸造性主要包括流动性，收缩性和偏析。流动性是指液态金属充满铸模的能力，收缩性是指铸件凝固时，体积收缩的程度，偏析是指金属在冷却凝固过程中，因结晶先后差异而造成金属内部化学成分和组织的不均匀性。

2．可锻性

可锻性指金属材料在压力加工时，能改变形状而不产生裂纹的性能。它包括在热态或冷态下能够进行锤锻、轧制、拉伸、挤压等加工。可锻性的好坏主要与金属材料的化学成分有关。

3．切削加工性

切削加工性指金属材料被刀具切削加工后而成为合格工件的难易程度。切削加工性的好坏常用加工后工件的表面粗糙度、允许的切削速度以及刀具的磨损程度来衡量。它与金属材料的化学成分、力学性能、导热性及加工硬化程度等诸多因素有关。通常是用硬度和韧性作为切削加工性好坏的大致判断。一般来说，金属材料的硬度愈高愈难切削，硬度不高，但韧性大，切削也较困难。

4．焊接性

焊接性指金属材料对焊接加工的适应性能。主要是指在一定的焊接工艺条件下，获得优质焊接接头的难易程度。它包括两个方面的内容：一是结合性能，即在一定的焊接工艺条件下，一定的金属形成焊接缺陷的敏感性；二是使用性能，即在一定的焊接工艺条件下，一定的金属焊接接头对使用要求的适用性。

5.2　汽车钢板

5.2.1　汽车钢板的分类和用途

按照生产工艺，汽车钢板可分为热轧板、冷轧板、镀锌板、夹层制振板等；按钢板性能，可分为深冲钢、烘烤硬化钢、高强度钢、超高强度钢、不锈钢等。

1．热轧板

热轧板是在 800 度以上高温下轧制的，它的厚度在 1.6～8mm 之间。钢板表面会覆上一层氧化膜，必要时可使用酸洗或喷丸处理来去除氧化膜。

汽车车架（图 5.1）、车辆车身内部钢板、底盘零件和底盘大梁都是用热轧板制造的。

2．冷轧板

冷轧板由热轧钢板经过酸洗后冷轧变薄，并经过退火处理。由于冷轧钢板是在较低的温度下轧制的，它的厚度精度高，表面质量好，表面非常平滑，厚度为 0.4～1.4mm，有良好的可压缩性。

大多数整体式车身（图 5.2）都采用冷轧钢板制成。

图 5.1　车架　　　　　　　　　　　　　　　　图 5.2　整体式车身

3．深冲钢（低碳钢）

深冲钢含碳量低，塑性很好（伸长率可达到 53%），具有优越的深冲性能，广泛应用于汽车各种板件的制造。可以很安全地进行焊接、热收缩和冷加工，它的强度不会受到严重影响。

由于深冲钢容易变形，又有很大的重量，汽车制造者已经开始改用高强度钢来制造汽车上需要承受载荷的零部件。

4．烘烤硬化钢

烘烤硬化钢是一种具有优良的深冲性能和高烘烤性能的汽车用钢板。汽车制造完成后，要求各部件具有高的屈服应力和强度，以提高汽车覆盖件的抗凹性能。钢板的成形性和抗凹陷性是一对矛盾，强度高的钢板冲压成形性能差，加工时容易起皱，加工后容易回弹。烘烤硬化钢钢板在冲压成形前强度较低，在经过冲压成形和烘烤后，其屈服强度增加（一部分是加工硬化造成的，另一部分是烘烤硬化引起的），抗凹陷性加强，这些特性使烘烤硬化钢钢板特别适合于汽车车身件的加工。

5．高强度钢

高强度钢泛指强度高于低碳钢的各种类型的钢材。一般强度为 $200N/mm^2$，相同的强度，高强度钢板的厚度比一般钢板薄，因此近来的汽车车身上普遍使用高强度钢板，以降低车辆重量。

6．超高强度钢

对普通碳钢进行热处理后，可以得到抗拉强度几乎可达到普通低碳钢 10 倍（抗拉强度达到 $1400N/mm^2$）的超高强度钢，马氏体钢是最著名的超高强度钢，适合用于加工各种形状复杂、成形困难、强度要求高的产品，主要用来冲制轿车车体的纵横梁、保险杠、车门内外板、车体后盖板、车顶面板、车体各种框架、轮辋、轮辐、控制臂及各种安全零件等，可使汽车冲压件总重量减轻 30%，是汽车制造中使用最多的一种钢板。

7．不锈钢

不锈钢板是一种碳钢、铬、镍合金，碳钢的含铬量大约为 12%。汽车消声器、排气管、燃油箱、车架都有使用不锈钢制作的。

8．防锈钢

防锈钢板是在钢板表面镀一层金属薄层，镀层的形式有镀锌、镀铝和镀锡。三种镀层中，镀锌和镀铝比铁容易腐蚀，而镀锡防腐蚀能力则比较好。

镀锌钢板用于车身钢板，而镀铝钢板用于排气管护板，镀锡钢板则用于燃油箱。

镀锌钢板有单面镀和双面镀两种。单面镀锌板一般用于不经常接触腐蚀物质的部件，如车身上部的板件。双面镀锌钢板一般用在车身的下部板件，如车地板、挡泥板、发动机罩等部位，这些部位经常接触腐蚀物质，需要重点防护。

9．夹层制振板

夹层制振板在其表面或中间会覆有塑胶，以前覆盖的塑胶膜较薄，后来覆盖的塑胶膜较厚。夹层制振板是将振动力量转换成热的形式，从而产生抑制效果。

夹层制振板用于下隔板或后舱隔板。

5.2.2　汽车钢板件的修理注意事项

1．分清钢板种类，谨慎加热

高温将会影响高强度钢和超高强度钢的强度。在进行钣金作业前，要了解钢板的种类。

① 低碳钢。对低碳钢进行加热时，随着钢板温度的增高，其强度和刚度也随之下降，停止加热后温度下降到常温，它的强度又恢复到原来的程度，加热操作后不会降低钢板原有的强度，用常规的氧乙炔和电弧焊进行焊接，或对低碳钢钢板进行短时间的加热方式的修理，都是允许的。

② 高强度钢。对高强度钢进行加热时，高强度钢内部的金属晶粒会发生改变，高强度钢经过过度加热再冷却后，强度会下降。高强度钢不允许用加热的方式进行修理。一般加热温度不可超过 370～480℃，加热时间不可超过 3 分钟。适合采用气体保护焊焊接或电阻点焊，不允许采用氧乙炔和电弧焊来焊接。

③ 高抗拉强度钢（HSS）。常规的加热和焊接方法不会明显降低这种钢的强度，一般的焊接方法（包括氧乙炔焊）都可用于修理这类构件。温度限制在 600℃以内，气体保护焊使用AWS-E-70S-6 的焊丝。

④ 超高强度钢。这些钢的高强度是加工过程中产生的特殊细化的晶粒形成的。修理中的重新加热将会破坏这种独特的结构。一般修理厂的设备无法在常温下对它们进行校正，应采用气体保护焊的塞焊方式或大功率电阻点焊机来进行有效焊接。

⑤ 镀锌板。加热将损坏镀锌板，严重影响材料的防锈性能。

⑥ 夹层制振板。加热将损坏夹层制振板，严重影响材料的制振性能。

2．尽量采用等离子切割设备切割钣金件

使用等离子切割，热变形区小，切口平整，切割速度快。如果使用乙炔气割，切割效果很差，钢板受热变形很厉害，切口粗糙，需要人工重新打磨切口。

3．优先选用气体保护焊

焊接设备应优先使用CO_2气体保护焊和MAG气体保护焊。此类焊接设备焊接的热影响区较小，焊接质量好，焊接时间短。不要长时间在同一部位拖焊，容易造成钢板烧伤，焊接应力集中，母材受力性能会下降。

5.3　铝合金

汽车越来越多地使用铝合金，不少厂家开始生产全铝汽车。

5.3.1　铝合金的种类及用途

铝合金中主要合金元素是硅，还有少量的镁，这种铝合金部件一般应用在碰撞吸能区域，除了能够承载正常的载荷外，在碰撞变形中还可以吸收大量的能量，保护后面的部件完整不会变形，一般用于制造横梁、保险杠及其支撑件等。

1．纯铝 1000 系列

此种材料为纯度99%以上的铝质材料，导电性好但强度差，用于家庭和电气器具。

2．铝铜合金 2000 系列

此处材料一般称为杜拉铝，合金强度像钢一样，但焊接性较差，用于飞机机身。

3．铝锰合金 3000 系列

此种合金改善了纯铝的强度，用于建材和烹饪用的平锅、壶等。

4．铝硅合金 4000 系列

此种合金加入了硅，所以抗磨损性好，此种合金因为含有铜、锰、镍，所以耐热性好，用于活塞。

5．铝镁合金 5000 系列

在所有热处理铝合金中，此种合金强度最高，且焊接性及耐腐蚀性都很好，用于建材、船舶和汽车用熔接构材。

6．铝硅镁合金 6000 系列

此种合金强度高、耐腐蚀性好且具有抗压性，用于建材的窗框。

7．铝锌镁合金 7000 系列

此种合金在所有铝合金中强度最高，用于汽车和机车的车架和保险杠加强梁（图 5.3）。

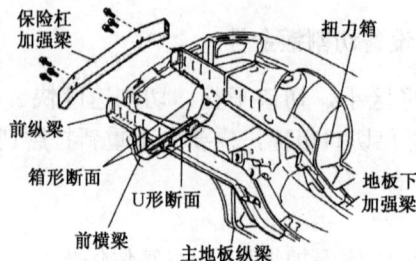

图 5.3　保险杠加强梁

5.3.2　铝合金车身的优点

1．经济性

铝的应用可以使车辆减小 20 %～30 %质量，可以减少 10 %的燃油消耗。

2．环保性

减小燃油的消耗，99 %的铝可以被循环利用。

3．防腐蚀性

铝合金是一种具有优良防腐性能的材料。

4．可加工性

铝材的一致性要比钢材好，它能够很好地通过冲压或挤压加工成形。

5．安全性

铝材具有高的能量吸收性能，是制造车身变形区的理想材料。

5.3.3　铝合金件的修理注意事项

1．使用铝车身专用气体保护焊和介子机

由于铝的熔点低，易变形，焊接要求电流低，所以必须采用专用的铝车身气体保护焊。介子机也不能像普通介子机一样去点击拉伸，只能采用专用的铝车身介子机焊接介子钉，使用介子钉拉伸器进行拉伸。

2．使用专用的铝车身维修工具、强力铆钉枪

与传统事故车维修不同的是，修铝车身大部分采用铆接的维修方法，这就必须要有强力铆钉枪。而且修铝车身的工具一定要专用，不能与修铁材质车的工具混用。因为修完铁材质车工具上会留有铁屑，如再用来修铝车身，铁屑会嵌入铝表面，对铝造成腐蚀。

3．配备防爆集尘吸尘系统

在打磨铝车身过程中，会产生很多铝粉，铝粉不但对人体有害，而且易燃易爆，所以

要有防爆炸的集尘吸尘系统及时吸收铝粉。

4．使用带定位夹具的大梁校正仪

铝车身修复常使用换件修理，维修过程中需要黏结、黏结铆接和焊接，首先需要对部件进行定位，如果没有定位，车身技术尺寸很难保证。

5．建立独立的维修空间

由于铝车身修复工艺要求严格，保证汽车维修质量和维修操作安全，避免铝粉对车间的污染和爆炸，要设立独立的铝车身维修工位。

6．避免产生裂纹

铝合金板材的局部拉伸性不好，容易产生裂纹。如发动机罩内板因为形状比较复杂，在车身制造时为了提高其拉延变形性能而采用高强铝合金，延伸率已超过 30%。所以在维修时要尽可能地保证形状不突变，以避免产生裂纹。

7．防止二次变形

尺寸精度不容易掌握，回弹难以控制，在维修时要尽可能采用定位固定和加热释放应力等方法使其稳固不会产生回弹等二次变形现象。

8．防止损伤零件

因为铝比钢软，在维修中的碰撞和各种粉尘附着等原因使零件表面产生碰伤、划伤等缺陷，所以要在模具的清洁、设备的清洁、环境的粉尘、空气污染等方面采取措施，确保零件的完好。

5.4　塑料

塑料的使用，可以大大减轻汽车的重量，有效提高汽车零部件的防腐、避振、耐磨性能，减小汽车的噪声。

塑料按照其性能，可以分为热固性塑料和热塑性塑料两种。

5.4.1　热固性塑料

热固性塑料是指经过一次固化后，不再受热软化，只能塑制一次的塑料。这类塑料耐热性好，受压不易变形，但力学性能较差。

常用的热固性塑料有环氧树脂、酚醛树脂、氨基树脂、有机硅树脂等。

5.4.2　热塑性塑料

热塑性塑料是指受热时软化，冷却后又变硬，可反复多次加热塑制的塑料。这类塑料加工成形方便、力学性能较好，但耐热性相对较差、容易变形。

热塑性塑料数量很大，约占全部塑料的 80%，常用的有聚乙烯、聚氯乙烯、聚四氟乙烯、聚苯乙烯、聚丙烯、聚甲醛、聚苯醚、聚酰胺等。

5.4.3　塑料的特点

① 质量轻。塑料的相对密度一般只有 1.0～2.0g/cm³，可以大幅度减轻汽车的质量，降低油耗。

② 化学稳定性好。一般的塑料对酸、碱、盐和有机溶剂都有良好的耐腐蚀性。

③ 比强度高。比强度是指单位质量的强度。尽管塑料的强度要比金属低，但塑料密度小、质量轻，以等质量相比，其比强度要高。

④ 电绝缘性好。大多数塑料有良好的电绝缘性，汽车电器零件广泛采用塑料作为绝缘体。

⑤ 耐磨、减磨性好。大多数塑料的摩擦系数较小，耐磨性好，能在半干摩擦甚至无润滑条件下良好地工作。

⑥ 吸振性和消声性好。采用塑料轴承和塑料齿轮的机械在高速运转时，可平稳地转动，大大减小噪声，降低振动。

⑦ 机械性能较差。

⑧ 耐热性、导热性差。一般只能在 100℃以下长期工作。温度变化时尺寸稳定性差。

⑨ 易老化。

⑩ 易燃烧。

5.4.4　塑料在汽车中的应用

塑料在汽车中的应用见表 5.1。

表 5.1　塑料在汽车中的应用

类型	名　称	符　号	用　途
热塑性塑料	聚乙烯	PE	翼子板内板、内装饰板、扰流器、溢流箱、散热器护罩、汽油箱
	聚碳酸酯	PC	内部刚性装饰板
	聚氯乙烯	PVC	内装饰件、软垫板
	聚苯乙烯	PS	仪表外壳、汽车灯罩（图5.4）
	热塑性人造橡胶	TPE	保险杠护罩（图5.5）、护板、发动机罩下的部件
	聚丙烯	PP	保险杠护罩、导流板（图5.6）、内部嵌条、散热器护罩、内翼子板、汽油箱
	热塑性聚氨基甲酸乙酯	TPUR	保险杠护罩、软护板、挡泥板、门槛套
热固性塑料	聚丙烯＋乙烯丙烯橡胶＋聚烯	TPO+EPM+TEO	保险杠护罩、导流板（图5.6）、扰流板、仪表板、格栅
	聚酰胺	PA	散热器箱、前照灯灯圈、侧围板外延部分、外部装饰部件
	聚碳酸酯＋聚丁烯对苯二酸酯	PC+PBT	保险杠护罩
	不饱和聚酯，环氧树脂（热固性）	UP, EP	翼子板外延部分、发动机罩、车顶、行李箱盖、仪表组护罩
	醚酯人造橡	TEEE	保险杠面板、门槛套
	聚对苯二甲酸乙二醇酯＋聚酯	PET	翼子板
	醚酯嵌段共聚物	EEBC	门槛套嵌条、翼子板外延部分、保险杠延长段
	乙烯/甲基丙烯酸	EMA	保险杠护罩
	热固性聚氨基甲酸乙酯	PUR、RIM、RRIM	挠性保险杠护罩(特别是国产车)、护板、门槛套、雪车前围板
	玻璃纤维加强塑料	SMC、UP、FRP	刚性车身面板、翼子板、发动机罩、行李箱盖、扰流器、顶板、后侧围板

图 5.4　汽车灯罩

图 5.5　汽车前保险杠护罩

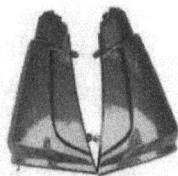
图 5.6　导流板

5.5　玻璃

5.5.1　汽车玻璃的要求

① 汽车玻璃要有良好的光学性能，还要有良好的耐磨性、耐热性、耐光性。
② 汽车上要使用安全玻璃，玻璃在破碎后不能对乘客造成伤害。

5.5.2　汽车玻璃的种类及用途

1．夹层玻璃

夹层玻璃（图 5.7）内部有一种透明且具有可黏合性的塑料膜，贴在二层或三层玻璃之间，它将塑料的强韧性和玻璃的坚硬性结合在一起，增加了玻璃的抗破碎能力。

2．钢化玻璃

钢化玻璃（图 5.8）是将普通玻璃淬火使内部组织形成一定的内应力，从而使玻璃的强度得到加强。在受到冲击破碎时，玻璃会分裂成带钝边的小碎块，对乘客不易造成伤害。

图 5.7　夹层玻璃

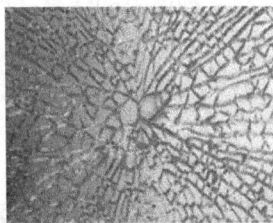
图 5.8　钢化玻璃

3．区域强化玻璃

区域强化玻璃（图 5.9）是钢化玻璃的一个新品种，它经过特殊处理，能够在受到冲击破碎时，其玻璃的裂纹仍可以保持一定的清晰度，保证驾驶者的视野区域不受到影响。目前汽车前风挡玻璃以夹层区域钢化玻璃为主，能承受较强的冲击力。

4．单面透视玻璃

单面透视玻璃（图 5.10）是在普通玻璃上涂抹上一层铬、铝或铱的薄膜制成。它可以将光线大部分反射回去，使汽车从内向外可视性好，车外却无法透视车内。

图 5.9　区域强化玻璃

图 5.10　单面透视玻璃

5. 控制风窗玻璃

控制风窗玻璃（图 5.11）具有雨点传感作用，其传感器可测出雨点，然后自动打开风窗玻璃上的刮水器，并根据雨量的大小变化随时改变刮水器速度。

6. 控制阳光玻璃

这种玻璃镀了一层膜，能挡住多达 84%的太阳能，可以在汽车所有车窗关闭和阳光直接直晒情况下，使车内保持凉爽。

7. 导电玻璃

它是在普通玻璃表面涂上一层氧化钛、氧化锂之类的薄膜而制成。这种玻璃通过微量的电流，会发生热量，附在车窗上的冰霜立即融化，以保证车内人员的视线。

8. 显示器系统玻璃

这种汽车玻璃（图 5.12）还可以作为显示器系统，未来汽车路线指南、方位图等都可以从仪表板后面投射到汽车前风窗玻璃上，这样驾驶员不用看仪表，只要正视前方，就可以看到玻璃上显示的各种需要的信息，既方便又安全。

图 5.11　控制风窗玻璃

图 5.12　显示器系统玻璃玻璃

习题 5

1. 列出某型号轿车保险杠、发动机舱盖、挡风玻璃、轮辋、前格栅、翼子、A柱、车门使用的材料。

2. 大客车蒙皮、火车大梁、车灯罩常用哪种材料？

第6章 车身损伤分析

本章学习任务

❖ 掌握车身损伤分析的步骤。
❖ 熟悉车身损伤的类型。
❖ 掌握确定车身损伤的方法。

6.1 汽车碰撞诊断步骤

要彻底修复好一辆汽车，就要准确地诊断出其碰撞受损情况。也就是说，要确切地评价出汽车受损的严重程度、范围及受损部件。确定完这些之后，方可制定修复计划。一辆没有经过准确诊断的车辆会在修理中发现新的损伤情况，这样，修复的方法及工序必然将随之改变，最后的修复结果同样可能不会令人满意，这就还需要再进一步的修理。因此，彻底的、精确的撞伤诊断是高质量修复的基础。损伤评估上是汽车车身修复的最重要的工作之一。

下面为基本的汽车碰撞诊断步骤（图6.1）。

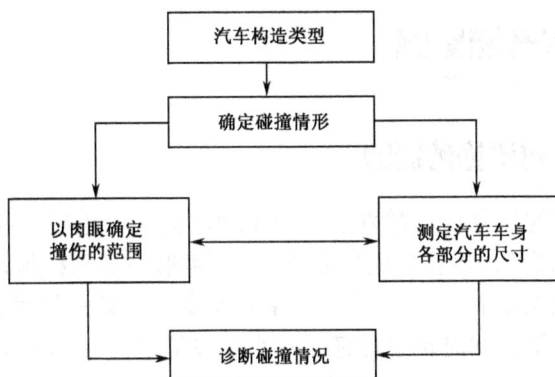

图 6.1　汽车碰撞损伤评估步骤

① 确定车身构造类型。
② 确定碰撞位置。
③ 确定碰撞的方向及碰撞力大小。
④ 目测检查损伤情况。沿着碰撞路线系统地检查部件的损伤，直到没有任何损伤痕迹的位置。例如，支柱损伤可以通过检查门的配合状况来确定。
⑤ 确定损伤是否限制在车身范围内，是否还包含功能部件或元件（如车轮、悬架、发动机等）。
⑥ 测量汽车的主要元件。通过比较维修手册车身尺寸图表上的标定尺寸和实际汽车上

的尺寸来检查汽车车高，并用一个定心量规来比较车身左侧高度与右侧高度。

⑦ 用工具或装置检查悬架和整个车身的损伤情况。

6.2　损伤评估时的安全注意事项

在检查汽车碰撞情况时，为了保证安全，要注意以下事项：

① 锯齿状的金属刃口要贴上胶带纸或磨平；

② 泄漏的机油等要擦净；

③ 焊接、切割前断开车载电脑连接；

④ 拆除电气系统时，先要卸下蓄电池负极电缆，切断电路；

⑤ 碰撞诊断时照明应良好；

⑥ 注意相关的安全规范。

6.3　汽车碰撞检查内容

在检查汽车碰撞情况时，应当明确以下几项内容：

① 被碰撞汽车的尺寸、构造、方位；

② 碰撞时汽车的时速；

③ 碰撞时汽车的角度和方向；

④ 碰撞时汽车上乘客人数及他们的位置。

6.4　碰撞对车身的影响

6.4.1　车身设计对碰撞的影响

汽车车身要设计得能经受住日常驾驶中的振动，甚至在碰撞中也能给乘客提供安全。汽车车身设计正被专门研究，以使其能够更好地减弱并吸收剧烈碰撞时的能量，同时使其对乘客的影响减至最小。为此目的，前部车身和后部车身要在某种程度上容易损坏，以形成一个能吸收碰撞能量的结构，同时也要保证结实牢固以提供给乘客一个安全空间。当汽车以 48km/h 的速度撞上障碍物时，发动机室的长度会被压缩 30%～40%，但乘坐室的长度仅被压缩 1%～2%，如图 6.2 所示。

图 6.2　汽车碰撞实验

6.4.2　车身结构对碰撞的影响

汽车车身构造有两种基本类型：非承载式车身（车架式车身和半车架式车身）和承载式车身（整体式车身）。非承载式车身汽车的乘客空间被与车架相连的装饰钢板密封住，车架也支撑着大部分的驾驶系统及机械部件。承载式车身与传统结构中将装饰钢板安置在车架上相反，其车身钢板焊接在一起成为一个结构整体。对于非承载式车身汽车，碰撞损伤的可能是装饰性也可能是结构上的部件，但如果承载式车身汽车被撞后，通常既会导致装饰性部件损伤又会导致结构性部件损伤。在碰撞力冲击下，非承载式汽车与承载式汽车的反应极为不同。

6.4.3　驾驶员的反应对碰撞的影响

由于碰撞发生前驾驶员会有预先反应，某些类型的撞伤大多总以一定的形式和次序发生。如果驾驶员的第一反应是要绕离危险区，汽车的边缘会被蹭伤，如图 6.3 所示；如果驾驶员的反应是猛踩刹车板，损伤的范围就会是汽车的前部，如图 6.4 所示。

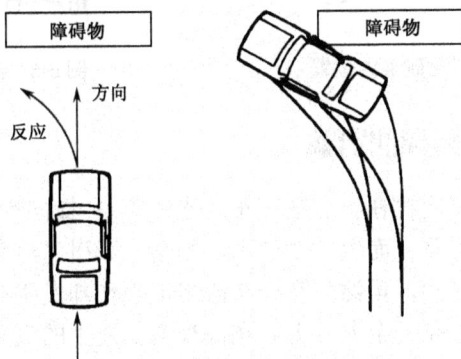

图 6.3　驾驶员的第一反应是想绕离危险区，会蹭伤边缘，引起左右弯曲损伤

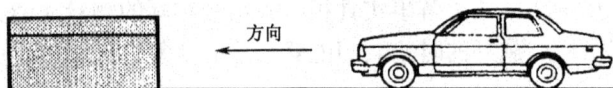

图 6.4　驾驶员的第一反应是猛踩制动踏板，会使汽车前部下垂而引起上下弯曲损伤

6.4.4　碰撞位置对碰撞的影响

碰撞点在汽车前端较高部位，就会引起车壳和车顶后移及后部下沉，而碰撞点在汽车前端下方，车身惯性就会引起汽车后部向上变形，使车顶被迫上移，在车门的前上方与车顶缝之间形成一个极大的裂口，如图 6.5 所示。

6.4.5　撞击物对碰撞的影响

汽车的撞伤会因撞击对象不同而有较大的差异。例如，汽车撞上电线杆和一堵墙壁后的结果就很不同。如果撞上墙壁，其碰撞面积较大，而损伤较轻；相反，撞上电线杆后，其碰撞面积较小，创伤较严重，汽车保险杠、发动机室盖、水箱等部件都严重变形，发动机也被后推，碰撞影响还扩展到了后部的悬架，如图 6.6 所示。

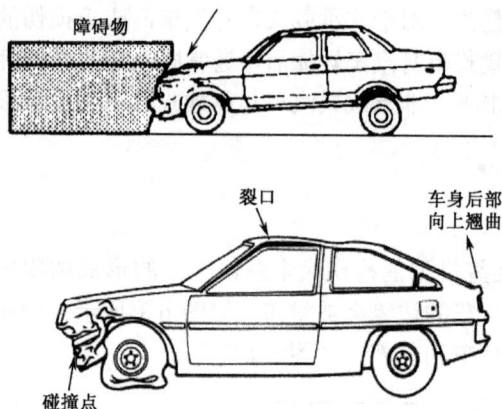

图 6.5　碰撞位置对碰撞的位置

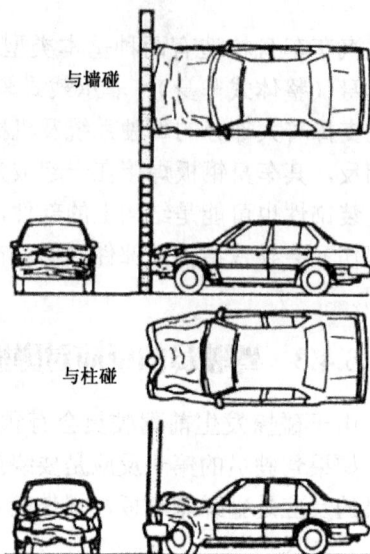

图 6.6　汽车与不同面积障碍物相撞

6.4.6　行驶方向对碰撞的影响

一辆汽车碰撞到另一辆同样在行驶的汽车。当汽车 1 撞向行驶中的汽车 2 的侧边时，汽车 1 的运动会使其前端后移，而汽车 2 的运动则会"牵引"汽车 1 的前端向一侧偏斜，如图 6.7 所示。从此例可以看到，虽然只有一次碰撞但损伤却发生在两个方向。另一方面，也可能两种碰撞而损伤却发生在一个方向上。在快车道上发生的汽车碰撞中，这种情况常常见到。一辆汽车与另一辆汽车相撞后，还会偏离道路撞上路栅或护栏，引起两处完全不同的损伤。此外，还有许多其他的不同损伤类型组合。在进行准确的评估之前，确定事故实际发生的过程是很重要的。尽可能多地了解事实真相，并结合实际的测量才能正确制定出修复的具体步骤。这样虽然花费一点额外的时间，却能够在总的修复过程中节省更多的时间。

6.4.7　碰撞车辆的质量对损伤的影响

车辆的质量越大，碰撞时对另一辆产生的变形越大，如图 6.8 所示。

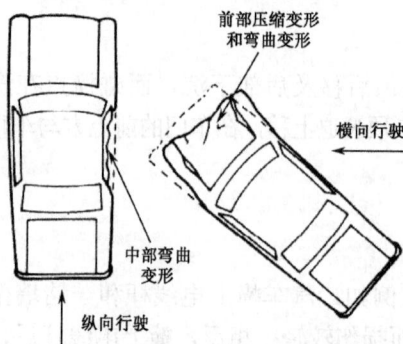

图 6.7　行驶方向对碰撞的影响

图 6.8　不同质量的车相撞的结果

6.5　碰撞产生的车身损伤

6.5.1　车架式车身的碰撞损伤

车架式车身由车架及围接在其周围的可分解的部件组成。车身的前部和后部具有弯曲的结构，碰撞时会变形，但可保持车架中部结构的完整。车架式车身上较柔和的部位，主要用来缓冲碰撞冲击，车身与车架之间有橡胶垫间隔，如图 6.9 所示。车架式车身发生碰撞后，变形的部位如图 6.10 所示。

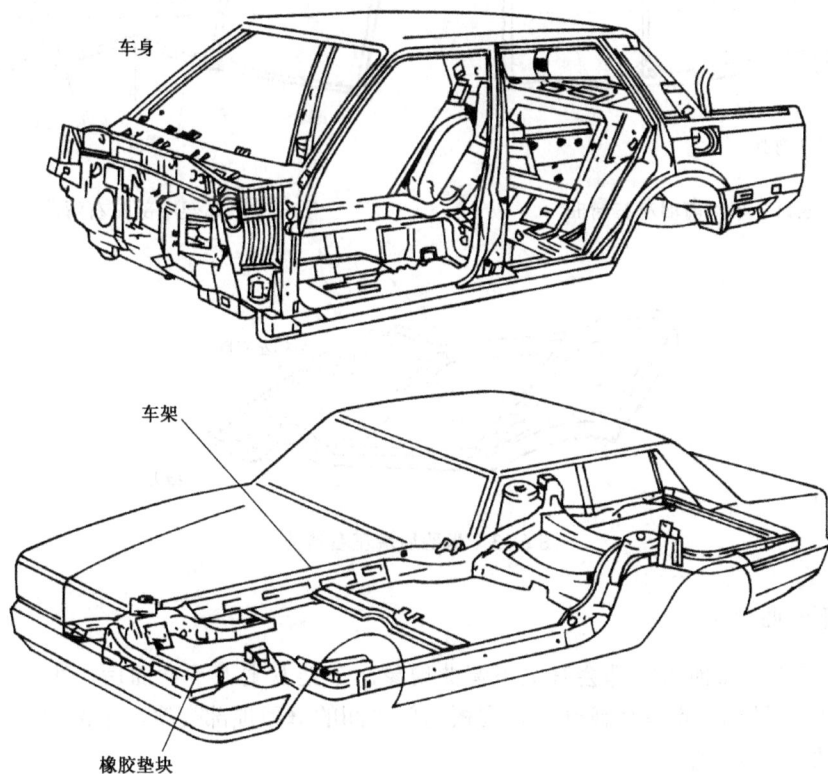

图 6.9　车架式车身结构

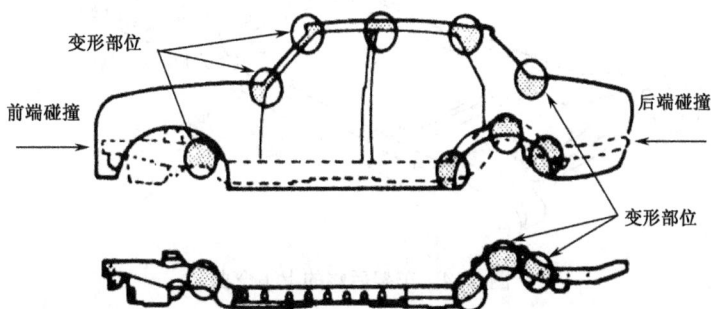

图 6.10　车架式车身碰撞变形示意图

车架式车身碰撞损伤的形式如下。

1．左右弯曲

车架发生左右弯曲后，纵钢梁的内侧及另一侧纵梁的外侧可能有皱曲，车门长边上有裂缝，短边上可能有皱折，汽车一侧有明显的碰撞损伤，车身和车顶盖错位，如图6.11～图6.13所示。

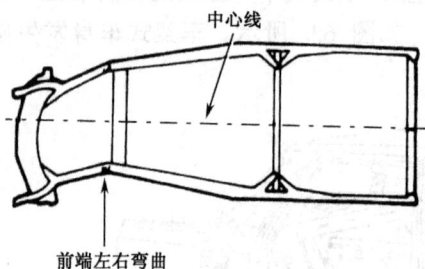

图6.11　车架前端左右弯曲

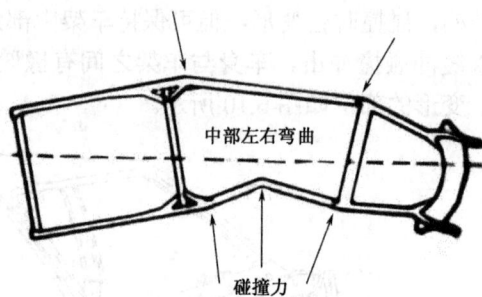

图6.12　车架中部左右弯曲

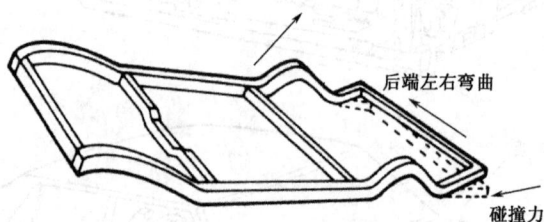

图6.13　车架后端左右弯曲

2．上下弯曲

大多数车辆碰撞损伤中都会有上下弯曲现象。车架发生上下弯曲后，车身外壳表面会比正常位置低，结构上也有后倾现象，翼板与门之间的缝隙顶部变窄、下部变宽；车门在撞击后下垂，如图6.14所示。

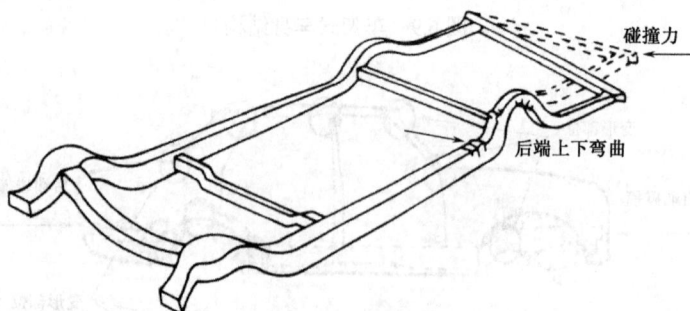

图6.14　车架后端的上下弯曲

3. 断裂损伤

车架断裂后，发动机罩可能前移或后车窗后移，某些部件或车架元件的尺寸小于标准尺寸，车门可能吻合得很好，但挡板、车壳或车架的拐角处皱折或有其他严重的变形，车架在车轮挡板圆顶处向上提升，引起弹性外壳损坏，保险杠会有一个非常微小的垂直位移，如图 6.15 所示。

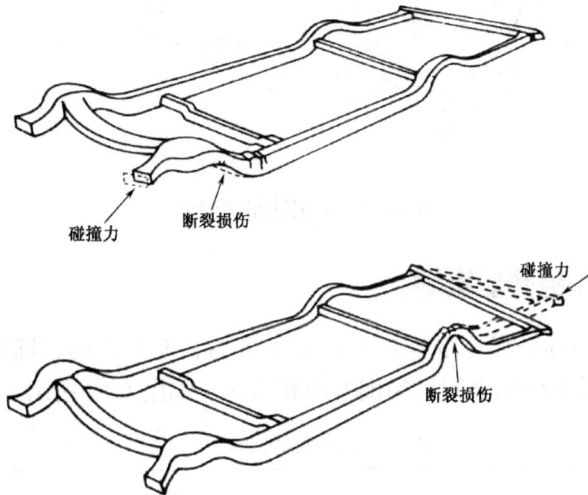

图 6.15 车架的断裂损伤

4. 菱形变形

车辆的一角或偏心点受到来自前方或后方的撞击时，车架的一侧向前或向后移动，引起车架或车身歪斜，使其接近平行四边形的形状，这就是菱形变形。此时，发动机罩及后备箱盖发生错位，接近后车轮罩的相互垂直的钢板上或垂直钢板接头的顶部可能出现皱折，乘坐室及后备箱底板上也可能出现皱折和弯曲， 附加有许多断裂及弯曲的组合损伤，如图 6.16 所示。

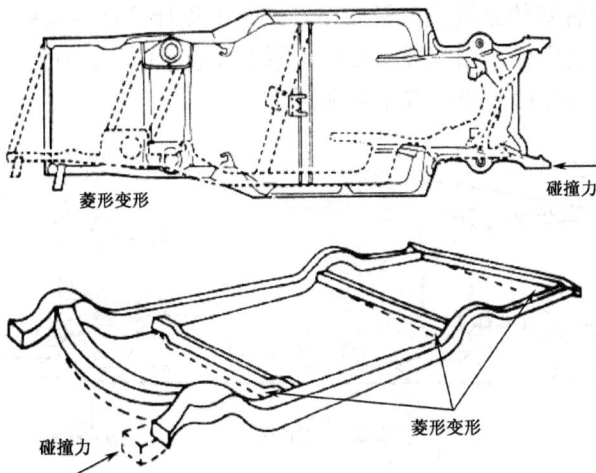

图 6.16 车架的菱形变形

5．扭转变形

汽车高速撞击到路缘石、路中隔离栏或后侧角端发生碰撞时，汽车的一角会比正常情况高，而相反的一角则会比正常情况低，这就是发生了扭转变形，如图 6.17 所示。

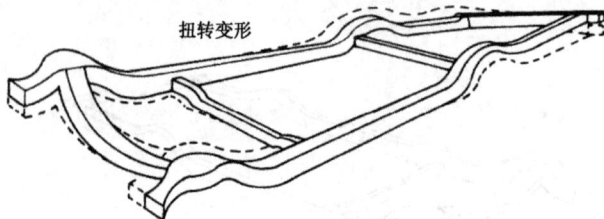

图 6.17　车架的扭转变形

6.5.2　车架式车身修复准则

车架式车身上各类损伤发生的次序为：上下弯曲、左右弯曲、断裂变形、菱形变形和扭转变形，车架修复最重要的准则是颠倒方向和次序，如图 6.18 所示。

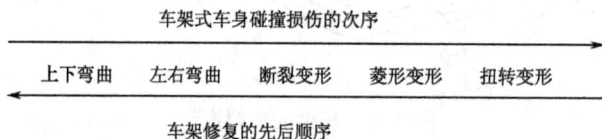

图 6.18　车架维修准则

6.5.3　整体式车身的吸能设计

整体式车身汽车通常设计得能够很好地吸收碰撞时产生的能量，车身由于吸收碰撞力而折合收缩，冲撞力因被车身更深入的部位吸收而逐渐扩散，直至完全被吸收。

为了保证中部乘客室的结构完整及安全，汽车上设计了许多吸能区域（图 6.19），如在前部的保险杠支撑、前纵梁、挡泥板、发动机罩上设置吸能区，在后部的后保险杠支撑、后纵梁、挡泥板、后行李箱盖上也设置了吸能区。

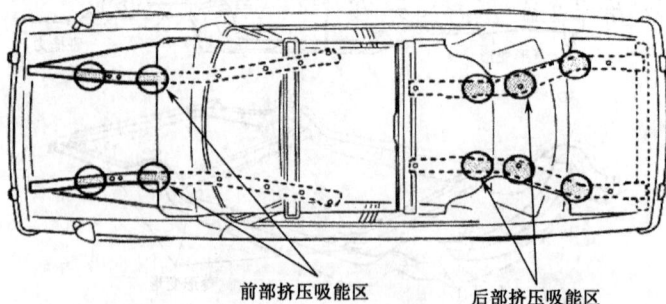

图 6.19　吸能区域

6.5.4　整体式车身碰撞能量的传递

　　设计汽车时，要求在发生碰撞时，把撞击的能量进行均匀分配，将冲击力更好地吸收到车辆上部和下部的车身结构中，并进一步将力沿着车身结构导开，从而避免损害乘员舱，降低人员受重创的可能性。能量传递路线上的构件将可能不同程度地受到损伤，整体式车身的碰撞时能量传递的路线和相关的构件如图 6.20 所示。

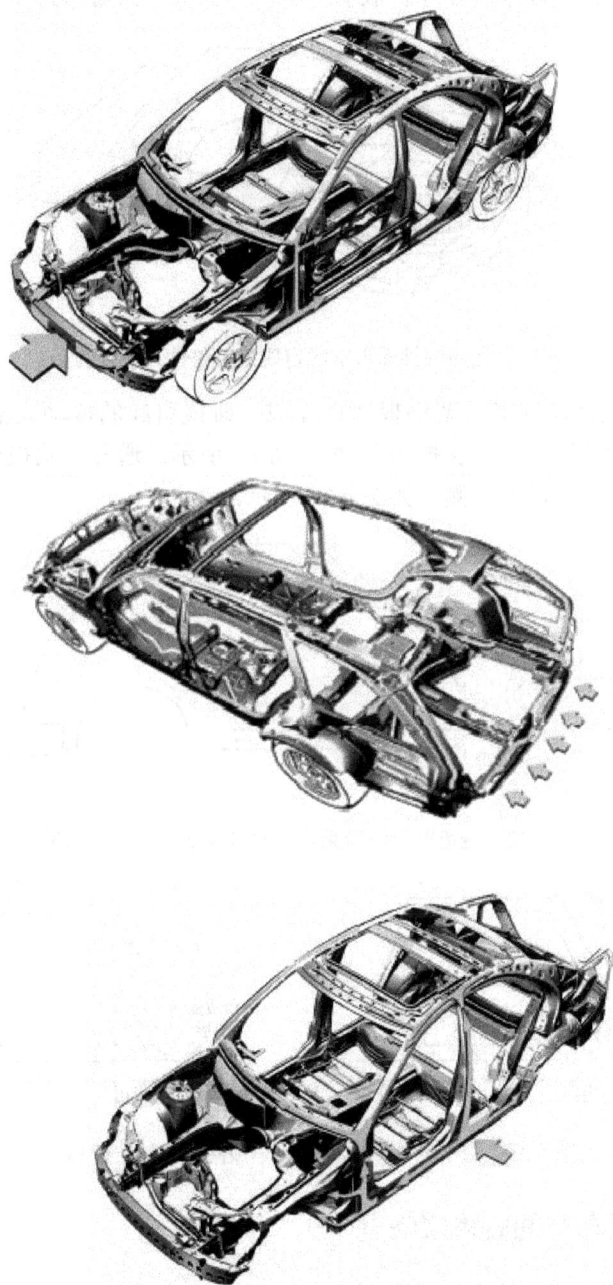

图 6.20　整体式汽车碰撞时的能量传递路线

6.5.5 整体式车身的碰撞分析方法

由碰撞引起的整体式车身汽车的损伤可以运用如图 6.21 所示的圆锥图形法进行分析。整体式车身汽车通常被设计得能够很好地吸收碰撞时产生的能量。受到撞击时，汽车车身由于吸收冲撞力而折合收缩，渗透入结构之中的冲撞力因被车身更深入的部位吸收而逐渐扩散，直至完全消除。将目测撞击点作为圆锥体的顶点，圆锥体的中心线表示碰撞的方向，其高度和范围表示碰撞力穿过车身壳体扩散的区域。圆锥体顶点通常为主要的受损区域。

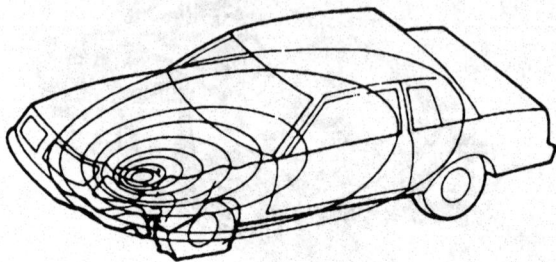

图 6.21 运用圆锥图形法确定碰撞对整体式车身的影响

由于整个车身壳体由许多片薄钢板连接而成，碰撞引起的振动大部分被车身壳体吸收掉，但振动波的影响被称为"二次损伤"，如图 6.22 所示。通常，此损伤会影响整体式车身的内部结构或与被撞击相反的一侧，如图 6.23 所示。

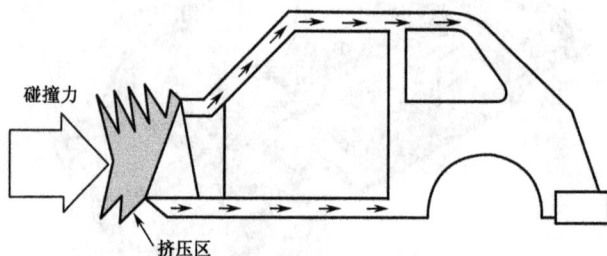

图 6.22 碰撞能量沿着乘坐室穿过各部件而逐渐消散

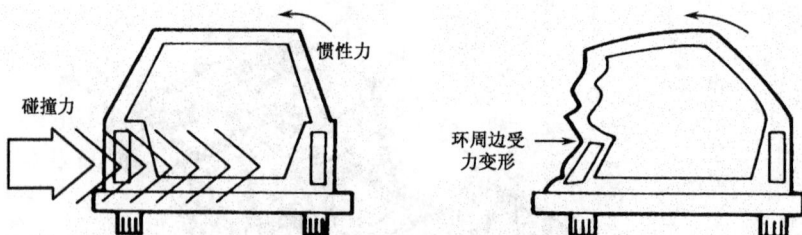

图 6.23 由于惯性作用，汽车车顶向碰撞的一侧移动

6.5.6 整体式车身的碰撞损伤

1. 前端碰撞变形

碰撞的冲击力取决于汽车的重量、速度、碰撞范围及碰撞源。就一次较轻的碰撞而言，

保险杠会被向后推，前侧梁、保险杠支撑、前翼子板、散热器支座、散热器上支撑、机罩锁紧支撑等也被折曲。如果碰撞的程度更为剧烈，那么前翼子板就会弯曲而触到前车门，机罩铰链会向上弯曲至前围上盖板，前侧梁也会折弯到前悬架横梁上并使其弯曲，如图 6.24 所示。如果振动足够大，前挡泥板及前车身支柱（特别是前门铰链上部装置）将会弯曲，并使车门掉下。另外，前侧梁会变形，前悬架构件会弯曲，前围板和前车门平面也会弯曲。如果正面的碰撞从某一角度而来，前侧梁的连接点就会成为旋转中心或旋转面，并发生侧向的和垂直方向的弯曲，如图 6.25 所示。由于左面和右面的前侧构件通过前横向构件连接在一起，碰撞引起的振动就会从碰撞点传递至另一侧的前部构件并引起其变形。

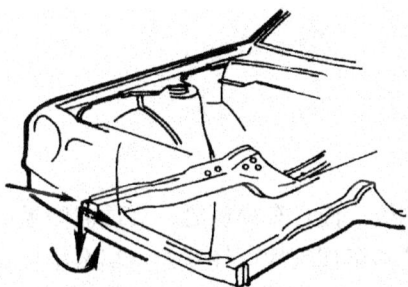

图 6.24　整体式车身汽车的弯曲及断裂效应　　图 6.25　整体式车身的侧向和垂直弯曲

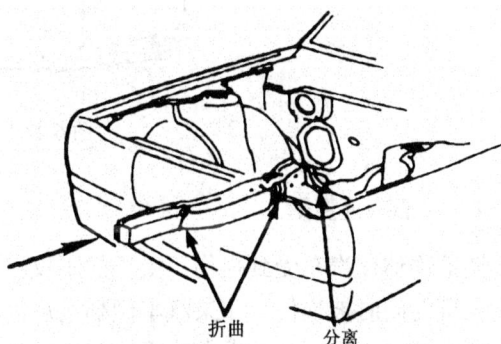

2. 后端碰撞变形

汽车受损的程度取决于以下因素：碰撞面的面积、碰撞时的车速、碰撞的对象及汽车的重量。如果碰撞得较轻，后保险杠、后地板、行李舱盖及地板可能会变形，相互垂直的钢板也会翘曲；如果碰撞得很厉害，后顶盖侧板会塌陷至顶板底面。而对于四门汽车，中心车身支柱也可能会弯曲。碰撞能量因这些上部结构的变形及后侧梁的上弯曲而被吸收。如图 6.26 所示。

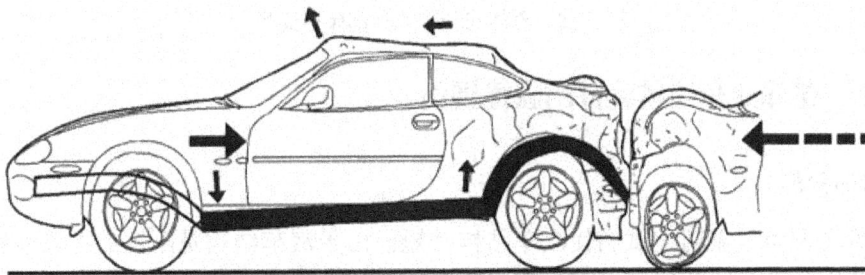

图 6.26　整体式车身后端碰撞变形

3. 侧面碰撞变形

在确定汽车侧面碰撞（图 6.27）损伤时，分析汽车的构造尤为重要。一般而言，对于严重的碰撞，车门、前部构件、中心车身支柱以至地板都会变形。当前翼子板或后顶盖侧板受到垂直方向上较严重的碰撞时，振动波会传递到汽车相反一侧。当前翼子板的中心位置受到碰撞时，前轮会被推进去，振动波也会从前悬架横梁传至前侧梁。这样，悬架元件就会损伤，前轮的中心线和基线也都被改变。由于侧向的碰撞，转向装置的连杆和转向齿轮、齿条也将被破坏而变形。

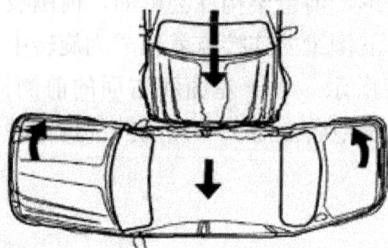

图 6.27　侧面碰撞

4．顶部碰撞变形

坠落物体使汽车受到损伤，受损的不仅仅是车顶钢板，而且车顶侧梁、后顶盖侧板以及车窗也可能同时被损伤。如果汽车倾翻之后，车身支柱和车顶钢板已经弯曲，那么相反一端的支柱同样也会损坏。由于取决于汽车倾翻的形式，使得车身的前部及后部部件也可能会被撞伤。就这些情况而言，汽车损伤程度可通过车窗及车门的变形来确定，如图 6.28 所示。

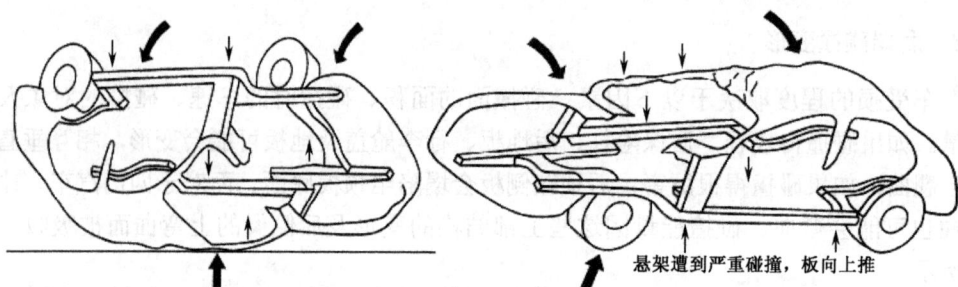

悬架遭到严重碰撞，板向上推

图 6.28　整体式车身的顶部碰撞变形

6.5.7　整体式车身结构件的碰撞损伤

1．弯曲变形

在碰撞的瞬间，振动波试图使汽车结构减短。由于汽车结构是刚性的并具有弹性，它趋向于迅速回到其最初的形态，至少在瞬间是如此，使碰撞振动散播到远距离的大部分区域，从而引起中央结构上横向及垂直方向的弯曲变形。弯曲变形通常通过测量其高度超出配合公差而显示。与传统车身结构的弯曲变形相似，这一变形可能仅发生在汽车的一侧，而另一侧则没有，如图 6.29（a）所示。

2．断裂损伤

当碰撞过程持续进行时，在碰撞点上就会产生显著的挤压。这样，碰撞的能量被结构的变形吸收（以保护乘坐室），而远距离的部位则可能会断裂或者松动。断裂损伤通过测量其长度是否超出配合公差来判别，它与传统车架式车身的断裂损伤相似，如图 6.29（b）所示。

3．增宽损伤

设计良好的整体式车身结构，传到乘坐室的碰撞力会使侧面结构弯曲而偏离乘客（而不偏向内侧），同时侧梁和车门缝隙也将变形。增宽损伤与车架式车身上的左右弯曲变形相似，通过测量其高度和宽度是否超出配合公差来判别，如图 6.29（c）所示。

4．扭转变形

即使最初的碰撞直接作用在中心点上，但再次的冲击还能够产生扭转力引起汽车结构的扭转损伤。整体式车身的扭转变形与传统车架式车身的扭转变形相似，通常是最后的碰撞结果，可以通过测量其高度和宽度是否超出配合公差进行判别，如图 6.29（d）所示。

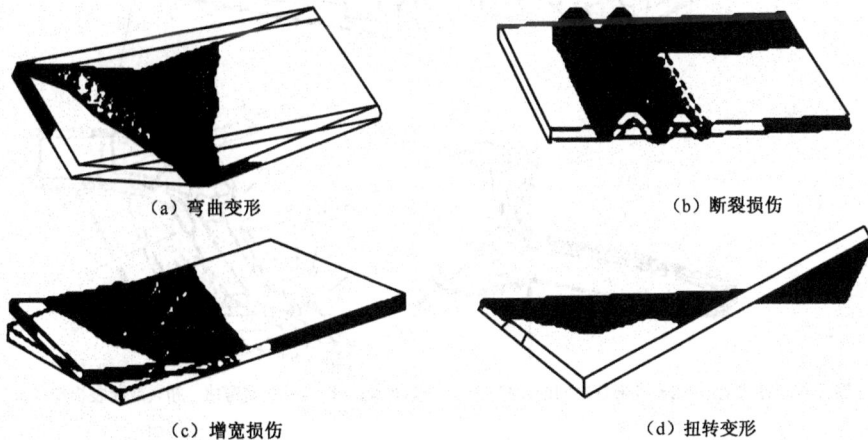

（a）弯曲变形　　　　　　　　　　　　　　　（b）断裂损伤

（c）增宽损伤　　　　　　　　　　　　　　　（d）扭转变形

图 6.29　整体式车身的碰撞损伤

应该注意的是，发生在车架式车身和整体式车身上的损伤类型是极为相近的，尽管后者可能更为复杂（剧烈的碰撞在整体式车身汽车上不会引起菱形变形）。如同对传统结构的调整一样，采用后进先出的方法，首先校正最后发生的损伤，也是修复整体式车身的最佳方法。最后的损伤是由精确的测量来确定的。

6.5.8　目测确定碰撞损伤的程度

在大多数情况下，碰撞部位能够显示出结构变形或者断裂的迹象。用肉眼进行检查时，先要后退离开汽车对其进行总体估测。从碰撞的位置估计汽车受撞尺寸的大小及方向，判断碰撞如何扩散并造成损伤。同样，先从总体上看汽车是否有扭转、弯曲及歪曲变形，再设法确定出损伤的位置以及所有的损伤是否都是由同一碰撞引起的。

碰撞力沿着车身扩散并使汽车的许多部件及某些部位发生变形（碰撞力具有容易穿过车身坚固部位，最终抵达并损坏薄弱部件，而后扩散深入车身部件的特性）。因此，为了准确地找出汽车损伤，必须沿着碰撞力扩散的路径直达车身薄弱部位（此处应力最大），按顺序一处一处地进行检查，确认出变形情况，如观察钢板连接点的错位和油漆层、内涂层及保护层的裂缝、剥落等。这样，损伤就可以容易地从以下部位识别出来（图 6.30）。

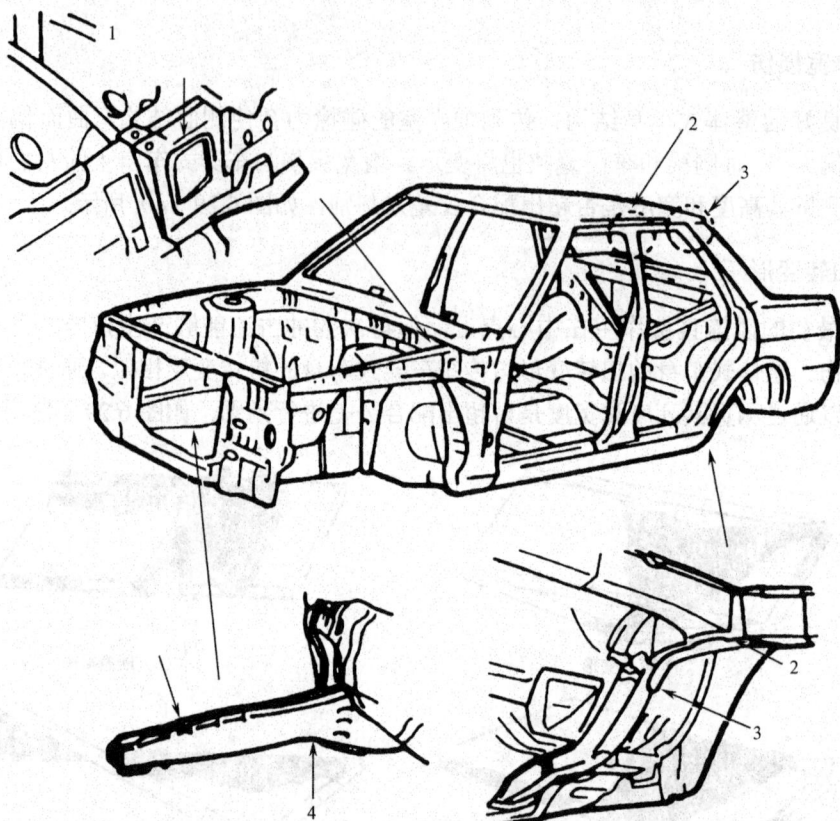

1—零件截面突然变形；2—零部件之间的连接点；3—棱角和边缘；4—受到弯曲、扭转或断裂损伤的部件

图 6.30　容易识别出损伤的部位

1. 零件的截面突然变形

可以看到零件断裂或遗失，也有加固材料（如加固件、盖板、加强筋、连接板）上的裂缝以及各零件间的连接点断开。

2. 零件的棱角和边缘

检查车架部件（如侧边构件）的损伤程度时，极易判别出部件凹面上的损伤，因为它是以严重的凹痕或扭结形式而不是以较轻的瓢曲形式出现，后者一般出现在部件的相反一侧。

设计车身时，要使碰撞中产生的能量能够沿着一条既定的路径传播，并且从碰撞点开始沿着汽车结构扩散，直至所有的能量消失。因此，损伤的迹象通常在碰撞点附近比较显著，当能量在邻近的结构逐渐消散时，其损伤的程度也相应减弱。但有时，碰撞点上的损伤迹象很小，能量却穿过碰撞点而传递至车身内部很深的部位，如图 6.31 所示。

3．目测车身损伤的程序

（1）检查车身每一部位的间隙和配合

车门是以铰链装在车身支柱上的，这样就可通过简单地开关门及观察门的准直来确定车身支柱是否受到损伤（图6.32）。

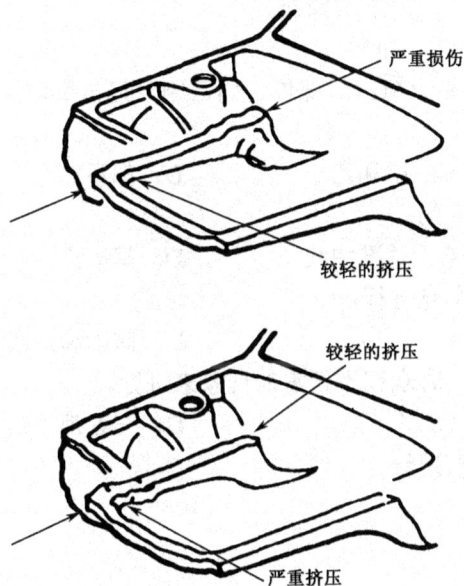

图 6.31　汽车受到碰撞后的损伤总量

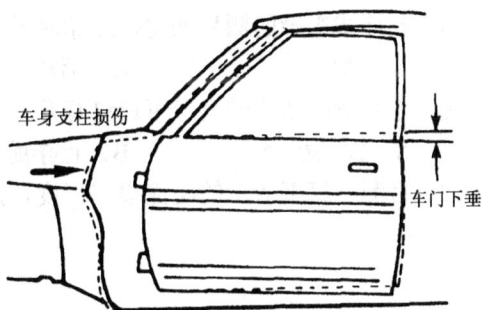

图 6.32　车门准直的检查

在汽车前端碰撞事故中，检测损伤最重要的是检查后车门与后顶侧板或车门槛板之间的间隙及水平差异。另一个较好方法则是比较汽车左侧与右侧部件的间隙。

车门铰链在使用一段时间之后，总要趋向于下垂。驾驶员一侧的车门由于开关极为频繁，尤其如此。因为门的配合可由于车身的柔性而受到影响，为此，将车身提升起来进行细心的检查是很有必要的。

（2）检查汽车惯性损伤

当汽车受到碰撞时，一些沉重部件（如装配在橡胶支座上的发动机）的惯性会转化成巨大的作用力，使其向相反方向靠移而发生冲击，产生损伤，这就需要对固定件、周围部件及钢板进行检查。对于整体式车身的汽车，其车身安装在橡胶隔离垫上以减小其惯性。但在碰撞过程中，剧烈的碰撞也会引起车身和车架的错位，破坏车身上的隔离件。

（3）检查来自乘客与行李的损伤

乘客和行李在碰撞中由于惯性的原因还能引起对车身的二次损伤，损伤的程度因乘客位置及碰撞的力度而异，其中受伤概率较高的部位有仪表盘、转向轮、转向支柱和座位靠背。同时，后备箱中的行李也可能成为引起车身后顶侧板损伤的一项原因。

习题 6

1. 在整体式车身结构的碰撞损伤顺序中，列在最后的是_____。

　　A. 弯曲变形　　　　　B. 断裂损伤　　　　C. 增宽损伤　　　　　D. 扭转变形

2. 修复整体式车身的最佳顺序是首先校正_____发生的损伤。

　　A. 最后　　　　　　　B. 开始　　　　　　C. 中间

3. 检查整体式车身汽车的撞伤时，甲只检查靠近撞击的部位，而乙则对撞击部位及较远的范围内都做检查，_____的做法是对的。

　　A. 甲　　　　　　　　B. 乙　　　　　　　C. 甲和乙　　　　　　D. 都不对

4. 整体式汽车的高度方向尺寸是从_____量起的。

　　A. 基准平面　　　　　B. 中部平面　　　　C. 基准中线　　　　　D. 基准点

5. 整体式车身的测量和定位应相对于_____车身进行。

　　A. 前段　　　　　　　B. 后段　　　　　　C. 中段　　　　　　　D. 前段和后段

6. 车身侧围结构的变形可通过打开或关闭____时观察不正常的现象来进行。

　　A. 发动机罩　　　　　B. 行李舱盖　　　　C. 车门　　　　　　　D. 三者都不是

7. 目测一辆事故车的碰撞损伤程度，撰写检查报告。

第7章 车身测量技术

本章学习任务

❖ 了解车身测量的意义。
❖ 掌握车身的测量方法。
❖ 了解车身测量的各种系统。

7.1 车身测量的意义与基准

7.1.1 车身测量的意义

车身整体定位参数如果发生变化,对汽车使用性能有至关重要的影响。所谓整体定位参数,是指那些对汽车发动机、底盘和车身主要构件的装配位置有着直接影响的基础数据,如汽车的前轮定位、轴距误差、各总成的装配位置精度等。这些参数值,是原厂技术文件中规定的重要技术数据。车身维修时对这些参数进行测量,一方面用于对车身技术状况的诊断,另一方面用于指导车身维修。因此,车身变形的测量在车身维修中非常重要。

车身维修的测量,一般分为作业前、作业中和竣工后三个步骤。作业前的检测,目的是确认车身损伤状态和把握变形程度的大小;维修作业过程中的检测,旨在对修复过程的质量进行有效的控制;竣工后的检测,主要为验收和质量评估提供可靠的数据。

7.1.2 车身测量基准

1. 基准面的概念

基准面是一个假想的平滑表面,与车身中心水平面平行并与之有固定的距离。设计和制造取得的垂直(高度)尺寸都以它为基准,它也是在维修检测过程中取得测量参数的主要依据。该基准面被用来作为车身所有垂直轮廓测量的基准面,汽车的垂直尺寸数据就是由该基准面得到的(图7.1)。利用这个基准面,可以将中心量规沿车架或整体式车身的长度方向有规则地悬挂,由此获得所需的垂直方向上的测量结果。

例如对车架的测量,首先把基准量规安置在基础平台上,其中一对放在后座横梁指定支撑点下面,另一对放在发动机室后侧的前横梁下面。然后按给定尺寸将左右量规调成等高,再将其他量规分别放置在各个测量点上,逐个量取车架各控制点上的参数,经与维修手册对比就可以找到变形的方向和程度,如图7.2所示。

也可以将调定的标准量规挂在各个测量点上,然后检查其与基准平面的偏差,如果各个量规的顶部都在一个平面上,说明车架符合技术要求;如果某些测量点不在该平面上,则说明车架有变形，测量点偏离了基准面。

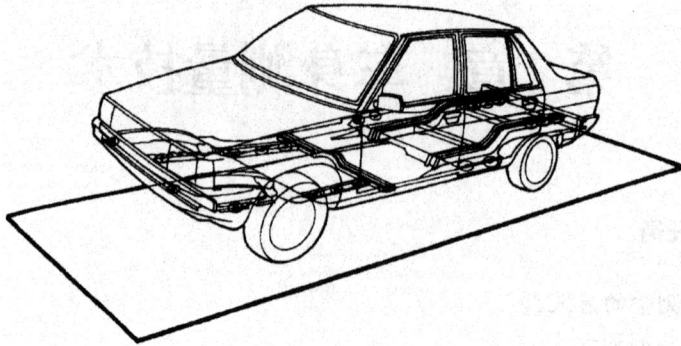

图 7.1　基准面是车身上各垂直尺寸的参照面

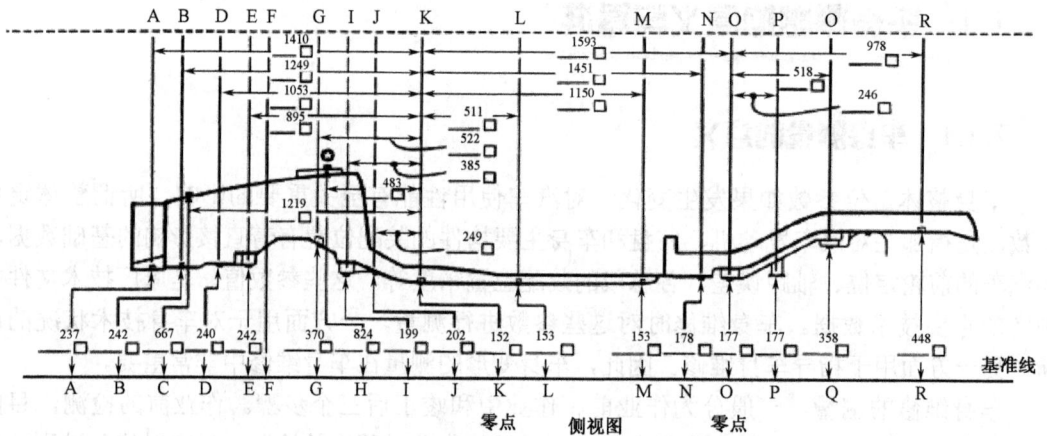

图 7.2　北京吉普车架高度测量点参数

2．中心面概念

中心面是一个与基准面垂直并与汽车纵向中心线重合的平面（图 7.3）。它也是一个假想的中心面，并通过它将汽车纵向对称分开。车身所有宽度方向的横向尺寸都是以中心面为基准测得的。通俗地说，从中心面到车身右侧特定点的尺寸与中心面至车身左侧同一对称点的尺寸，应该是相同的。车身结构的一侧称得上是另一侧完全对称的镜像。由于定中规的中心销应保持在车身中心位置，沿着它们进行纵向观测，可以确定车身在横向上是否发生了变形。

供测量用的控制点（图 7.4）用于检查车身的对称，如果出现了偏离，说明车身在横截面上发生了位移，用定中规中心孔的偏移量可以得出变形的大小及方向。

3．零平面概念

为了正确分析车身的损伤程度，有必要将汽车看做一个方形结构并将其分成前、中、后三部分（图 7.5），三部分的基准面称为零平面。它是在汽车设计中形成的，碰撞等外力因素所造成的损伤会使其受到影响。

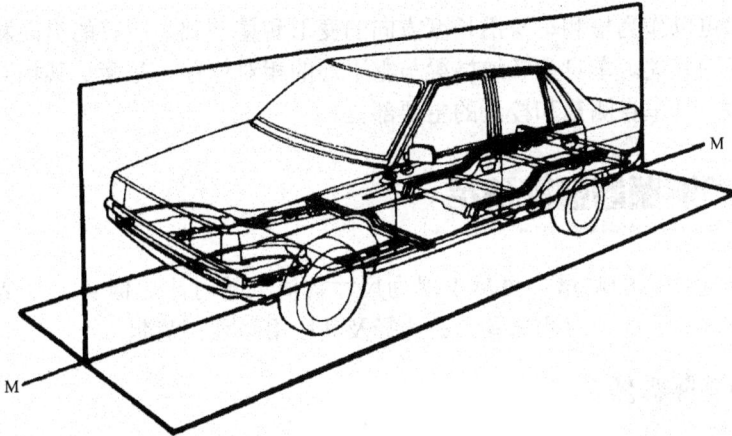

图 7.3 中心面概念

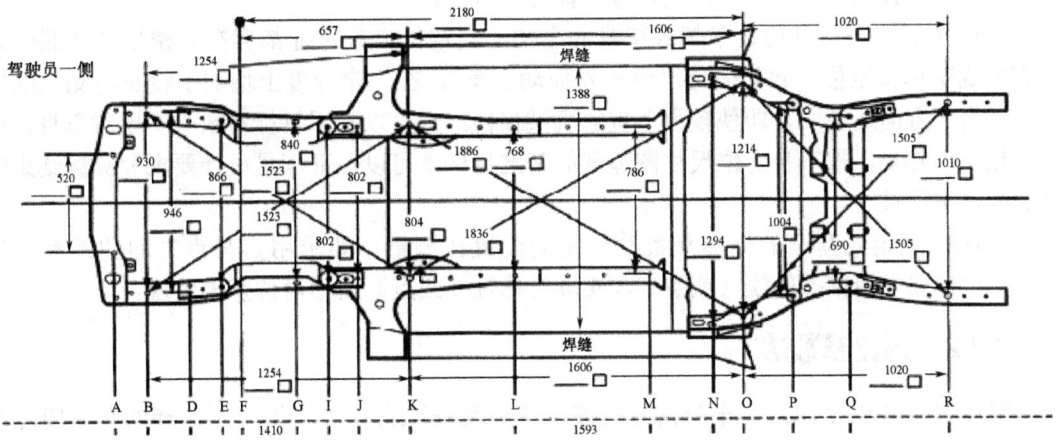

图 7.4 北京吉普车架宽度测量点参数

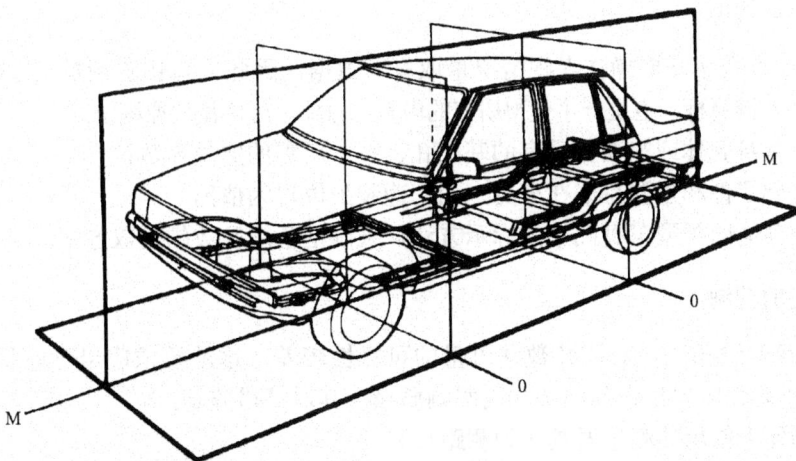

图 7.5 零平面概念

不论是车架式车身还是整体式车身结构，其中部区域具有相当的强度，从而使中心成为刚性区域。它可以作为检测车身沿长度方向的变形测量基础，所有的纵向测量及对称度检测结果都与零平面有关。车身上各道横梁与零平面的相对位置，是衡量其相对于零平面有无变形的重要参数，是车身测量和校正的主要部位。

7.2　车身测量参数的确定

钣金维修中对变形的测量，虽然表现为尺寸数值上的对比，但实际上是对车身及其构件的位置误差检测。因此，对测量基准的选择及其应用必须搞清楚。

7.2.1　标准参数法

标准参数法以图纸或技术文件中的规定来体现基准目标。汽车车身尺寸图中，注明了车身上特定的测量点（图 7.2 和图 7.4）。以此为基准对车身的定位尺寸进行测量，可以准确地评估变形及损伤的程度，是比较可靠和流行的方法。

无论是整体式车身还是车架式车身的车架，其定位参数特征都存在着密切的关联性。一方面说明车身定位参数的变化"牵一发而动全身"，在一定程度上增加了校正与测量的复杂性；另一方面还说明，即使较为严重的机械损伤，也可以利用目标参数来实现对车身、车架的校正与修复。按车身定位尺寸图体现的基准目标，可以保证满足设计要求和测量结果的可靠性、重现性。

以图纸规定为基准的标准参数法，定向位置在测量中要求用点与点之间的距离来体现，对称性要求用模拟轴线（或点）与实际对称轴（或点）的相对位置来体现。

7.2.2　对比参数法

对比参数法以相同汽车车身的定位参数来体现基准目标。当然，所选择的车身应完全符合技术文件规定要求的状况，必要时还可以通过增选车辆数量来提高目标基准的精确性。运用对比参数法确定测量基准时，还应注意以下两个问题。

1. 数据的选取

由于对比参数法需要操作者视情况量取有关数据，因此选择哪些测量点、数据链作为车身定位参数的基准目标，也是一个值得研究的问题。对此，应遵循的原则是：

① 利用车身壳体或车架上已有的基准孔，找出所需的定位参数值。
② 以基础零件和主要总成在车身上的正确装配位置为依据。
③ 比照其他同类型车身图中的标示方法，来确定基准参数的量取方案。

2. 误差的控制

与标准参数法相比，对比参数法测量的可靠性较差。这就要求应尽可能将测量误差限制在最小，以防止因累积误差的增加而影响质量。其对策措施是：

① 选择便于使用的测量器具（如测距尺）。
② 不能以损伤的基准孔作为测量依据。
③ 同一参数值应尽量避免接续，最好是一次性量得。

如果没有可供选择的车身作为对比条件，也可利用车身构件对称性的原则，进行长度比较法和对角线比较法测量（图 7.6），但这种方法仅适于程度不大的变形，并要求二者必须结合使用才能判明损伤。

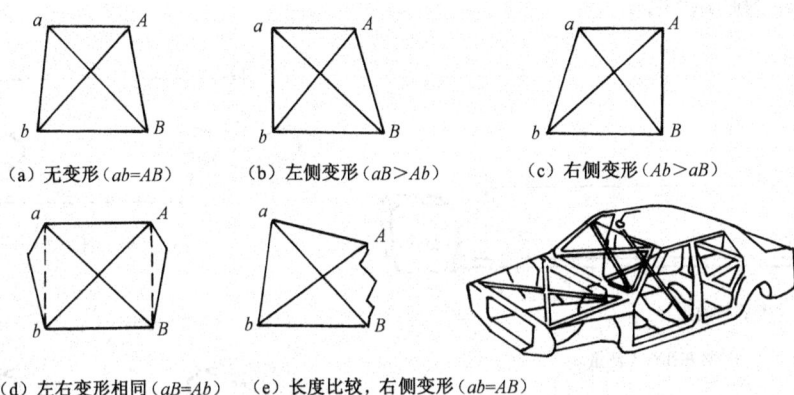

　（a）无变形（ab＝AB）　　（b）左侧变形（aB＞Ab）　　（c）右侧变形（Ab＞aB）

　（d）左右变形相同（aB＝Ab）　　（e）长度比较，右侧变形（ab＝AB）

图 7.6　长度比较法和对角线比较法测量

7.3　车身变形的测量方法

就整体式车身来说，测量对于成功修复损伤更为重要，因为转向系和悬架大都装配在车身上，车身损伤就会严重影响到悬架和前轮定位。

7.3.1　测距法的应用

测量中心距（也称测距法）可以直接获得定向位置点与点的距离，是最简单、实用的一种测量方法，主要通过测距来体现车身构件之间的位置状态。测距法所使用的量具是钢卷尺、专用测距尺等。如图 7.7（a）所示的钢卷尺测量简便、易行，但测量精度低、误差大，仅适用于那些对精度要求不高的场合。尤其是当测量点之间不在同一平面或其间有障碍时，就很难用钢卷尺测量两点间的直线距离。使用图 7.7（b）所示的专用测距尺，可以根据不同位置将端头探入测量点，应用起来十分灵活、方便。

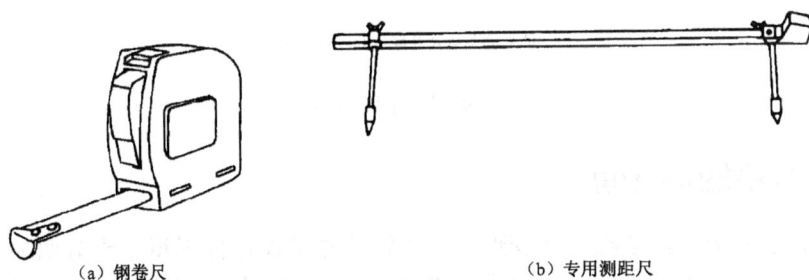

　　　　（a）钢卷尺　　　　　　　　　　　　　（b）专用测距尺

图 7.7　测距法常用量具

用钢卷尺测量孔的中心距时，可从孔的边缘测量以便于读数，如图 7.8（a）所示。应注意当两孔的直径相等且孔变形忽略不计时，可用孔的边缘间距代替中心距，即 $A=B$，如图 7.8（b）所示；当两孔的直径不同时，如图 7.8（c）所示，则中心距 $A=B+(R-r)$ 或 $A=C-(R-r)$。

测距尺的测头为锥形结构，按图7.9（a）所示的方法使用，可以模拟测量孔的中心线，即使两个被测量的孔径不等也不受影响。属于图7.9（b）所示的情形时，也可以比照前述方法从孔的边缘为起点测量。

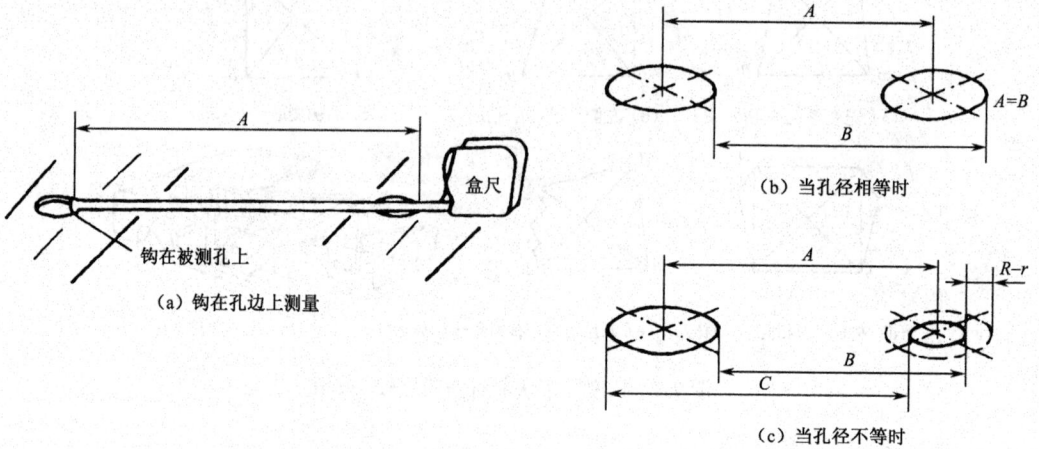

（a）钩在孔边上测量
钩在被测孔上
（b）当孔径相等时
（c）当孔径不等时

图7.8　用钢卷尺测距

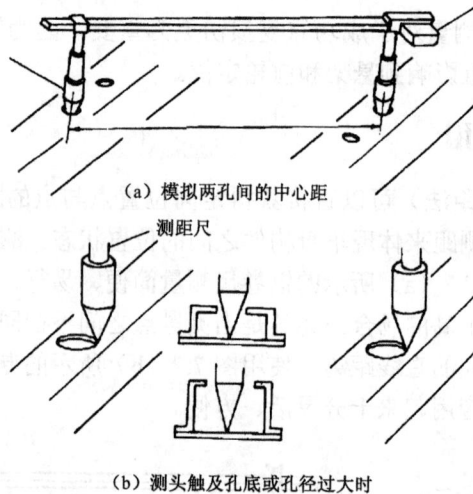

（a）模拟两孔间的中心距
测距尺
（b）测头触及孔底或孔径过大时

图7.9　用测距尺测量

7.3.2　定中规法的应用

车身的许多变形尤其是综合性变形，用测距法测量往往体现得不十分明显，所反映出的问题也不够直观。当车身或车架与汽车纵轴线的对称度发生变化时，就很难用测距法来准确地诊断出变形。如果使用定中规法，就可以比较好地解决这类测量问题。但使用中应注意区别具体情况，有针对性地做好对称性调整，如图7.10所示，否则，也会影响测量的准确性。

将图7.11（a）所示的定中规挂于车架的基准孔上，通过检查定中销是否处于同一条轴线上以及定中规尺面是否相互平行，就可以判断车架是否弯曲、翘曲或扭曲变形，如

图 7.11（b）所示。

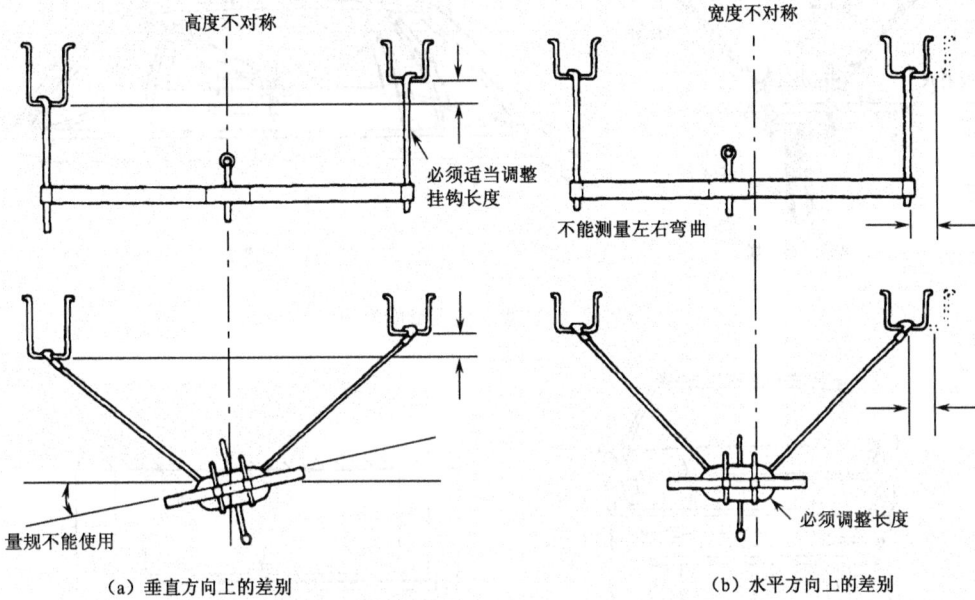

（a）垂直方向上的差别   （b）水平方向上的差别

图 7.10 定中规悬架点的对称性调整

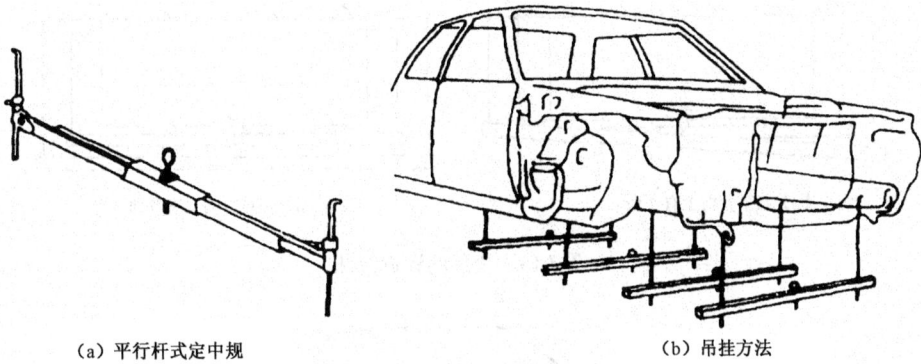

（a）平行杆式定中规   （b）吊挂方法

图 7.11 车身底部变形的检查

将图 7.12（a）所示的定中规挂于车身壳体骨架的基准孔上，通过检查定中销垂链及平行尺是否平行以及定中销是否处于同一条轴线上，就可以十分容易地诊断出骨架是否变形。如图 7.12（b）所示。

使用定中规诊断车身变形，自有其规律可循。如当定中销发生左右方向的偏离时，可以判断为水平方向上的弯曲；当定中规的尺面出现不平行时，可以判断为扭曲变形；当尺面的高低位置发生错落时，则可以诊断为垂直方向上的弯曲（图 7.13）。

应当指出，欲精确诊断出垂直方向上的弯曲时，应保证定中规的吊杆长度符合要求。也就是说，当其中一个定中规的高度确定后，应以参数表规定的数据为准，对其他定中规吊杆的长度，按高低差来增减调整，使悬架高度符合标准（图 7.14）。

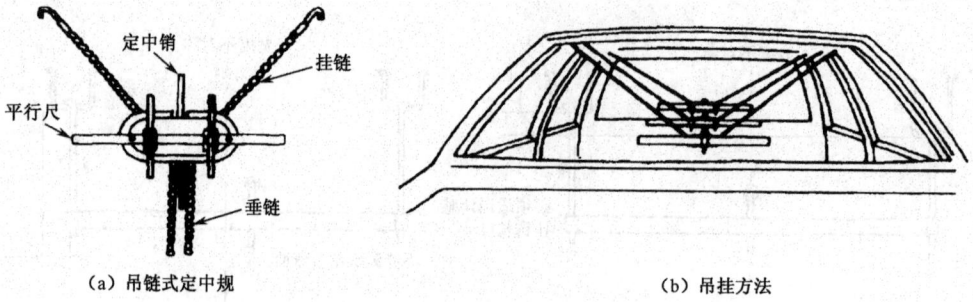

（a）吊链式定中规　　　　　　　　　　（b）吊挂方法

图 7.12　骨架立柱变形的检查

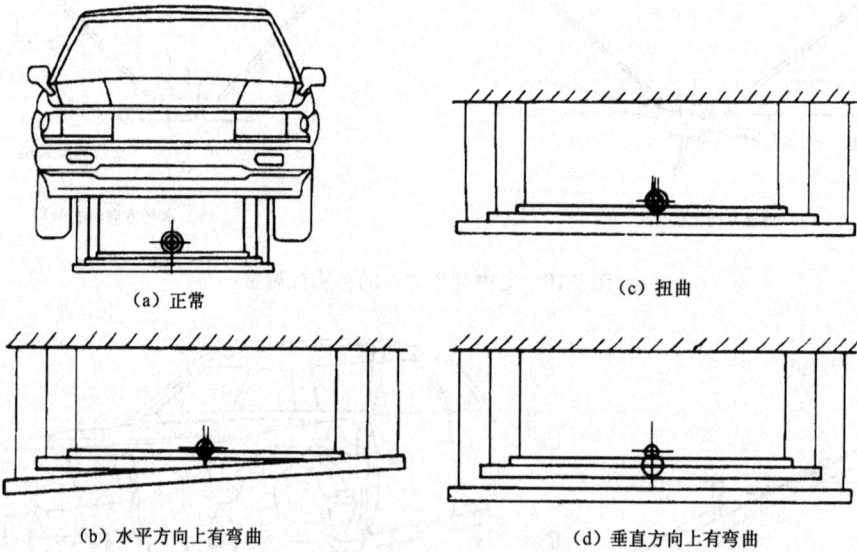

（a）正常　　　　　　　　　　（c）扭曲

（b）水平方向上有弯曲　　　　　　　　（d）垂直方向上有弯曲

图 7.13　变形的评价方法

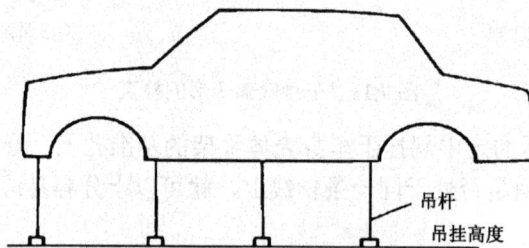

图 7.14　吊杆长度应按车身参数调定

　　用定中规法测量从理论上讲是精确的，但如果操作不当很容易出错，造成测量结果失准。为此，应特别注意对定中规挂点的选择。一般应以基准孔为优选对象，并注意检查基准孔有无变形等（图 7.15）；当左右基准孔的高度不一或为非对称结构时，一定要通过调整定中销的位置或吊杆（吊链）的长度来加以补偿，其调整值应以车身尺寸图中提供的数据为准。

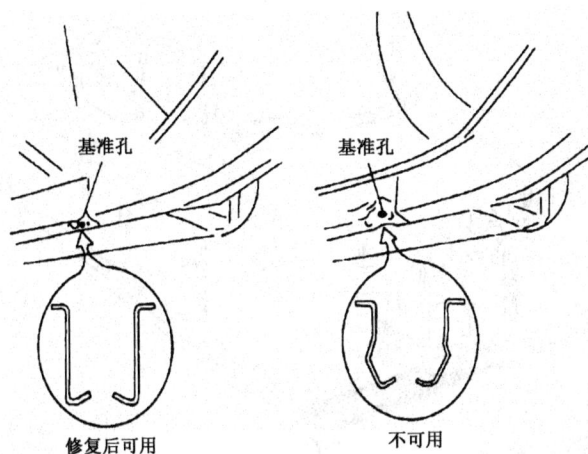

图 7.15　定中规悬架点变形状况分析

7.3.3　坐标法的应用

坐标法适用于对车身壳体表面的测量。尤其是像轿车那样的多曲面外形，不免使检测工作的难度有所增加。如果使用如图 7.16 所示的桥式三坐标测量架，就可以比较容易地实现这方面的测量。

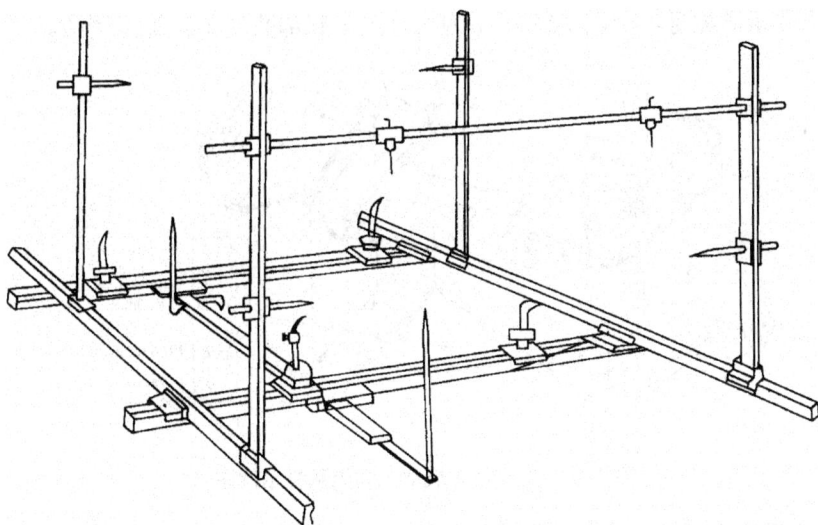

图 7.16　桥式三坐标测量架

桥式三坐标测量架由导轨、移动式测量柱、测量杆、测量针等组成。测量过程中，可以根据需要调整其与车身的相对位置，使测量针在接触到车身表面的同时，还能够直接从导轨、立柱、测杆及测量针上读出所对应的测量值。

图 7.17 所示的聚光测量台，也可对车身各部尺寸进行较为精确的测量。测量时光源发出的聚光束，可将光点投射在各塑料标尺上，故读数既直观又方便，可分别检测车身其他方面存在的变形。这种聚光测量台，可与修理校正装置配套，以实现车身修理过程中的精确检测。

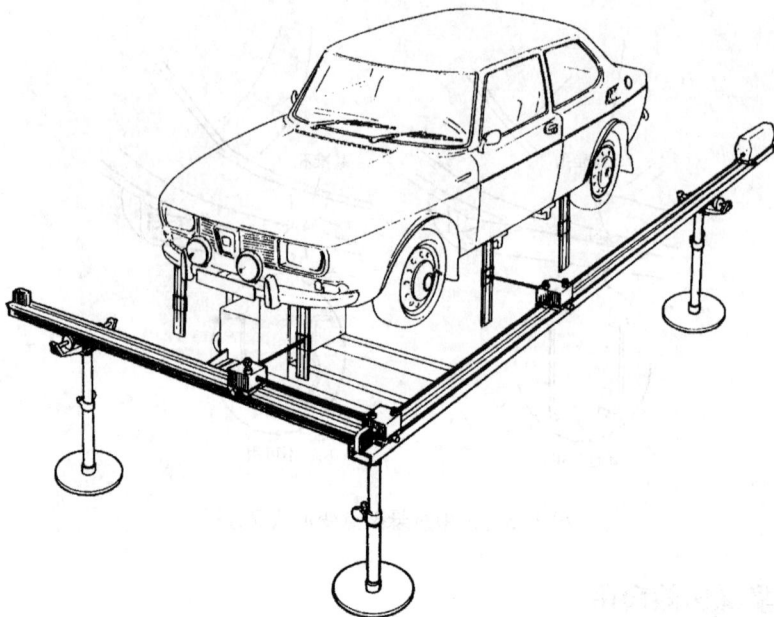

图 7.17　聚光测量台

在使用坐标法（如桥式量规）时，要注意以下事项：

① 着重对车身上起支撑和固定作用的螺栓孔、柱销孔间距进行测量。有些点至点的测量为两点间直线距离测量。如图 7.18 所示为大众汽车底部孔间距测量示例图。

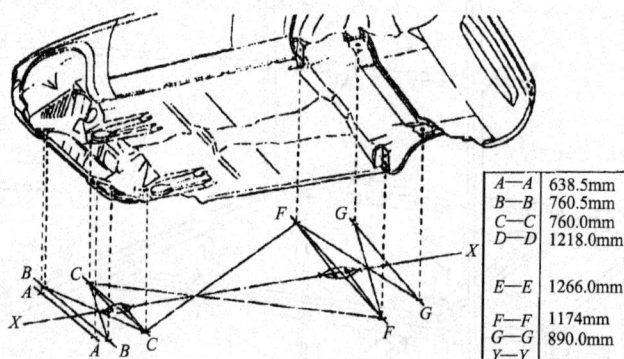

$A—A$	638.5mm
$B—B$	760.5mm
$C—C$	760.0mm
$D—D$	1218.0mm
$E—E$	1266.0mm
$F—F$	1174mm
$G—G$	890.0mm
$Y—Y$	

图 7.18　大众汽车底部孔间距测量示例图

② 进行水平方向的测量时，量规臂应与车身基准面平行，量规臂上的指针长度应根据需要进行适当的调整。

③ 车身尺寸说明书上的测量要求是多样的，重要的一点是必须使用与车身说明书或维修手册要求相一致的测量方法，否则就很容易产生测量误差。

④ 对车身说明书标注出的所有各点都要进行测量。变形量通常以说明书上的尺寸为准并与实际测量结果做比较。

7.3.4　车身各部分尺寸的测量要求

车身各部分尺寸可以按理想平面的概念，将其大致分成四个部分，所使用的专用量具应能满足测量要求。

1．车身上部的尺寸测量

车身上部损伤可以用导轨式量规或测距尺来确定，其具体测量部位如图 7.19 所示。当然，对照维修手册或厂家说明书，还可以找到更多的检查、测量点，这些都足以判定车身上部所发生的变形。

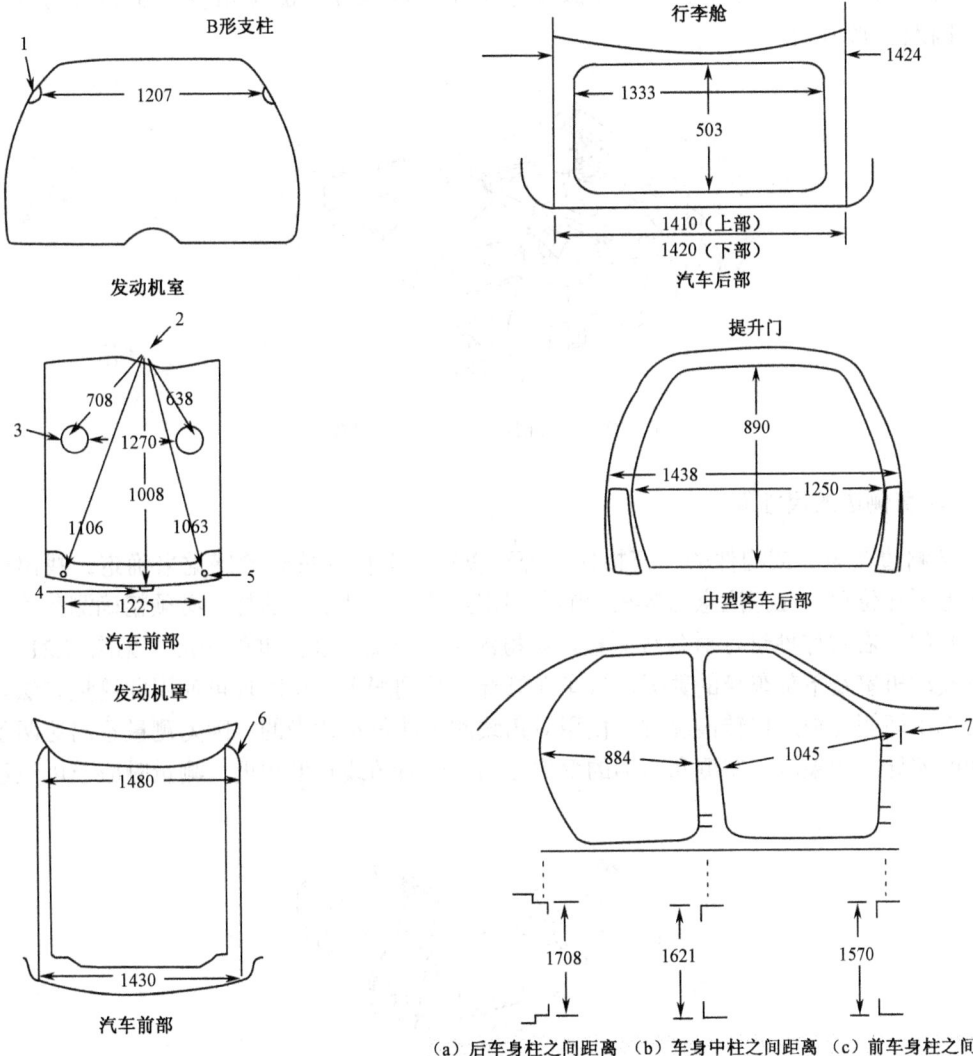

1—安全带紧固螺栓；2—刮水器枢纽；3—撑杆支柱上的交叉件；4—发动机罩碰销；5—发动机罩减振孔；6—车颈部位；7—前翼子板支架

图 7.19　车身上部测量示例图（福特汽车）

2．车身前部的尺寸测量

由于车身前部受损后，须进行发动机罩及前端部件的修复或更换，修复过程中和装配后的测量都是必须做的。即使是车身的前右侧受到碰撞，左侧通常也会受到关联损伤或变形，因此也需要在维修之前检验变形的程度。图 7.20 给出了典型的前部车身的测量控制点，对照厂家推荐的车身尺寸表即可对变形程度加以验证。

检验汽车前端尺寸时，桥式量规和测距尺都是最佳的测量工具，关键是选择的测量点必须符合手册中的要求。控制点的对称度是关键性参数，故每一尺寸应该对照另外的两个基准点进行检验，其中至少有一个基准点要进行对角线测量。通常，测量的尺寸越长，其精确度越高。例如，测量发动机室后部上端至下部前端发动机底座间的尺寸，就比测量同一断面内端的尺寸要精确、合理得多。因为它是在车身长度和高度方向上较大范围内的尺寸。从每一对控制尺寸交叉测得两个或多个数据，既保证了测量精度又能够帮助辨别损伤的范围及变形方向。

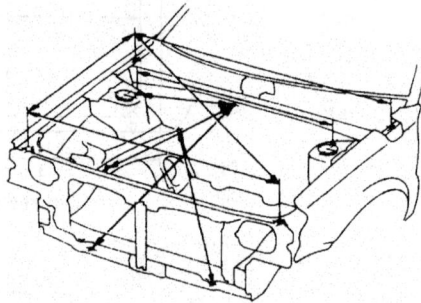

图 7.20　车身前部尺寸测量示例图

3．车身侧边的尺寸测量

车身侧边覆盖件或构件的任何损伤，都可以通过车门开关时的感觉来确定。找出侧边车身变形所在位置，应把注意力放在影响车门密封的可能性上。这样，必须精确测量才行。利用车身的左右对称性进行对角线测量，可检测出车身侧边及门框的变形（见图 7.21）。即使没有发动机室及下部车身的数据，汽车在倾翻中受到严重创伤时均可使用此测量方法。但在检测汽车两侧受损或扭转情况时，使用对角线测量法是不适当的，因为测量不出这两条对角线间的差异。如果汽车左侧和右侧的变形相同，则对角线长度相近，测量时应予以注意。

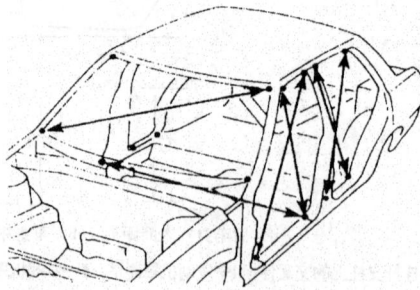

图 7.21　车身侧边尺寸测量示例

由于承载式车身是由薄金属冲压后组焊而成的，所以碰撞力很容易被车身壳体构件所吸收，并且由于受碰撞时惯性力的影响，侧向冲击后形成图 7.22 所示的对角线变化是十分常见的。因此，测量时不仅要关注被撞一侧的损伤情况，同时还要注意用对角线法检查另一侧的变形和驾驶室门框的变形（图 7.23）。

（a）轿车壳体

（b）车架

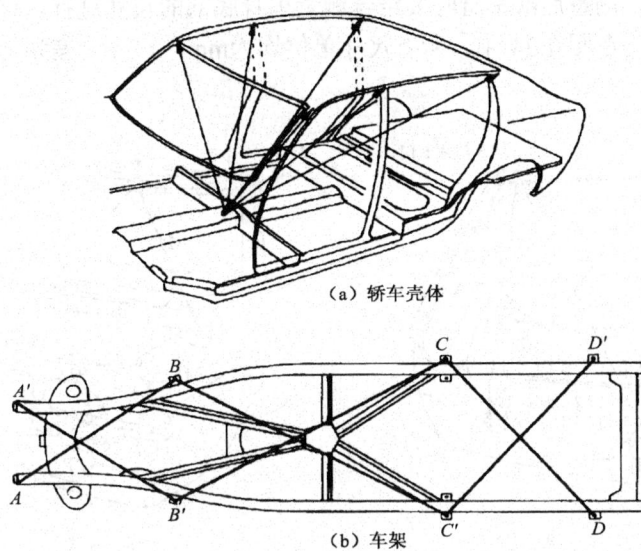

图 7.22　注意不同断面上对角线的变化

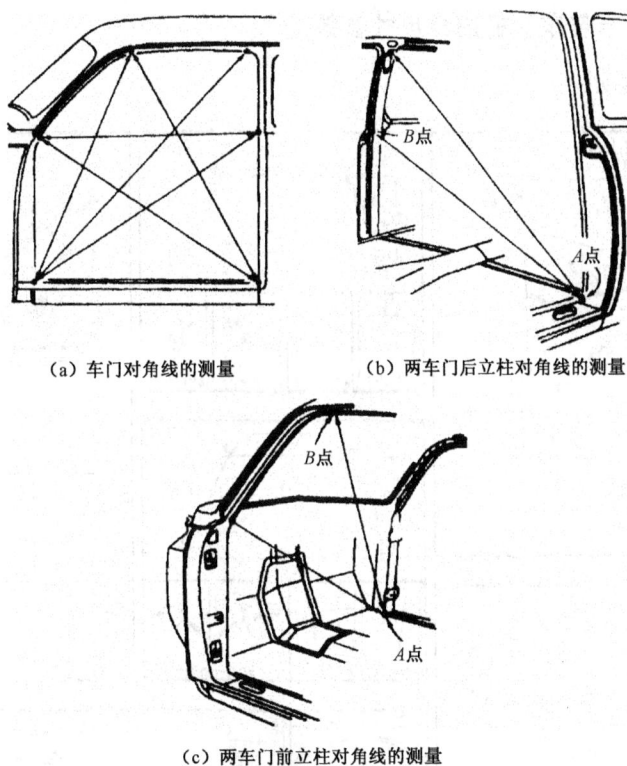

（a）车门对角线的测量　　　（b）两车门后立柱对角线的测量

（c）两车门前立柱对角线的测量

图 7.23　驾驶室门框变形的测量

4．车身后部的尺寸测量

车身后部的变形可通过后行李舱盖开关时的状况来初步诊断。为了确定损伤及漏水的可能性，有必要对图 7.24 中的测量点进行精确测量。后部地板上的皱褶通常都归因于后部元件的扭弯，因此，测量后部车身时要结合测量车身底部的尺寸进行，这样可为修复作业提供有效的测量数据。在图 7.24 中，所有尺寸单位均为mm，尺寸公差为±5mm，所有尺寸均为直线长度。

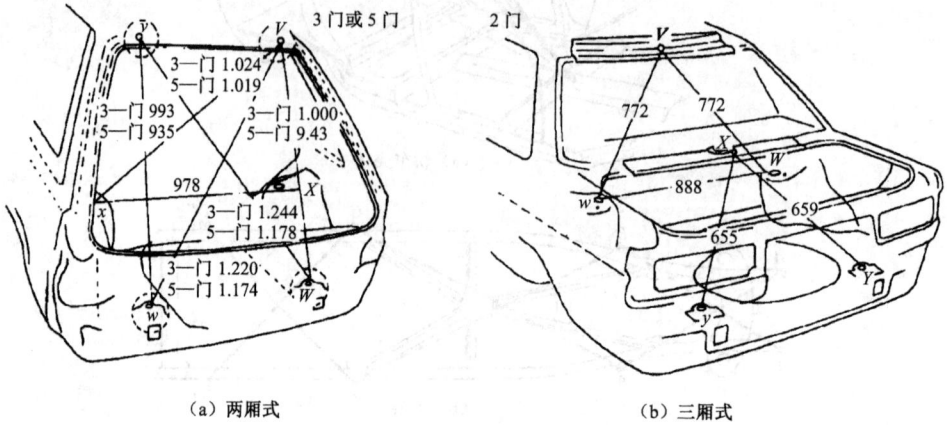

（a）两厢式　　　　　　　　　　（b）三厢式

图 7.24　后车身尺寸测量示例

5．案例：北京吉普车身的部分尺寸参数

案例如图 7.25 所示。

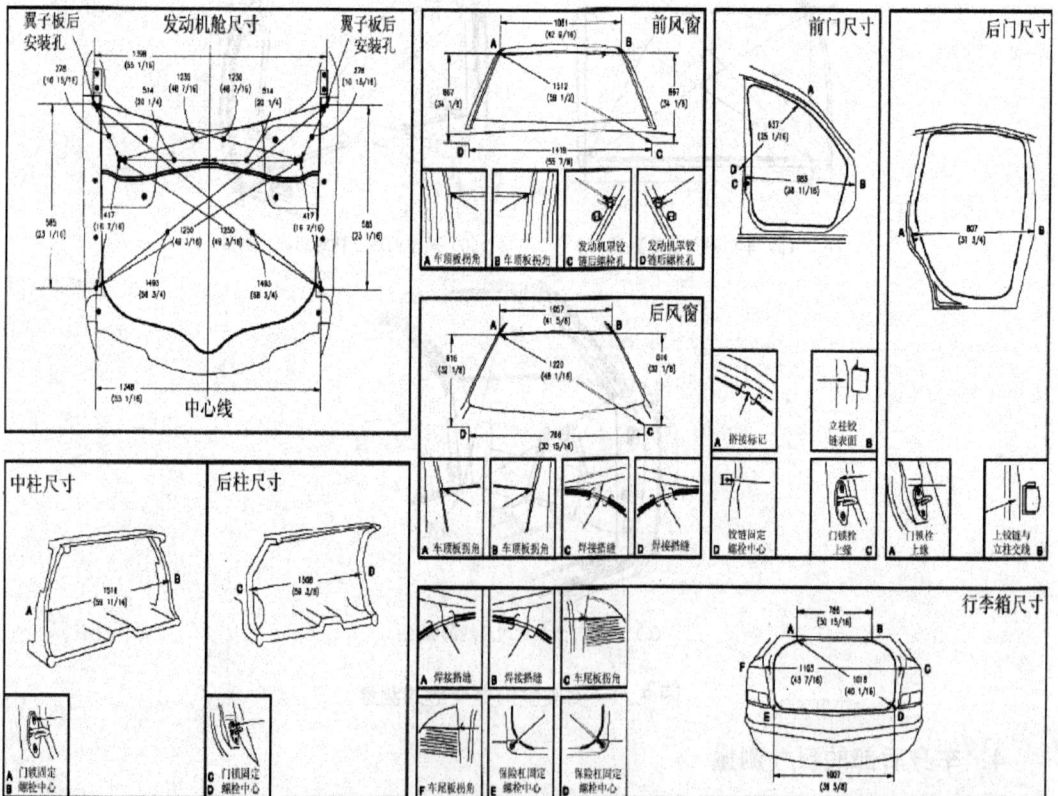

图 7.25　北京吉普车身参数

7.4　汽车车身尺寸测量系统

7.4.1　机械式测量系统

目前在国内应用最广的车身测量系统是机械式测量系统。它的特点在于使用机械的标尺或是它们的组合，采用与车身直接接触的方式测出车身上控制点之间的相对距离。它根据自身结构和使用范围的不同，又可分为量规测量系统、专用测量系统和通用测量系统。前面所说的测量方法使用的都是机械式测量系统。

机械式测量系统是目前在车身修复中被广泛使用的测量系统，它价格低廉、测量直观、测量精度能满足车身修理的要求。但它技术含量不高，测量工序较多，使用起来也较复杂。

7.4.2　电子测量系统

常用的电子测量系统是角度线位传感器测量系统。它有二节或三节万向的测量臂，在测量臂的顶端装有测量头，在测量臂之间的每个关节上装有线位角度传感器。对车身进行测量时，将测量头触到要测量的车身点位，这时，计算机便可获得各关节处线位角传感器的角位移量，从而获得该测量点的空间坐标位置，如图 7.26 所示。不难看出，这种测量系统可以测得测量触头所能接触到的任何一个点的空间坐标位置，这是角度线位传感器测量系统最基本的功能。从这一基本功能出发，它可以实现如下测量功能。

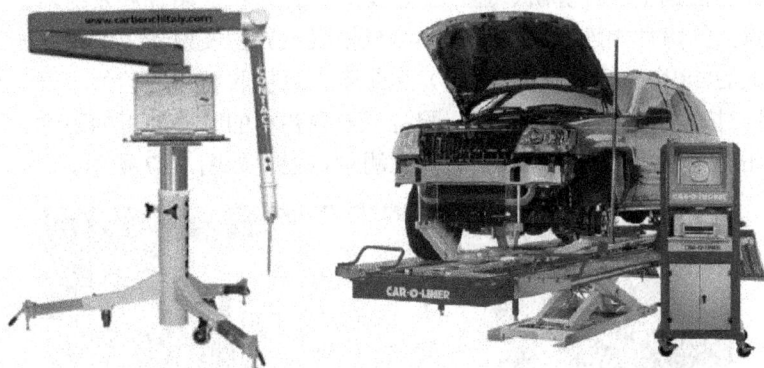

图 7.26　车身尺寸电子测量系统

① 测量任意空间点的三维坐标值。通过系统原点和 x-y-z 轴线的设定，可能得到任意测量点的三维坐标值。

② 测量直线长度。通过点与点之间坐标位置的计算分析，可能获得点到点的距离。

③ 测量两线夹角。通过三点坐标的计算，可能得到两条直线的夹角。

④ 测量平面面积。通过对平面轮廓线的测量分析，可以得出平面的面积。

⑤ 测量两平面之间的角度。分别对两面平上三点坐标进行分析计算，可得到空间两平面之间的夹角。

电子测量系统由于有了以上所列的这些测量功能，因而它可以在汽车修复测量工作中得到广泛应用，其中主要有：

① 车身测量。角度线位传感器测量系统可以对测量头所能触及的车身上任意点位进行测量，并由此得出两点距离、两线夹角等重要测量值，实现在一个坐标系内对车身上控制点位的测量与控制。

② 零件检测。角度线位传感器测量系统可以对机械零件的尺寸、形状和位置进行检测，以判断零件是否合乎要求。

③ 四轮定位。利用角度线位传感器测量系统可方便地测出汽车的轴距、轮距、前束、外倾角、主销后倾角等参数，实现对汽车的四轮定位。

电子式测量系统具有下列一些优点：

① 测量全面。只要测量头能触及到的点，它都可以测量。

② 测量快捷。它的测量计算原理都很简单，对计算机要求不高，测量计算都很快捷。

③ 功能扩展余地大。由于它的测量原量简单、基本功能通用，因而通过对计算程序的升级，它可以方便地实现功能扩展，应用于众多的领域。

但它也有一些缺陷，如：

① 单点测量。一套测量系统一般只能一次测量一个点位，要得出综合的测量值必须按顺序对多个点位分别测量。

② 测量精度不易保证。由于它的基本测量元件是角位移传感器，传感器的精度、测量臂的长度以及机械部件的误差对测量精度影响极大，同时测量臂的加长又将误差放大，关节的磨损也将使误差加大且难以控制。

另一种电子测量系统是超声波测量系统。超声波测量系统主要由两部分组成：控制柜和测量横梁。控制柜包括了计算机、显示器、键盘、打印机、附件和发射器。发射器一端用来与车辆测量点上的附件相连，另一端连到测量横梁上并由发射器上的两个发射点发射超声波，测量横梁上的 48 个（横梁每侧 24 个）高频麦克风接收超声波信号，以对车身测量点进行测量定位，针对车身上测量点的不同，配备了各种各样的精确加工的附件。无论车身测量点是孔、螺丝还是螺栓，都能准确牢固地附在测量点上，如图 7.27 所示。

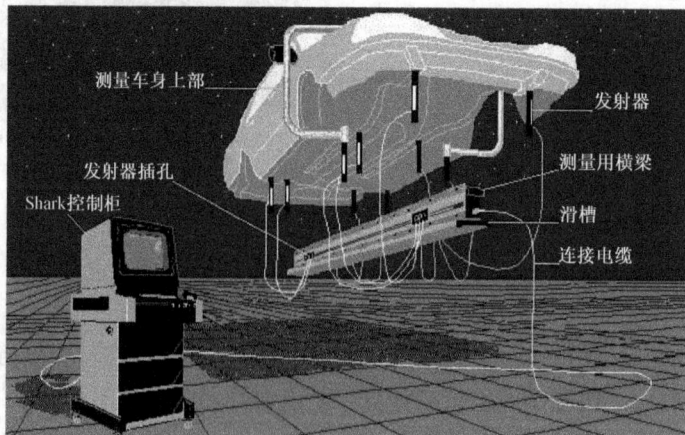

图 7.27　超声波测量系统

7.4.3　激光式测量系统

激光式测量系统的测量原理是：激光发生器发出的激光束打到悬挂于车身控制点处的光栅上，经光栅反射到激光接收器，通过测量光栅的偏移量来获取车身控制点的位置量，再通过计算机对位置量的分析获得车身控制点之间的相对距离量。激光式测量系统包括一些反射靶、一个激光发射接收器和一台计算机，激光发射器发射激光投射到标把上，激光接收器接收光栅反射的激光束，测量出数据并传输到计算机中。

激光式测量系统的优势主要在于：

① 属于非接触测量，操作方便。

② 可实现动态测量。在车身校正过程中，它可以实时地测量各控制点的位移量，并在计算机中实时显示校正量的变化，生动直观。

③ 可进行多点同时测量。测量时可悬挂多个光栅对多点同时进行测量，并对测量数据进行处理后同时显示多个点位之间的距离。

④ 有可能进行拉伸作业的自动控制。由于激光测量系统获得了车身上多点的、实时的位置量信号，这就为车身校正作业的自动控制（控制拉伸量、拉伸力、多点的拉伸顺序等）提供了有效的信息，为最终实现拉伸作业和自动化提供了可能。

但这种测量系统也有诸多缺陷以致影响了它的普及，其中主要包括：

① 不能实现对车身的全方位测量。由于激光的直线传播性，如在发生器、光栅和接收器之间有障碍物时则不能实现测量，如对车身上部的测量它就力所不及。

② 激光对人眼有一定的危害。

习题 7

1. 整体式汽车的高度方向尺寸是从_____量起的。
   　　A. 基准平面　　　B. 中部平面　　　C. 基准中线　　　D. 基准点
2. 整体式车身的测量和定位应相对于_____车身进行。
   　　A. 前段　　　　　B. 后段　　　　　C. 中段　　　　　D. 前段和后段
3. 车身侧围结构的变形可通过打开或关闭____时观察不正常的现象来进行。
   　　A. 发动机罩　　　B. 行李舱盖　　　C. 车门　　　　　D. 三者都不是
4. 测量一辆汽车的部分车身尺寸。

第8章 车身校正技术

本章学习任务

❖ 熟悉车身校正设备。
❖ 熟悉车身校正程序。
❖ 掌握碰撞车的校正方法。

8.1 车身校正理论

车身校正是指通过一定的外力将因事故损坏或疲劳损坏的部位修复到车辆出厂时技术标准状态的过程。"状态"包含两层含义。"状"是指比较直观的外观和形状,而"态"则是一种比较抽象的更深层次的概念,如金属内部结构和应力是否复原等,它将直接关系到车辆修复后的功能和寿命。一些修复过的事故车,经过一段时间的使用,出现轮胎偏磨、跑偏、前翼板安装处有扩大的裂纹等现象,发生这些现象的原因往往是车身内部的损伤并没有完全修复。车身校正的重点是"精确地恢复车身的尺寸与状态"。

车身校正的基本原则是:按与输入力相反的方向,在碰撞区进行拉拔,如图8.1所示。

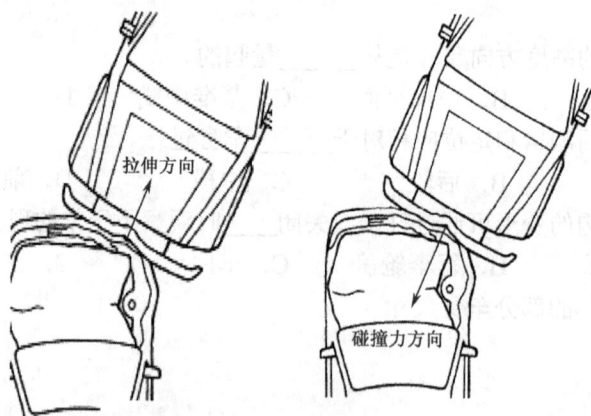

图 8.1　车身校正的基本方法

如果碰撞很小,损伤比较简单时,这种方法很有效。而当发生剧烈碰撞时,简单地用这种基本标准的拉伸操作方式就不能使车身恢复原状。只在相反的方向施加拉力,是无法使其复原的,因为每一个板件的强度和恢复率都不同,在拉伸时,发生的变形也不同。所以在拉拔过程中,按照每个板件的恢复率改变力的大小和方向,是非常必要的。这种情况在校正车身时经常碰到。确定施力方向后,把校正设备安放在与施力方向凹痕相垂直的位置。拉伸中改变拉力方向的一种方法是把拉力分解为两个或多个方向的力,如图8.2所示。拉伸力只加在一个点上，不能取得很好的修复效果，所以建议同时在不同的点上施加拉力。拉伸时，要根据变形不断改变拉力的方向，如图 8.3 所示。

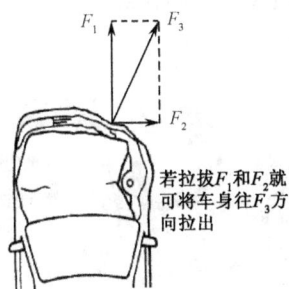

图 8.2　拉力分解

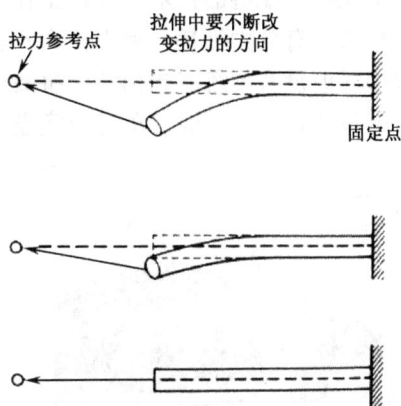

图 8.3　根据变形改变拉力方向

8.2　车身校正设备

8.2.1　校正设备的基本要求

为了高效、精确、安全地完成车身校正作业，校正设备应该满足下列要求：

① 具有高精度、全功能的校正工具；
② 具有高强度、多功能的车身定位及固定装置；
③ 具有多功能、全方位的拉伸装置；
④ 能够进行精确测量，准确检测出各基准点的偏离量及修复误差。

8.2.2　车身校正设备的分类及用途

目前，市场上的校正设备主要分为 6 类：简易校正器、地框式校正仪、框架式校正仪、平台式校正仪、框架式校正仪、钣金中心（环行地藏式校正中心）。

1．L型简易校正器

L型简易校正器（图 8.4）配备有液压牵拉装置，在可移动的立架和支柱之间用链条和夹具牵拉被损坏的车身部位。由于比较轻便，这种装置可以很容易地放置在损伤部位的牵引方位。但是只能在一个方向上牵拉，只适合一些小的碰撞修复，对于复杂的碰撞变形不能进行精确的修复。

在汽车保修设备市场上，这种装置已经很少见到了。

2．地框式校正仪（地八卦）

使用地八卦的场所，地面设置有地框系统的锚孔或轨道。使用时，车辆要安全地紧固在支座的夹钳上，车辆可以直接在地框系统上或者使用支架固定在地框系统上进行修理。地框式校正仪（图 8.5）较为突出的优点是：台架小占地较小，移动灵活，价格低廉，适合小型修理厂。但是也有其缺点：车辆装夹比较麻烦，须借助举升设备将车辆举起，然后平稳放在校正仪上装夹，配备的拉塔不易在工作台上随意转动，也不易锁定位置，给操作上带来不便。同时拉拔力有分力抵耗，使得拉力不够强劲，由于只有 4 个通用大边夹具来固定车身，对于裙边损坏或没有传统立式裙边的事故车无法装夹维修，也不能对大事故车进行精确的维修，没有配备测量尺，不能对车身及底盘进行测量，不能确定事故车的维修质量。

图 8.4　L型简易校正器

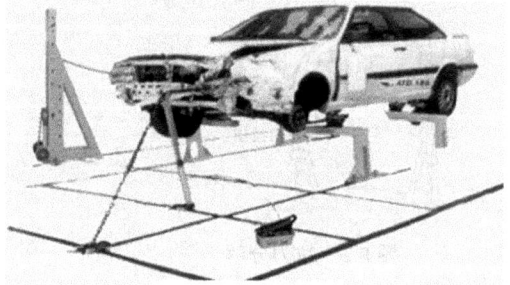

图 8.5　地八卦

3. 框架式校正仪

框架式校正仪（图 8.6）的优点是：台架小，占地较小，移动灵活，价格低廉，适合小型修理厂。但是也有缺点，那就是，车辆装夹比较麻烦，须借助举升设备将车辆举起，然后平稳放在校正仪上装夹，配备的拉塔不易在工作台上随意转动，也不易锁定位置，带来操作上的不便。同时拉拔力有分力抵耗，使得拉力不够强劲，只有 4 个通用大边夹具来固定车身，对于裙边损坏或没有传统立式裙边的事故车无法装夹维修，也不能对大事故车进行精确的维修，没有配备测量尺不能对车身及底盘进行测量，不能确定事故车的维修质量。

4. 平台式校正仪

平台式校正仪（图 8.7）是一款通用的车身校正设备，可以对各种类型、型号的车身进行有效的校正。平台式校正仪同时也配备很好的通用测量系统，通过该测量系统精确的测量可指导校正拉伸工作的准确、高效地进行。平台式校正仪克服了地框式校正仪的缺点。车辆可以通过电动绞盘把汽车牵引到倾斜的工作台面上，配备的两个拉塔可以沿工作台轨道做周边 360 度旋转，车辆可进行多点、全方位的维修，平台式大梁校正仪主要是用其固定拉伸功能，比较常见的是大平台式大梁校正仪。但是这种车身大梁校正仪上也只有 4 个通用大边夹具来固定车身，然后用拉臂去进行变形部分的拉伸。这种情况下，很难对车身底盘上的重要的点进行控制和校正。在车辆上架后，除了车身有 4 个固定夹具固定外，其余需要校正的点都处于自由状态。如车辆右前被撞，右前方的一些点一定会走位变形。由于车身底盘只提供固定夹具，又由于车身左右大梁的根部是连在一起的，这样在拉伸右边的变形部分时，左边的点也会跟着被拉伸。同时，由于车身各个部位的强度不一样，有些点在拉伸修复时可能先到位，仍然有部分点没有到位，在校正时修复后的点又走位了。应力的消除是另一个很难解决的问题。平台式校正仪拉伸变形部分会使其他点的变形跟随走位，不能对大事故车进行精确的维修，占地面积较大，移动不方便。对于裙边损坏或没有传统立式裙边的事故车无法装夹维修，虽然有些厂家后来配备了一些专用的裙边夹具，但也只是形同虚设，不能对大事故车进行精确维修，因此平台式大梁校正仪也在逐步退出各家汽车维修企业。

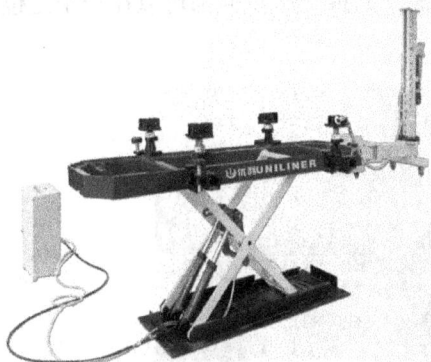

图 8.6　框架式校正仪　　　　　　　　　　　图 8.7　平台式校正仪

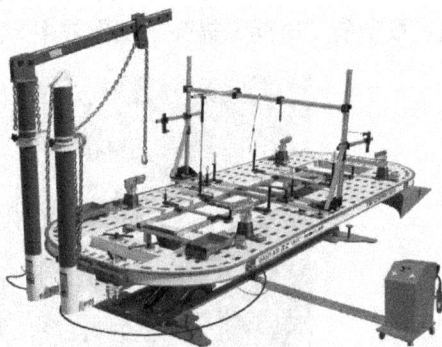

5. 带定位夹具的大梁校正仪

带定位夹具的大梁校正仪是通过定位夹具来固定、定位、测量车身底盘部位重要的点。在带定位夹具的车身大梁校正仪上，除了固定夹具固定车身外，可以提供很多定位夹具去固定、测量、定位需要校正的点，如前后桥的固定支撑点、发动机的装配点、水箱或保险桥固定点、底盘车身设计的工艺点。有了这些定位夹具，就不用担心在拉伸变形部分会影响到其他点的变形。因为可以事先将没有变形的点都先固定下来，这样再做其他变形点拉伸时，这些点并不会跟随走位。而且，拉伸到位的点随即固定下来，进行其他点的校正时该点也不会再变形，这样修复车身底盘上点的工作就可以一次拉伸成形。定位夹具又分为专用型和通用型两种形式：专用型定位夹具是指一套夹具只能维修一种车型，如维修其他车型就要再购买其他车型的定位夹具，对于现在汽车工业的迅猛发展，新车型的不断下线，目前市场上现有的车型就有几千种，如果选择使用专用型定位夹具的大梁校正仪，在购买夹具上将是一笔很大的费用，并且要随着新车型的不断下线而反复购买，增加费用；带通用型定位夹具的大梁校正仪除了提供一套车身固定夹具外，更提供了一套模块式的定位夹具系统，可以通过不同车型的三维数据图组合成世界上所有车型的底盘模型，并且设备制造商也会不断地补充新下线车型的三维数据图，因此，它可以满足世界上所有现有车型和以后新车型的定位修复需求，避免了反复投资购买定位夹具，节省费用。通用定位夹具不仅可提高事故汽车维修精度和维修质量，还可大大提高事故汽车维修效率（40%～50%）。所以带通用型定位夹具的大梁校正仪应该是各位钣金师傅和各汽车维修企业的最佳选择（图 8.8）。

6. 钣金快速维修工位（钣金中心）

钣金快速维修工位也称环行地藏式车身和大梁校正中心（图 8.9），绝大多数人不能将其与地八卦区分开来。地八卦是一种只能维修受损伤程度较小的事故车维修设备。而环行地藏式车身和大梁校正中心是一个全能的钣金中心，可以维修各种受损伤程度的事故车。环行地藏式车身和大梁校正中心可根据车间的维修工艺和布局任意组合配备不同功能的台架，导轨采用 8 毫米冷拉型钢，强度高，变形小，长期使用不宜变形损坏，轨道为圆形闭环设计，拉塔可以顺着圆环 360 度旋转，满足车身的全方位拉伸。拉塔可以在整体钣金工位轨道内任意移动锁定，各工位拉塔可以相互调用，实现多点同时拉伸，提高工作效率，陪备向上向下拉伸器使上下拉伸更多变。所有校正仪都可藏于地面以下，上车装卡非常方便，带有 3 吨或 5 吨剪式举升机，举升高度为 1.35 米或 1.6 米，对事故车的拆卸和拉伸都可以在一个工位上完成，既节省了时间又提高了工作效率。

图 8.8　带定位夹具的大梁校正仪

图 8.9　钣金中心

8.3　车身校正程序

8.3.1　校正程序的制定

在进行任何修理作业之前，应正确地制定出应该采取的修理程序。花少许时间来设计操作方案可以使整个修理过程节省很多时间。

除非损伤很轻或者只是装饰板件损伤，否则很可能在拉拔之前必须拆除一些零部件。这是因为整体式车身结构会把损伤传到很远的部位，常常是一些预料不到的部位，有些损伤部位可能就藏在这些零部件的背后。

总的来说，应该只拆除那些为了到达车辆的修理部位而必须拆下的部件。曾有一段时间，对于整体式车身汽车，在放到台架上之前，彻底拆除悬架和传动系几乎被认为是天经地义的事情。现在，由于出现了可供使用的各式各样的夹具和像发动机固定架之类的附件，已无须再像以往那样进行大拆大卸，但是，根据车辆的结构和损伤的部位及程度不同，有时在修理前拆卸一些零部件反而会使修理作业更为方便。

结构件在更换时，需要拆卸的零部件往往比校正费时更多。应花一定的时间认真研究发动机、变速器和悬架这些部位，确定它们自身是否有损伤。在大多数情况下，这些部件都可作为一个整体来拆卸，以节省拆卸时间。

1. 设计牵拉程序的基本原则

在设计牵拉程序时，切记下述基本原则，以保证变形和损伤的修复工作量最小，而且不会造成车身结构的进一步破坏。

（1）拉拔力

拉拔力不得大于固定力的合力。例如，如果拉拔力为 20kN，则固定系统必须能支持至少 20kN 的力。

在整体式车身的汽车上，没有任何一个单个的固定点能承受全部的拉拔力，拉拔力必须分配到整个车身上。多点固定、多点拉拔的方法能实现这个要求。

（2）顺序安排

按与发生碰撞变形相反的顺序进行修复。

整个牵拉程序应该预先安排，从混在一起的众多小问题中，理出先后次序，找出第一个难题，开始解答，再移向下一个，如此循环、继续。

牵拉程序是：

- "先重后轻"，即优先校正损伤最大的部位。
- "先强后弱"，即同一部位的变形应先由强度大的构件开始校正。
- "先中间后两边"，即从中间部位开始操作。
- "先长度后侧向"，即长度和侧向两个方向同时存在变形时，优先校正车身长度方向的变形。
- "先低后高"，即由车身底部开始校正，而车身顶部位的变形则可以放到最后进行。

2. 设计牵拉程序注事事项

在设计牵拉程序时，还要注意下面几点：

- 第一次牵拉应是多点牵拉，牵拉方向要与撞击方向相反。
- 对于直接撞击部位的牵拉，牵拉次数在实际可行的情况下应尽量多。
- 每次牵拉修复的损伤要尽可能多。
- 注意查找有无二次损伤。
- 切记，碰撞时最后发生的损伤应最先修复。如果发现有二次损伤，应修正牵拉方案，或者另加一次牵拉。

8.3.2 校正工艺的设计

对于局部变形的校正，多使用外力的牵引或支撑来实现对骨架、横纵梁、翼子板、门槛等变形的校正。

1．牵引法校正

如图 8.10 所示，选用合适的定位装置，将车门或车身的变形部位固定后，就可以借助外力将变形校正过来。

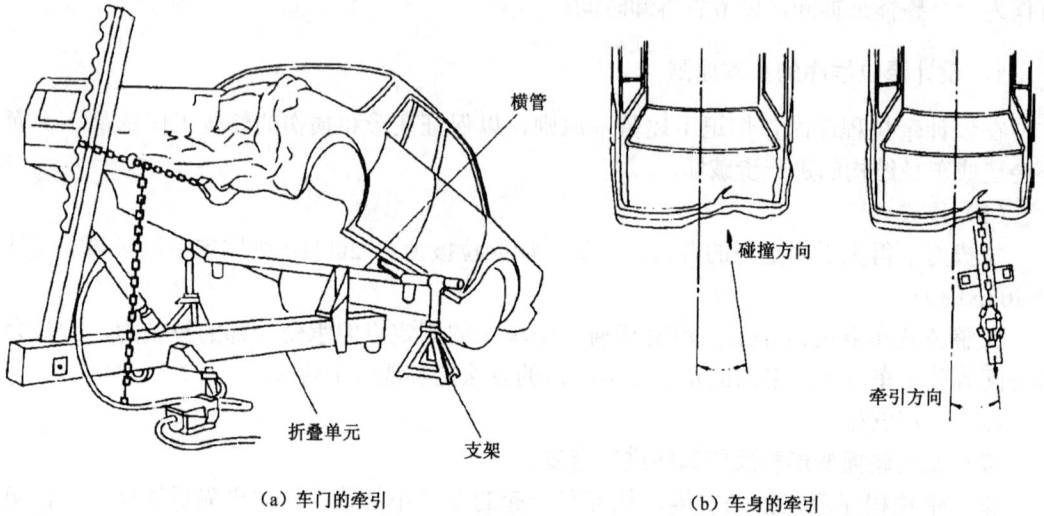

（a）车门的牵引　　　　　　　　　　　（b）车身的牵引

图 8.10　牵引法校正车身变形

对于更严重的变形，可使用如图 8.11 所示的移动式牵引设备进行校正。对车身一端的固定，可采用如图 8.12 所示的夹持方式。

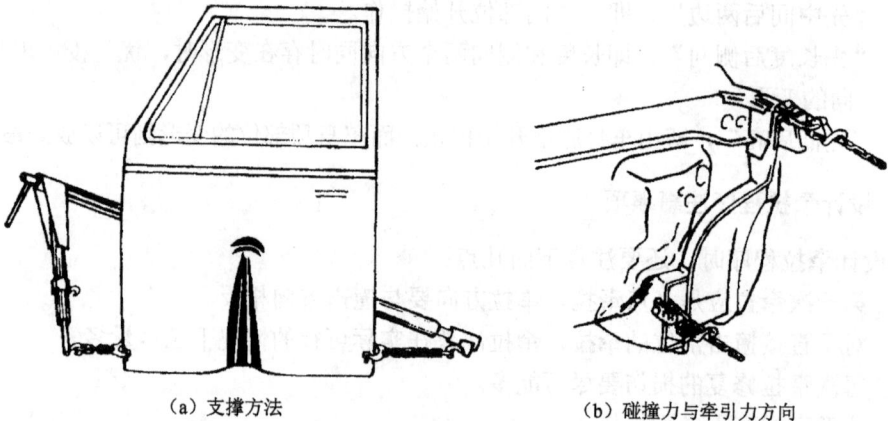

（a）支撑方法　　　　　　　　　　　（b）碰撞力与牵引力方向

图 8.11　用移动设备牵引

有时车身构件并非是向车内方向的挤压变形，而表现为向外弯曲的膨胀形式。对此，也需要运用牵引法加以校正，只不过是反向牵引而已。有效的校正方法是利用有向内收缩功能的工具或设备，使外胀式变形得以向相反的方向收缩。当车身的变形发生在单边时，向内牵引收缩的固定方法也应有所变化，需要另选强度高的部位作为收缩牵引的基础，以防止车身的另一侧发生不应有的变形。

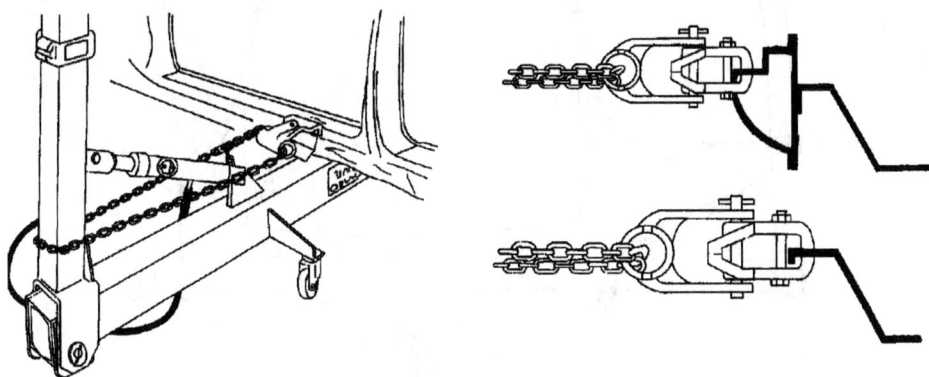

图 8.12 夹持方式应用实例

对于较大的车身构件，有时需要采用支架拉伸的方法进行牵引。如图 8.13 所示，由于受主梁高度的限制，牵引时需用支架将车身升起一定的高度，然后将牵引设备送入车身底部进行不同方向的牵引操作。

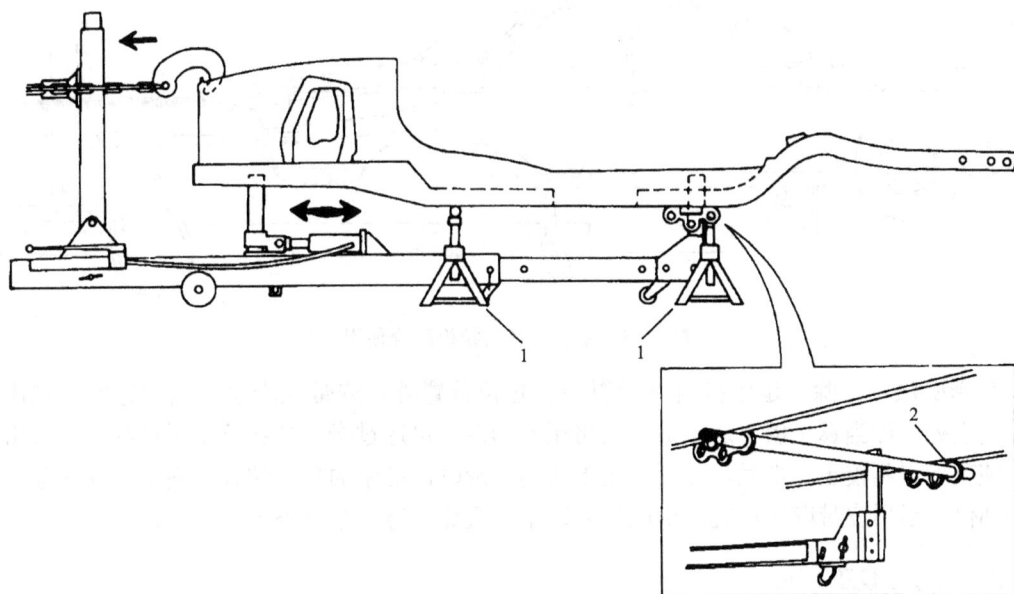

1—用专用支架将车身升起一定高度；2—在牵引设备端部附加固定装置

图 8.13 采用支架拉伸的方法进行牵引

图 8.14 所示为车身侧向牵引的操作实例。它是借助木块固定并使用牵引设备来校正局部变形的。图 8.15 所示为前车身变形的牵引操作实例。它是借助焊上去的拉板并使用牵引设备来校正变形的。

牵引法与惯性锤法的主要区别在于惯性锤法所施加的校正力往往是冲击性的，而牵引法所施加的校正力则可以从零开始逐渐加大到所需的极限。牵引法可以从不同角度同时增大牵引力，这对校正综合变形更有利。可见，牵引法更适合校正大型构件的多方位变形，尤其是校正车身的整体变形。

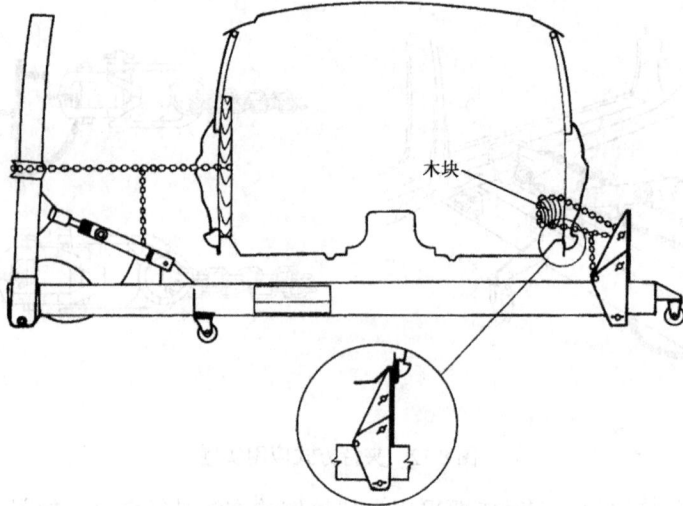

图 8.14　牵引设备与木块配合使用

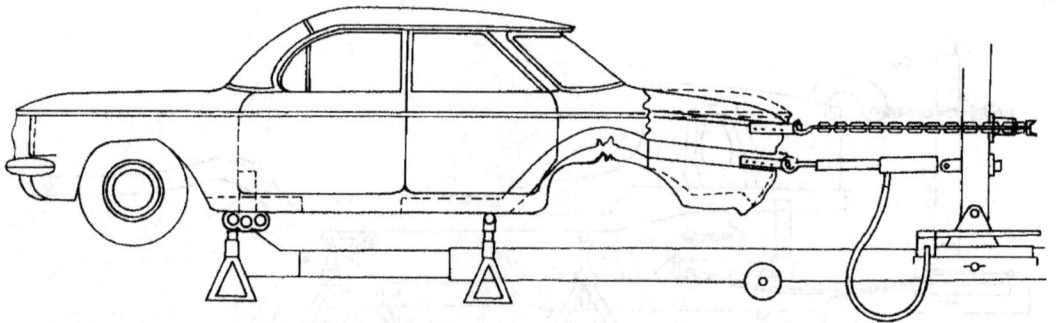

图 8.15　牵引设备与拉板配合使用

在牵引法中，除了运用拉链并附以各种定位装置外，皮带式牵引法也有它的特殊用途和独到之处。如当翼子板下边缘被向内挤压变形后，可通过牵引挂在翼子板边缘上的牵引皮带，使变形得到校正。当然，需要校正单边的变形时，皮带的另一端则应固定在其他强度较高的部位。运用皮带取代拉链牵引的好处在于可避免铁链对车身外表面的刮伤。

2. 支撑法校正

车身构件的变形方向比较复杂。但是，由于受牵引方向的限制，牵引法比较适宜水平方向的校正。对于开口类框架式结构，如门框、窗框、发动机罩、行李舱等的挤压变形，用支撑法校正就显得比较得心应手。支撑法利用可自由伸长的支撑杆的支撑力，将框架式构件的变形顶压至理想的位置（图 8.16）。

对于一些综合变形，往往是将支撑法和牵引法配合运用。如图 8.17 所示，翼子板的严重变形波及了窗柱，用支撑法直接校正窗柱的变形是不可行的；反之，仅用牵引法校正前部的变形也很难奏效。两种方法配合运用，就可以获得事半功倍的整修效果。

（a）前窗柱的校正　　　　　　（b）侧窗柱的校正

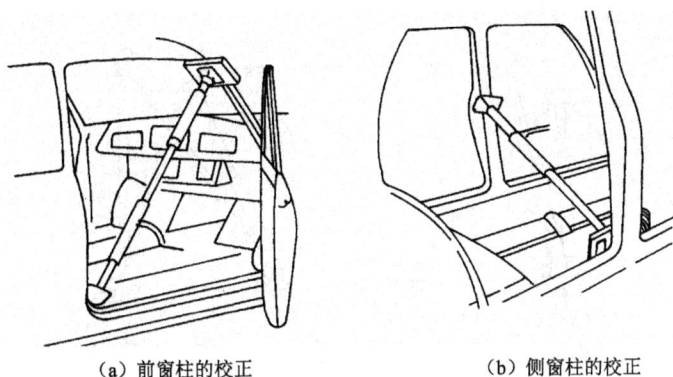

图 8.16　支撑法校正车身变形

　　支撑法也适宜校正车身底部在垂直方向上的变形。如车架和承载式车身的车底纵梁产生拱曲时，将梁的两端于垂直方向固定后，用液压千斤顶支撑变形最大部位，弯曲就很容易得到校正。同理，对于上拱形弯曲也可以用支撑法校正，只要变换一下支撑位置即可。

　　图 8.18 所示为支撑法修复车顶变形的操作实例。对于车顶罩及其周围发生的凹陷变形，可以使用便携式液压工具并配以专用橡胶接头顶出，校正过程中使用钣金锤和钣金托模按预定要求（如虚线所示）进行整形即可。

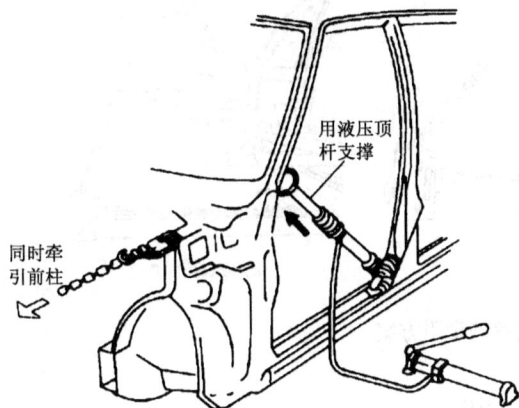

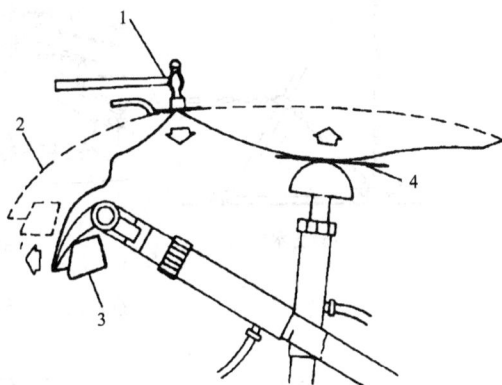

1—钣金锤；2—修复后的曲面；3—变形后的曲线；4—钣金托模

图 8.17　牵引法与支撑法配合校正　　　　图 8.18　车顶凹陷的支撑方法

　　支撑法这一校正方式，运用起来也比较灵活，一般分为液压式和机械式两种，其中液压式的使用性能最好，也比较多见。与支撑工具配套的各种类型的支撑座，适用于车身上不同部位。

3. 牵引力与支撑力方向设计

　　如图 8.19 所示，不同的三角形支撑可获得不同方向的牵引力。此外，由牵引座、拉链和工作油缸构成的三角形相对固定时，则随着车身损伤部位的拉动而自动变换牵引力的方向。因此，操作时应特别注意其变化所带来的影响，必要时应根据需要调节三者之间的位置。

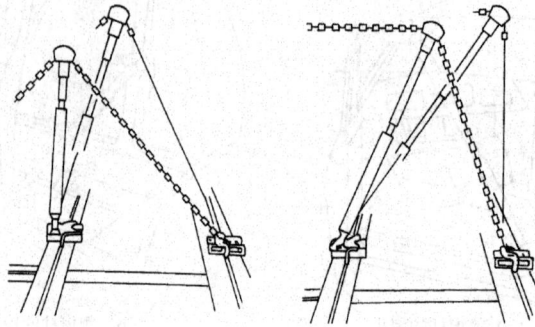

图 8.19　牵引力方向的变化

　　图 8.20 所示是一组三角形支撑的牵引方案，设计拉链长度、工作油缸行程和牵引座位置时，如果按图 8.20（a）所示的方案进行时，则随着工作油缸柱塞的伸长而逐渐达到直角，可以达到预期的最佳牵引量。否则，如图 8.20（b）所示，应及时调整拉链的长度、牵引座的位置或者为油缸的柱塞增加接杆长度。一定要避免出现图 8.20（c）所示的情形，因为这种角度会使拉链超载而牵引力变小。正确的矢量型牵引如图8.21 所示。

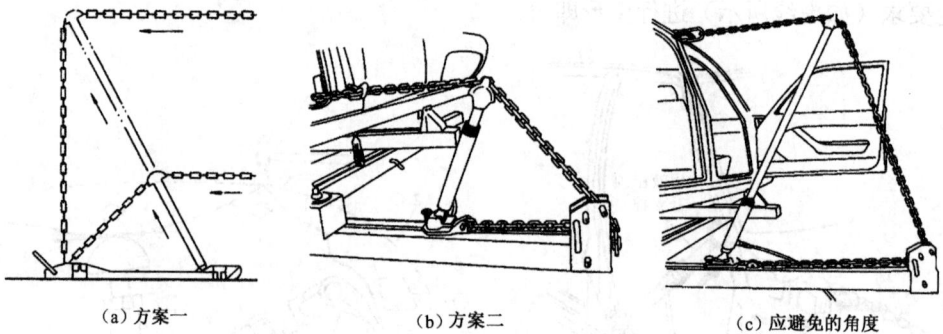

（a）方案一　　　　　　　（b）方案二　　　　　　（c）应避免的角度

图 8.20　三角形支撑的牵引方案

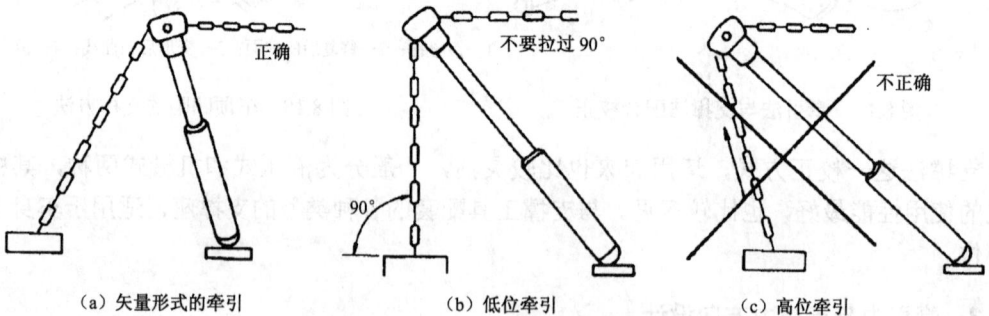

（a）矢量形式的牵引　　　　（b）低位牵引　　　　（c）高位牵引

图 8.21　正确的矢量型牵引示例图

　　下面再举一些有代表性的牵引方案，来说明采用地面校正系统时，车身校正的主要施力方式。它们都是在柔性链、工作油缸、牵引座的帮助下，完成各种施力方向变换的。图 8.22（a）所示为向下牵引时的安装示意图。当油缸作用时，B、C、E三点将分别

产生沿各自箭头所示方向的运动。利用E点受力后，产生的绕O点向下转动的分力，完成
向下的拉拽。

图 8.22（b）所示为需要产生向外向下牵引力时的安装示意图。当油缸工作时，B点将
产生绕A点的转动，如箭头所示，从而使D点完成向侧下的拉拽。图 8.22（c）和图 8.22
（d）所示为需要产生水平侧向牵引力时的安装示意图。当油缸工作时，A点将产生绕D点的
转动，如箭头所示，从而使B点完成水平侧向向外的拉拽。图 8.22（e）和图 8.22（f）所示
为需要产生向侧上方向牵引力时的安装示意图。当油缸工作时A点产生绕C点的转动，B点便
产生沿AB方向的牵引力。图 8.22（g）所示为需要产生水平推力时的安装示意图。当油缸工
作时，A点产生绕D点的转动，杆件AB便对B点产生水平方向向内的推力。图 8.22（h）所示
为需要产生向上的推力（也相当于向下的牵引力）时的安装示意图，它直接由油缸或千斤顶
完成。图 8.22（i）所示为另一种使用牵引链向下牵引的施力方式，与前者不同之处在于支
撑点高度固定，用液压工具横向牵引垂直拉链实现校正。图 8.22（j）所示为典型的推挤校
正方法。当需要由下向上推挤校正时，则可以采用图 8.22（k）所示的方法。

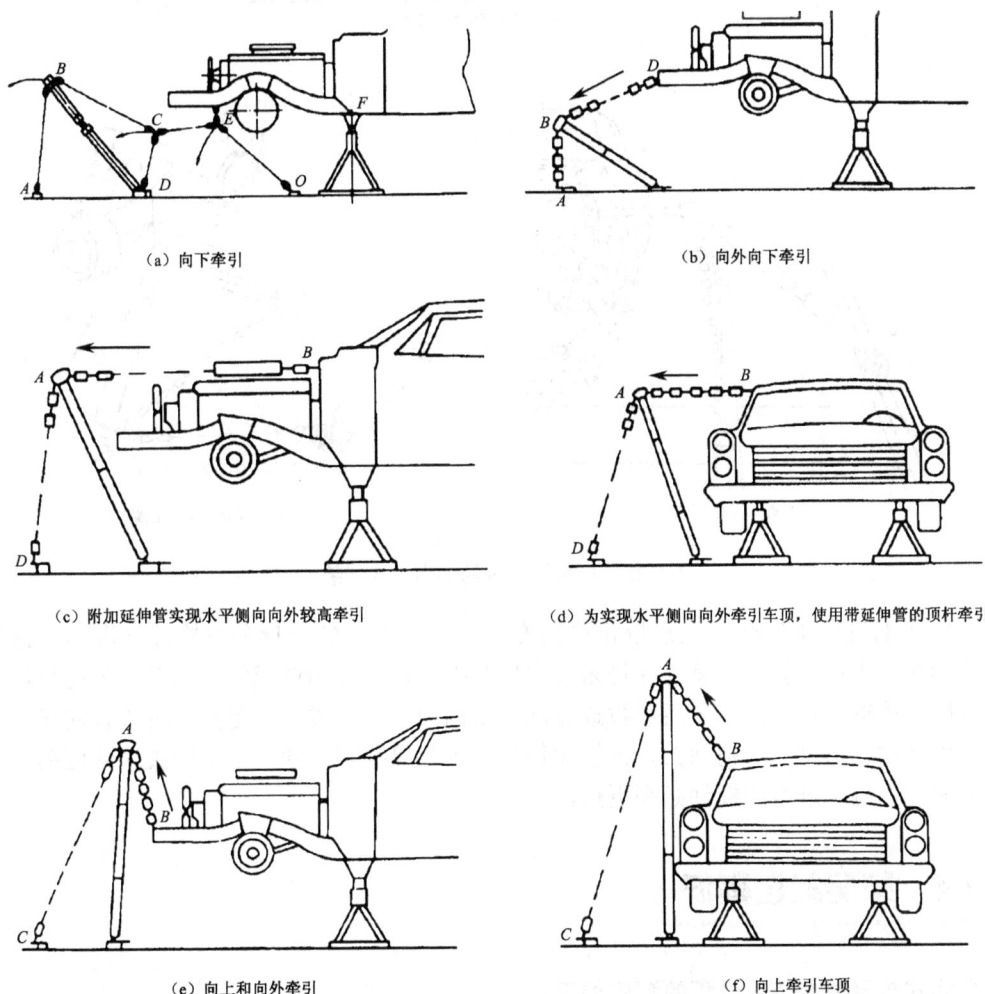

（a）向下牵引

（b）向外向下牵引

（c）附加延伸管实现水平侧向向外较高牵引

（d）为实现水平侧向向外牵引车顶，使用带延伸管的顶杆牵引

（e）向上和向外牵引

（f）向上牵引车顶

图 8.22　车身校正时的施力方式

（g）水平推力　　　　　　　　　　　　（h）向上推力

（i）使用牵链桥向下牵引

（j）典型的推挤装置　　　　　　　　　　（k）从地板上向上推挤

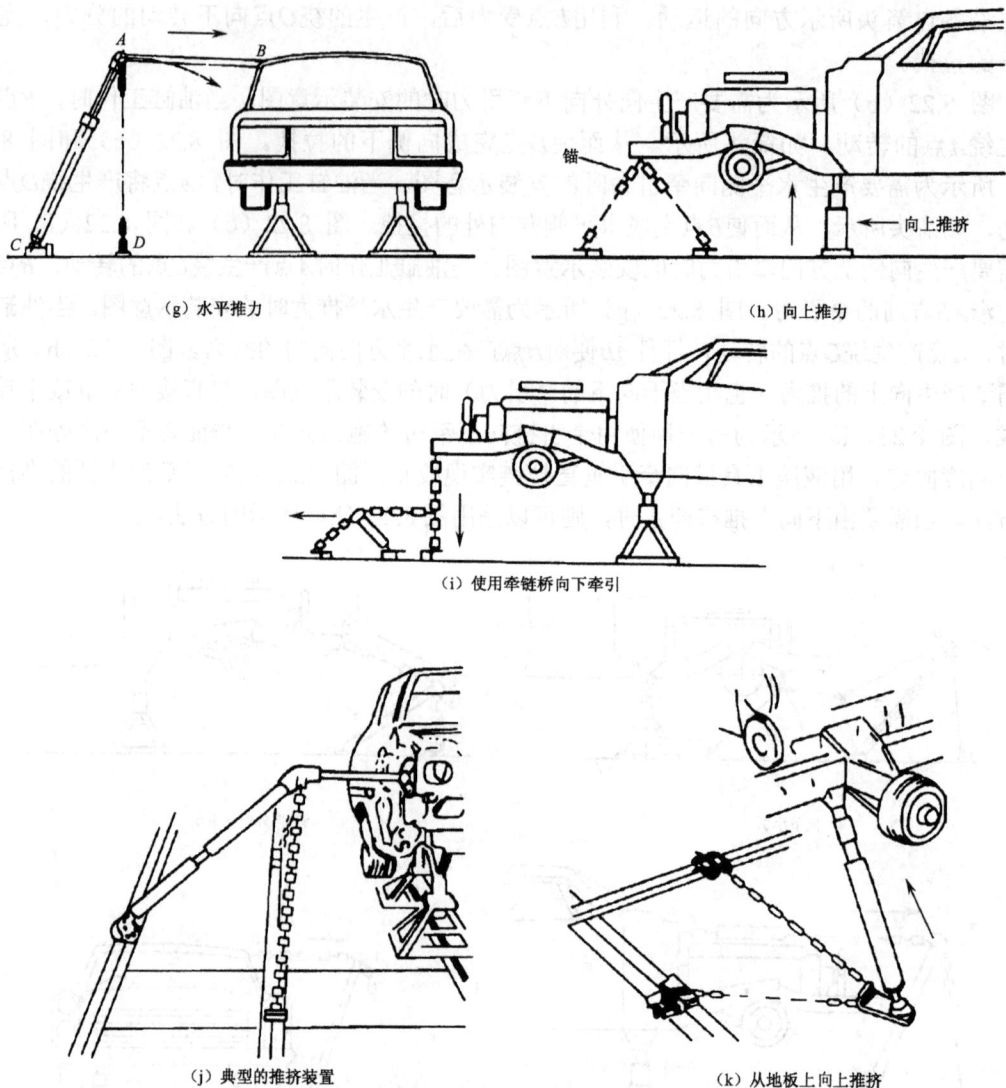

图 8.22　车身校正时的施力方式（续）

　　在校正的过程中应注意记录校正量的变化，并且考虑到车身金属构件出现的"弹性后效"的影响。失控的拉拔过度往往是未能准确和按时进行检测造成的。通常，为防止反弹，拉拔过度必须得到控制。为了避免拉拔过度带来的损伤，拉拔时一定要定时进行测量。拉拔过度所出现的变形是无法消除的，钢板拉伸超过了临界控制尺寸，不可能收缩或压缩回去，多数情况下，拉拔过度的板件必须更换。

8.4　车身校正操作

　　整体式车身整个校正过程的顺序如下：
- 了解所用校正设备的安全问题。
- 进行损伤分析。

- 校正程序的制定。
- 初步固定和检查校正情况。
- 实施已制定的校正程序，同时进一步固定和检查校正情况。

8.4.1　车身校正安全注意事项

1．人身保护

在整个车身的校正过程中必须注意以下几点：
- 必须完全按设备制造厂家提供的使用说明书中的要求正确使用设备。校正拉拔时要仔细观察设备状况，查看是否有危险情况发生。
- 禁止不熟练或未受过良好训练的人员操纵校正设备。
- 校正拉拔前一定要把车辆固定住，并检查夹紧和锚固装置螺栓的紧固情况。
- 一定要使用为拉拔及锚固而推荐的那种尺寸和材料（合金）的环链，只能使用校正设备所配备的环链。
- 校正拉拔时必须将安全链挂到车辆和锚固点上，同时安全链不能绕过尖角部位。沿拉拔链再松弛地挂一根环链到车上，以免拉拔链断裂后甩出。
- 校正拉拔时拉拔链应加以覆盖，用厚防护毯包住链条或用安全绳把链条、钣金工具固定在车身上的牢固部件上，以免断裂后甩出。
- 在车上或车下作业时，禁止使用随车千斤顶，一定要使用推荐的千斤顶式支架来支撑车辆。
- 夹持器可能会滑脱或引起钢板撕裂，因此，一定要系上安全绳，以免造成人身伤害和设备损坏。
- 禁止站在环链或夹持器所在的直线上，否则环链断裂、夹持器滑脱和钢板撕裂都可能造成人身伤害。
- 严禁在拉拔的同时进行车内作业。
- 油泵及油缸的操作不应该负荷很重。如果出现过载，则应松开，重新考虑拉拔方法，然后再试一试。要按规定的方法改变拉拔方向，增加拉拔点或消除应力。

2．车身保护

- 拆卸或盖住内部部件。
- 焊接时用隔热材料盖住玻璃、座位、仪表和车垫。
- 拆除车身外面的部件时，用棉布或保护带保护车身以防擦伤。
- 如果油漆表面擦破，必须进行防锈处理。

8.4.2　前端损伤部位的校正

1．校正分析

如果轿车前端遭到碰撞，修复时，首先拉校需要更换的一侧的边梁，拉校方向按照与碰撞方向相反的方向来确定。然后再修理需要修理的一侧的护板裙部和边梁。

修理时应先测量对角线尺寸，如图 8.23 所示。如果对角线尺寸已被校正至相等，则继续拉校护板上部的加强肋和边梁。有时可使用尼龙拉带来进行双钩拉校。如果需要修理的一侧的边梁是向外变形的，拉校时应朝前斜拉，如图 8.24（a）所示。用眼观察对角线尺寸，如果它开始朝向内边变形时，应改为朝前拉，如图8.24（b）所示。

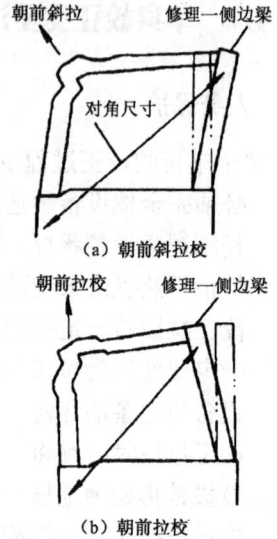

图 8.24　前部拉校方法图

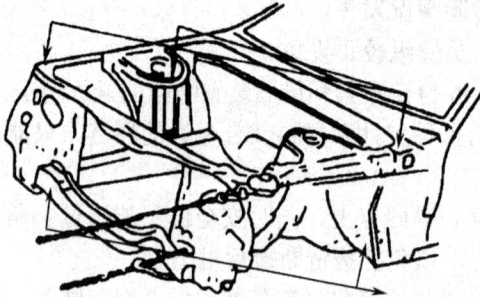

图 8.23　检查前部尺寸

如果需要修理的一侧由于拉校导致边梁严重弯曲损伤时，应分开前端部件和散热器上部支撑点，分别对它们进行修理，并使车架前部对角线尺寸符合规定。

控制边梁内破裂面并朝前拉校边梁，同时从内边拉破裂面或从外部推破裂面，如图8.25 所示。待弯曲部分被修复后，对角线尺寸就可恢复至标准尺寸。

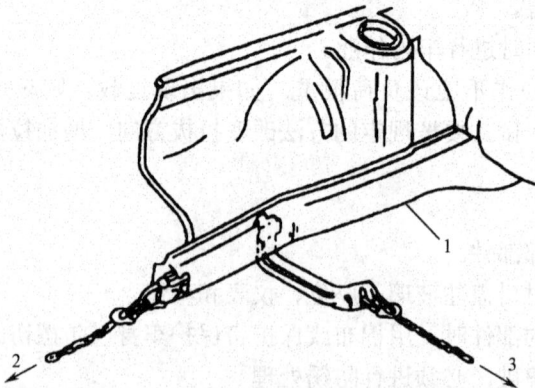

图 8.25　前边梁弯曲的校正

为了修理需要换侧前护板的裙部和边梁的安装部位，可拉住前护板裙部边缘并拉住防撞板的损伤部位，如图 8.26（a）所示，夹紧靠近主要损伤部位的板件并进行拉校。在对前立柱进行拉校的同时，用动力柱塞顶在门框内边进行推校，如图 8.26（b）所示。

在校正时应不断测量对角线和其他尺寸，以判定校正程度，包括车身下部和地板下部加强构件的参考孔和前护板安装孔都可作为参考点。因此在损伤诊断时必须判定损伤未扩展到这些部位，如图 8.27 所示。如果碰撞损伤到前边梁构件，特别是对发动机前置、后轮驱动的轿车，这种损伤是严重的。其损伤后的形状是使边梁向下变形，如图 8.28 所示。其标准测量点的高度被移位，高度发生变化，因此必须进行修理。对于发动机前置、前轮驱动的轿车，有一个在后面的参考点，因此当前部碰撞时，边梁可能会向上变形，如图 8.29 所示。

（a）对边梁的前缘和防撞板损伤部位进行拉校　　　　（b）用动力柱塞顶在门框内边进行推校

1—拉校发动机舱罩上部的损伤部位和前立柱；2—拉校防撞板的损伤部位；3—用动力柱塞进行推校；4—拉校前部车身立柱

图 8.26　前立柱和防撞板的修理

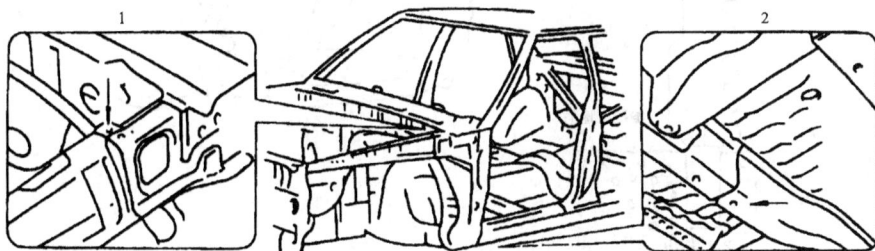

1—前护板后安装孔；2—前地板下部加强构件参考孔

图 8.27　标准测量点

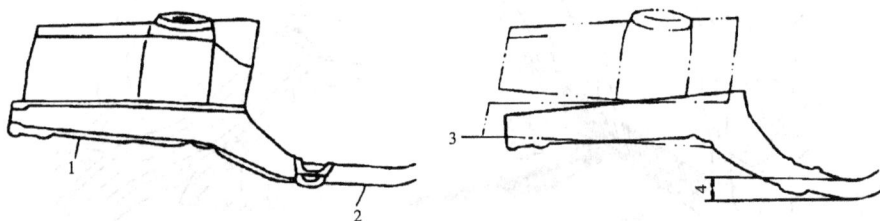

1—前边梁；2—前地板加强构件参考孔；3—碰撞力方向；4—参考孔高度下降

图 8.28　发动机前置、后轮驱动轿车前边梁损伤

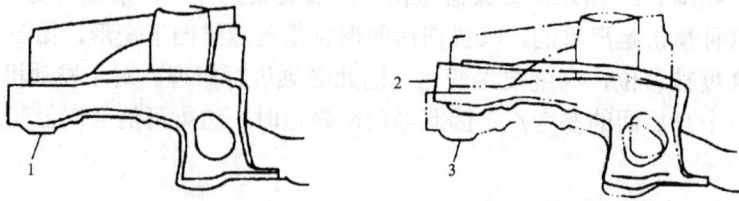

1—前边梁；2—前部碰撞力方向；3—边梁后参考点向上变形

图 8.29　发动机前置、前轮驱动轿车前边梁的损伤

2. 校正方法

图 8.30 所示是用插桩方式修复正面碰撞的一种典型操作方法。将牵引拉链一端通过夹具将损伤部位固定，另一端则与插入（或预先埋入）地面的插桩连接。为了便于调整拉链的松紧度，其间还装有图中所示的紧链器。

用拉链等牵引损伤部位时，牵引力的增加应缓慢上升，同时注意观察被校正部位金属受力时的变化情况。强度不足时也可在门槛板或纵梁中部，焊接如图 8.31 所示的固定拉铁，以解决装卡困难或避免损伤车身构件。

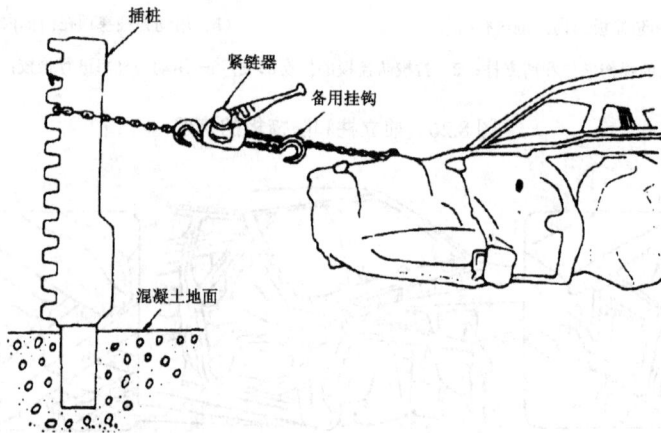

图 8.30　插桩方式

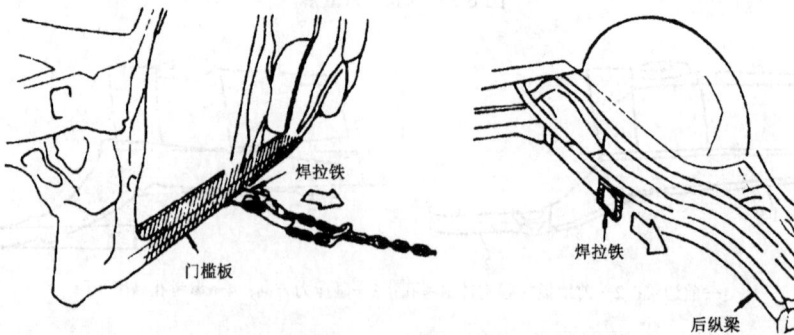

图 8.31　加焊固定拉铁

当多处损伤时，也可以增加插桩数量。但无论是牵引还是对车身的固定，都要视情况选择位置和方向。若将插桩沿车身四周布置，可实现不同方向和位置的固定或牵引；当固定

或牵引的高度需要调整时，可通过上、下移动拉链的位置来实现；当需要在车身下部做牵引固定时，也可参照如图 8.32 所示的方法进行。

利用地锚可以更方便地校正车身。这种固定方式可以防止因校正而造成的二次损伤，牵引力的方向与大小也比较容易控制。车身的底板纵梁和车架，是车身的重要基础构件，一般都符合固定的优选条件（图 8.33）。

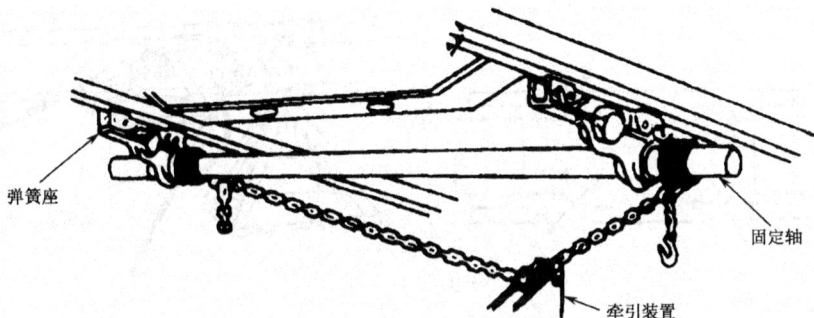

图 8.32　纵向牵引时的固定方案

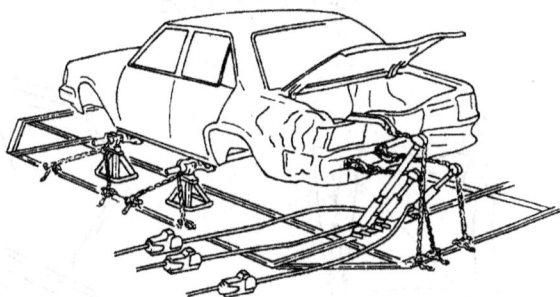

图 8.33　用地锚方式

地锚与地面的固定方式有两种：一种是与地面位置相对固定的埋入式地锚，另一种是能与地面位置相对移动的滑动式地锚。前者施工简便、易行，但灵活性较差；后者虽然施工复杂些，但车身固定点的可选范围较大，使用起来比较得心应手。应用这种方式固定车身时，还应注意分力对校正作业的影响。由于固定点与地面存在着高度差，所以在进行水平方向的校正时，拉链受力后将产生一个向下的垂直分力。拉链与地面的夹角越大（拉链短）则垂直分力也越大；反之，拉链与地面的夹角越小（拉链长）则垂直分力越小。因此，除非是较小的车身变形，否则都要拆除汽车底盘的悬挂装置，改用可靠的刚性支撑。

对于承载式车身发生的某些损伤，当牵引拉钩的安装方式受到限制时，可以采用图 8.34 所示的方法进行多点固定。

当前车身受到较严重的正面碰撞、追尾碰撞或侧向冲击时，需要从水平方向上对变形构件进行牵引。图 8.35（a）所示为轿车前车身正面碰撞损伤的实例。校正前应先测量变形状况，并将一些关键参数记录下来，如图中的对角线 A、B 和左右的垂直弯曲。属于图 8.35（a）所示的情形时，可斜向牵引变形最大的左梁端部，左端的变形和右梁的弯曲自然会同时得以校正。如果纵梁变形向外倾，应将牵引方向适当向外倾斜一定的角度；如果变形是向内倾的，只要向前牵引即可，待弯曲的构件展开后再确定是否需要调整牵引方向，如图 8.35（b）所示。

　　牵引过程中应不断测量那些关键参数，循序渐进地施加牵引力，不要急于求成以免造成二次损伤。如弯曲较为严重的纵梁，纵向牵引不能使其完全复位时，应从侧面附加水平方向上的牵引力，如图 8.35（c）所示，通过增加附加校正力的作用，实现单方面强行牵引难以奏效的校正目标。

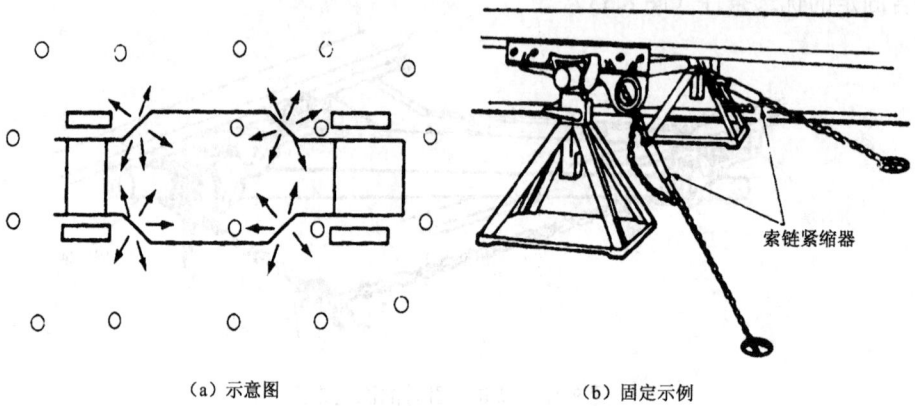

（a）示意图　　　　　　　　　　　　　（b）固定示例

索链紧缩器

图 8.34　实行多点固定

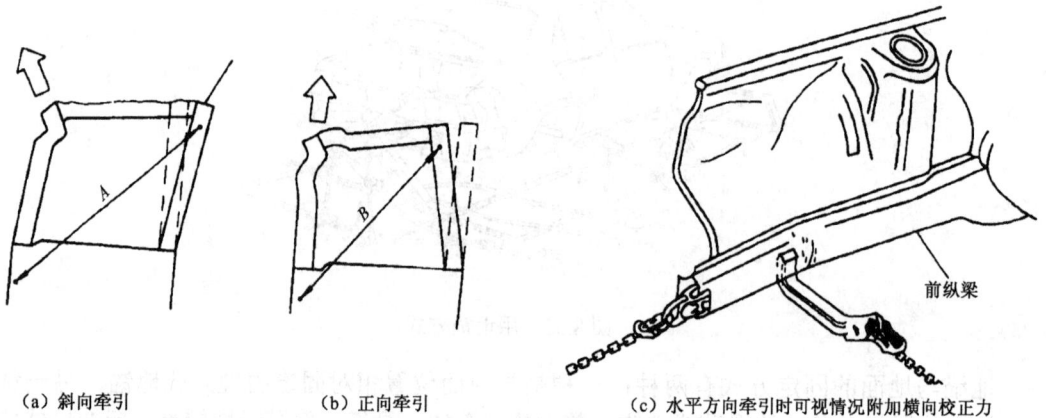

（a）斜向牵引　　　　（b）正向牵引　　　（c）水平方向牵引时可视情况附加横向校正力

前纵梁

图 8.35　水平方向上的牵引

8.4.3　侧向损伤的校正

　　用台架方式进行校正是一种很好的方案。尤其是对于车身侧向变形，可以同时进行任意方向的校正作业，能有效地使变形及其关联损伤一并得到校正。典型的连接与使用方式如图 8.36所示。夹具的下部与台架横梁固定，上端则通过夹板、螺栓与车身门槛下边缘牢固地连接在一起。为了适应不同的车身宽度，一般固定架还可以沿车身的宽度方向水平滑动。如果车身的宽度与台架的差距较大，也可以借助贯通的中间轴和拉臂将车身固定在台架上。借助拉链与千斤顶可将门柱牵引复位。同时用液压顶杆支撑台架横梁，门槛的弯曲也很容易校正。

　　图 8.37 所示为一典型的台架式校正设备。这种台架式校正设备不仅可以方便地固定车身，还可以垂直升降，为测量工作提供了很大的方便。校正与定位都在同一台架上进行，故操作过程中一般不会发生位移误差。作业前的检测、校正过程中参数的校核、竣工验收的质量评价等测量工作，都可以在台架上依次完成。

　　可移动的回转牵引桩式整形台，能够更加灵活地运用于车身和车架的校正与修理（图8.38）。除了可整体移动外，牵引桩也可方便地变换牵引方向，对车身高度方向上的测量也十分容易实现。

另外一种L型简易校正器（图 8.39）可直接以刚性方式支撑于车身底板纵梁的一侧，用以限制在同一断面上做侧向牵引时的移动。通过专门夹具以拉链方式固定于车身另一侧的门槛上，也可以实现车身的侧向固定和牵引。轿车则可通过专用夹具固定门槛的下边缘，但要注意卡钳的正确安装（图8.40）。

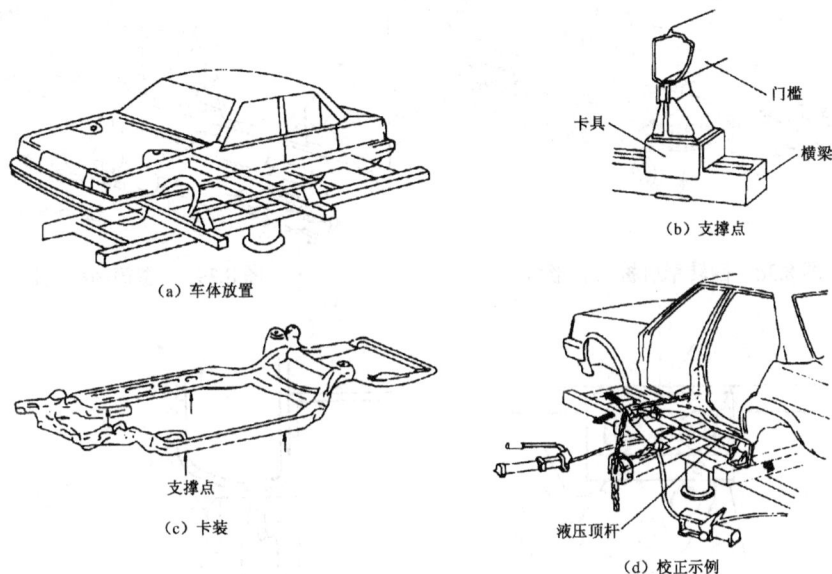

(a) 车体放置

(b) 支撑点

(c) 卡装

(d) 校正示例

图 8.36　台架方式

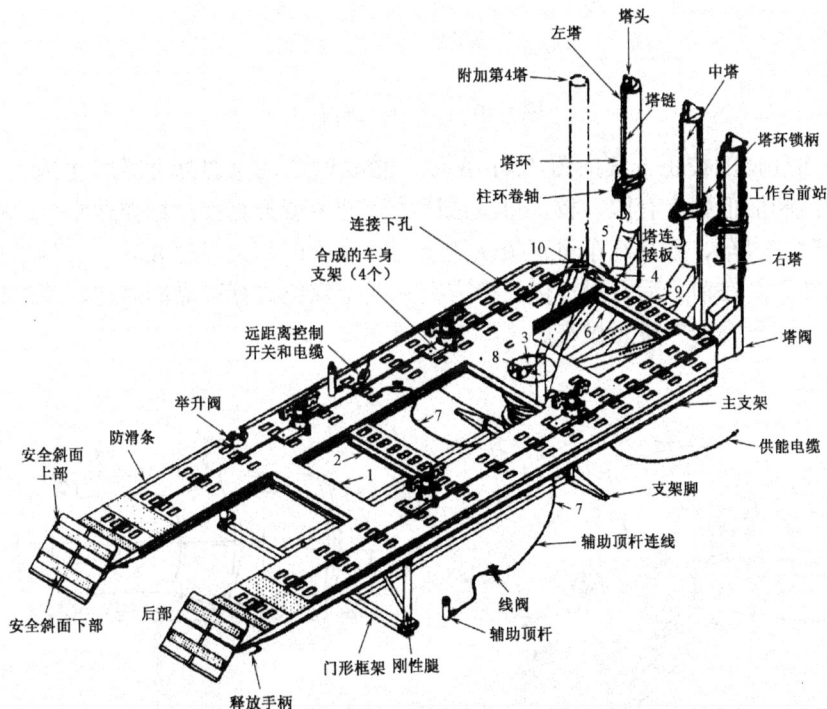

1—起升支架总成；2—可移动横梁；3—举升泵；4—塔柱销钉孔；5—塔柱销钉；
6—前部可移横梁；7—辅助顶杆；8—泵盖；9—塔脚螺钉；10—横梁销

图 8.37　典型的台架式校正设备

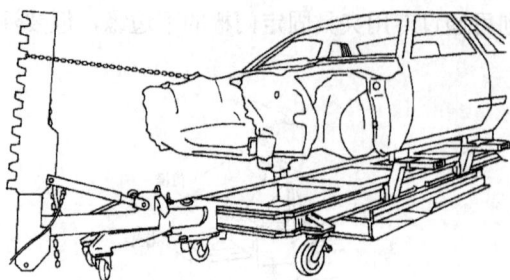

图 8.38　回转牵引桩式整形台

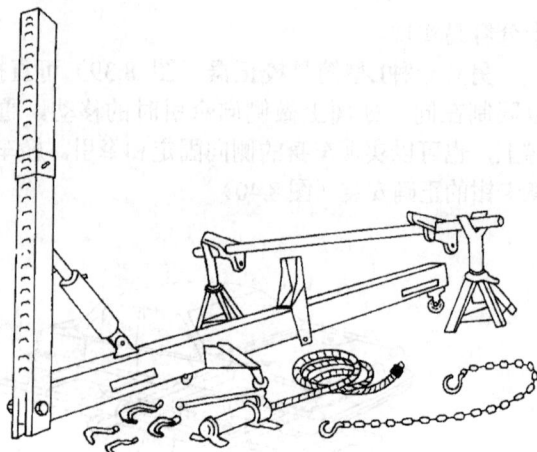

图 8.39　L型简易校正器

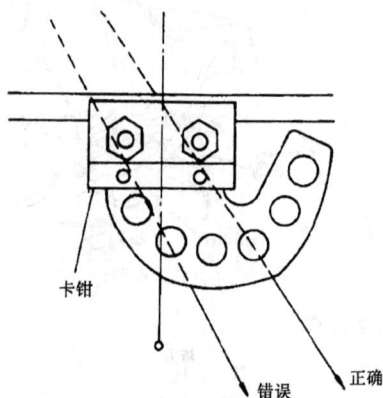

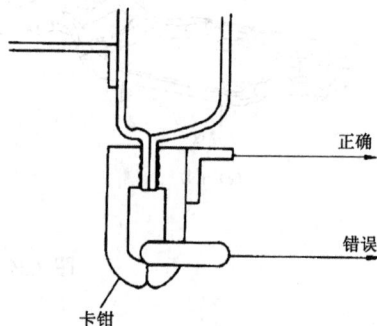

图 8.40　卡钳的正确安装

　　侧向冲击损伤的校正方案如图 8.41 所示。校正时应注意选择合适的挂钩，因为中央门柱虽为封闭式断面但强度有限，校正过度或因校正造成变形会使后续作业十分棘手。需要横向牵引车身时，客车、载货汽车可直接从侧面固定底梁或车架（图 8.42）。为了实现对车身内侧变形的校正，在前、后及另一侧三个方向、四个部位进行可靠的固定，通过适度牵引即可将这类"香蕉形损伤"校正过来。

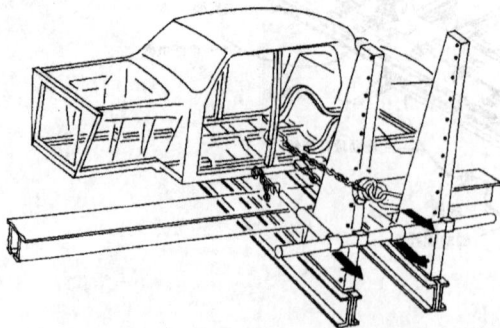

图 8.41　侧向冲击损伤的校正方案

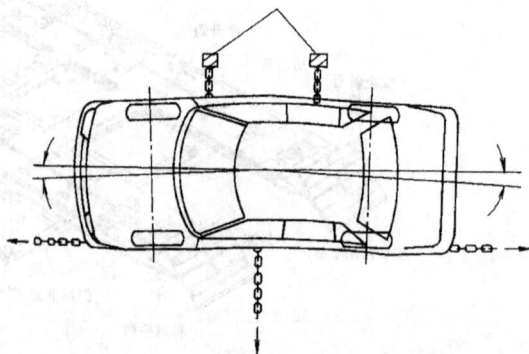

图 8.42　在对称和辅助方向上加以固定

8.4.4　后部碰撞损伤的校正

追尾碰撞造成的后车身变形，比起前车身来也并不简化。因为，后车身受冲击时力的分散与传递更奇异，严重的还会波及车身的中间支柱。牵引时应用夹具等将拉链与车身纵梁后端固定，牵引点尽量布置得分散些以免发生局部变形。如果只是后翼子板的轻度变形，也可用夹具于内侧固定拉链（图 8.43）。

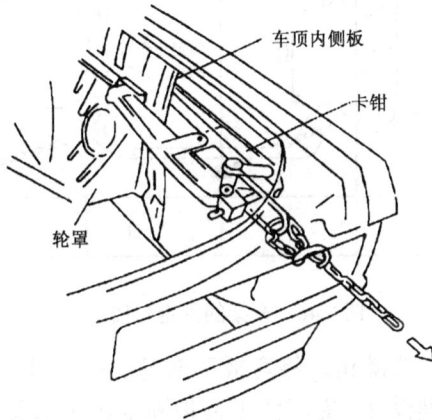

图 8.43　车身后翼子板内侧的固定方法

图 8.44 所示为利用地锚系统校正追尾的示例，当然也适用车身其他部位变形的校正。该校正系统看起来复杂，但实际上结构比较简单且不占空间。它是由柔性连接件、油缸与地面锚链槽构成的，用简单的矢量三角形来实现牵引和固定。其平面布置如图 8.45 所示。它由槽钢合扣在一起并在上平面留出安装缝隙后固化在水泥地面内。其格网布置可保证当被校正的汽车摆在图形中间时，可以从四周的任何方位安装柔性连接件和油缸支座，进行所需方向的校正连接。

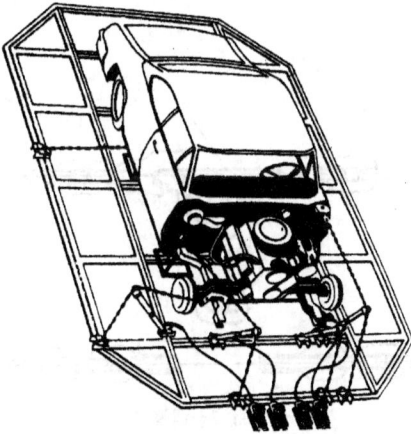

图 8.44　地面式液压校正系统的应用

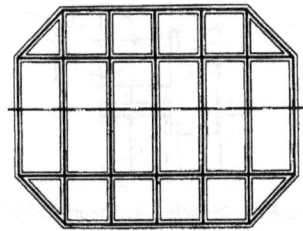

图 8.45　地框式校正系统平面

利用地框式校正系统校正车架时，比较容易实现多点固定和牵引。如此，可使被校正的车架或车身受力均匀（图 8.46）。

地面支撑座的基本结构及其安装如图 8.47 所示，主要由支座体 1 和两块楔板 2 组成。

支座体 1 上面右方的半球形凹槽 5 可用于支撑油缸下端的球形节，左方弯板上的豁口 6 可用于卡挂柔性连接件的环链，弯板腹部两道立槽用于穿楔板 2。

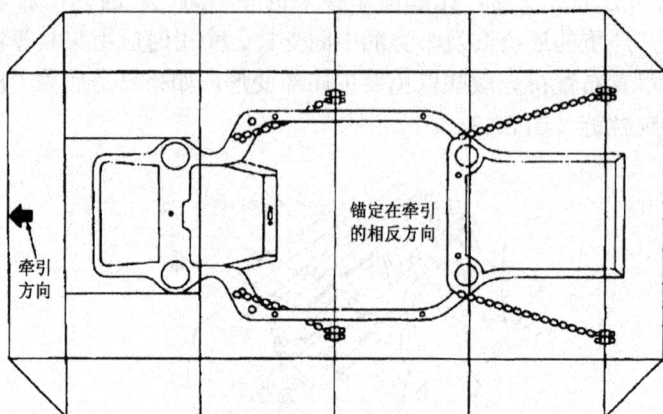

图 8.46　车架的固定与校正

安装时，将支座体 1 右端撬起，将弯板下部弯头扣入地面系统槽形钢的缝中并放平后，在弯板腹槽中楔入两块楔板 2，支座体 1 便被固定在地面系统上，既不能向上拉起，也不会水平移动，既可作为油缸的支撑，又可作为柔性环链的结构，拆装都十分方便。

柔性连接件另一端与车身的连接，可根据不同部位而采用各种形式的挂钩、夹钳，结构则要因地制宜。安装长度也可以根据需要进行调整。粗调整可采用图 8.48 所示的柔性环链长度的调整结构，只要按需要长度收拢后，将调整钩 2 钩在两相应链环上即可，然后由油缸的作用张紧。图 8.49 所示环链长度调整结构不仅可进行粗调，而且可进行微调。其调整钩1的原理与图 8.48 中的相同，但增加了螺纹调整结构，因而具备微调功能。

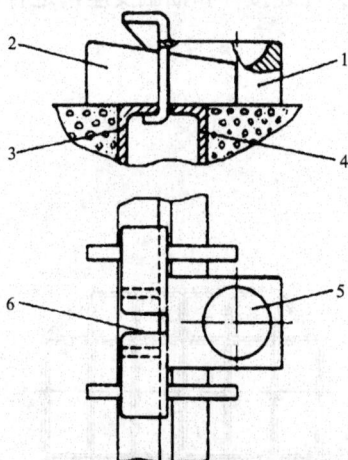

1—支座体；2—楔板；3、4—地面系统槽形钢；
5—半球形凹槽；6—豁口

图 8.47　地面支撑座的基本结构及其安装

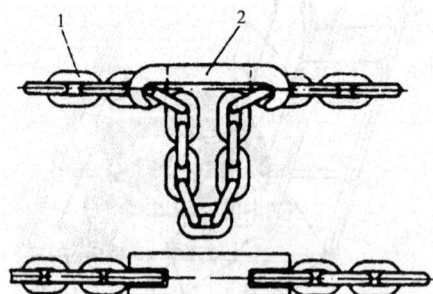

1—环链；2—调整钩

图 8.48　柔性环链长度的调整结构

当车身后尾于垂直方向上发生变形时（其中包括扭曲），就需要进行垂直方向上的牵引。

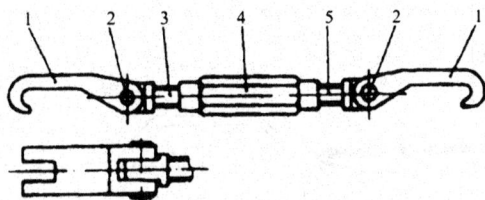

1—调整钩；2—销轴；3—螺杆；4—正反螺母；5—左旋螺杆

图 8.49 可进行微调的柔性环链长度调整装置

对于后翼子板上扬一类的变形，可以采取图 8.50 所示的牵引方法装配拉链，将向上变形的车身构件向下牵引。进行向下牵引操作时，车身构件于三点承受两个不同方向上的作用力，门槛处的车身固定点 C 和牵引端 A 一样，都承受着垂直向下的拉力；而位于构件中间的支撑点 B 则承受着垂直向上的支撑力。根据力的平衡原则，中间支撑点 B 所承受的力的大小为 A 与 C 处所受拉力之和。这一分析的意义在于，校正过程中应随时注意 B 点的承受能力，一方面除要选择变形开始的过渡点作为支撑点外，另一方面还要兼顾构件强度的大小，必要时应加垫木块等以减少单位面积上的压力。

与向下牵引的意义相同，向上牵引也存在支撑方式和支点的选择问题。所不同的是，中间部位的受力方向与前述正好相反，应注意防止中间支撑部位的二次损伤。

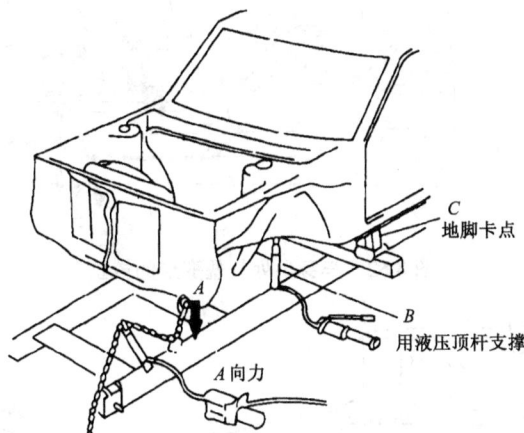

图 8.50 后车身垂直方向上的牵引与支撑

8.4.5 颠覆损伤的校正

颠覆损伤形式大多以车身发生任意方向折叠变形的形式出现。当因颠覆导致前、后车身发生严重折叠变形并伴随下垂损伤时，最好使用图 8.51 所示的平台式校正系统。利用车身底梁做整体固定后，借助拉链和挂钩分步做牵引、校正。牵引和校正时应从强度较大的构件开始，并首先修复对车身控制点影响较大的部位。

图 8.52 和图 8.53 所示也是校正车身多处折叠变形并伴随下垂损伤时的修复方案。校正时可先用拉链将变形部位拉紧，再用液压千斤顶将下垂的纵梁适当顶起至正确高度。操作时一定注意两个方向的牵引同时进行，并且要反复校正，反复测量，以免校正过度。为了防止损伤支撑或牵引部位的构件，校正时可在受力部位垫以木块或金属衬垫（图 8.54）。

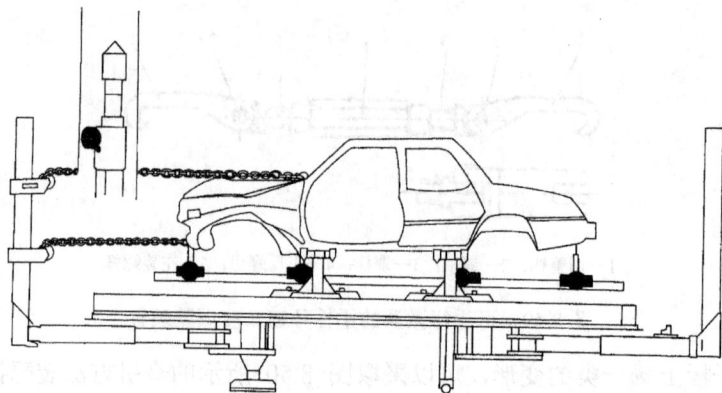

图 8.51　车身折叠时的平台式校正系统

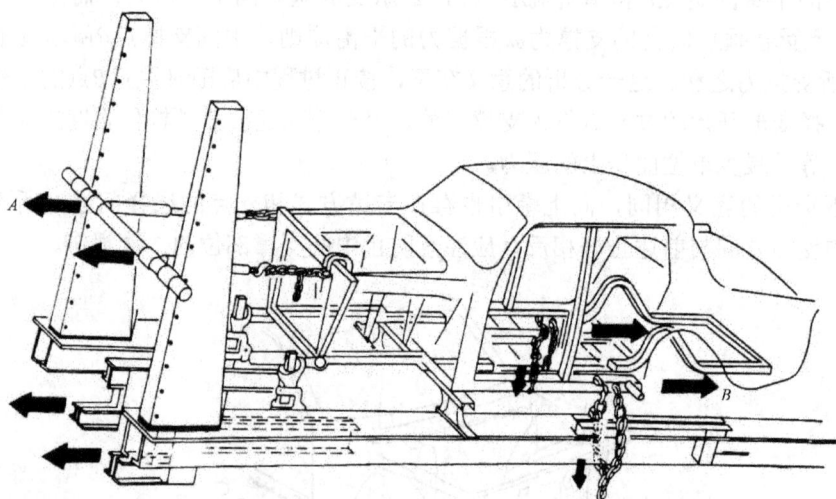

图 8.52　车身多处折叠变形的校正

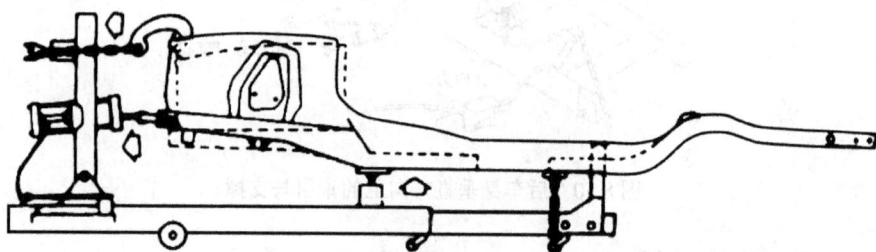

图 8.53　车身多处折叠的牵引与支撑

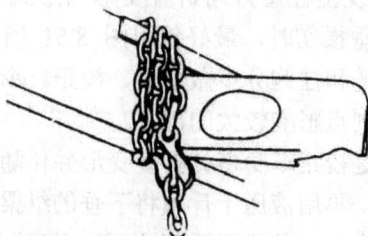

图 8.54　加衬垫予以保护

8.4.6 车身内应力的消除

车身及其构件内产生的应力，主要是因变形、过热、焊接工艺不正确、校正时应力集中等原因引起的。

钣金校正的目的是使车身各部分的功能、耐用性、外观都得到恢复，只有达到这种效果才能认为是符合技术要求的作业。否则校正后金属材料的应力没有被消除，随时可能释放而产生变形，有可能使发动机、底盘等装配在车身或车架上的支撑点发生疲劳损伤或变形，从而导致汽车操作和行驶方面的问题。或者是当发生二次碰撞时，只需很小的力就会导致更严重的损坏，给汽车和乘客带来很大的危害。

对承载式车身而言，车身内存在应力的象征主要有车门、发动机罩、行李舱和车顶的缝隙不均，在侧围和纵梁上出现凹痕或皱纹，悬架或发动机支撑位置失准，覆盖件表面油漆和底漆脱落；焊口处破裂或连接处撕开及密封保护层断开等。

1. 防止应力产生的措施

钣金校正作业中应尽量避免产生或残留金属应力，常用的措施是在牵引校正的同时用钣金锤敲击或加热校正部位。首先，在皱纹或凸起的地方做上标记以示区别。当因牵引受损坏的金属张紧时，则用锤击或加热金属的方法使之放松，然后增加拉力并再次放松即可。

如果一些皱纹折叠很牢固，以致校正会造成金属撕裂时，就必须用加热法使金属应力得到消除。当然，加热时一定要注意选择好部位和控制温度。要在拐角处或双层板等有足够强度的地方加热，不要认为加热就是软化某区域的金属，而是以消除金属应力为目的。对于高强度钢板，则不推荐使用火焰法加热，当必须消除应力时再小心地使用这种方法。又如，在整体式车身梁上加热时，最好在大梁的折弯处加热。如果加热位置必须选择大梁中心部位时，则应将加热温度提高和将范围适当扩大。

用火焰法加热后，不准用水或压缩空气来冷却加热的区域，应让其自然冷却，快速冷却会使金属变硬、脆化甚至发生裂纹。

防止过度加热的最好方法是使用热蜡笔、热力软化棒或热力涂料，在拟加热部位及其周围做出标记。当被加热金属的温度接近临界值时，标记会发生液化。这比火焰法加热时查看受热金属的颜色变化更加准确。

此外，加热通常会使金属产生某种程度的氧化，甚至产生一定量的氧化皮和发生脱碳现象。氧化皮意味着损坏表面光洁度。脱碳现象将引起表面软化，严重时会影响金属的疲劳强度和寿命。

氧化皮的产生很大程度上取决于加热的时间和温度，并且被加热零件背面的氧化皮厚度要比暴露于火焰的正面还要厚一些。因为火焰层具有一定的保护作用，氧化现象是在加热完了火焰被移开后形成的，但背面一侧的金属只要被加热到适当的温度，就会发生氧化。若在同一部位重新加热，还会产生更多的氧化皮。因此，对于加热校正部位尤其是金属背面的防腐处理也是十分必要的。

2. 确保应力缓冲区的功能

应力缓冲区能控制和吸收碰撞力产生的能量，以减少车身构件的损坏，同时最大限度地保护乘客的安全。这种应力集中区通常被安排在车身底部的前、后段纵梁上。当有外力加载时，变形首先在应力缓冲区发生（图 8.55）。

校正和修复时，应注意不要破坏已设计好的应力缓冲区。如发生损坏时，要根据厂家推荐的方案来校正或更换指定的应力缓冲区部件。如车身纵梁，是有意设计得能在碰撞中提供可控制的变形，这样可防止或延迟关键部件的损坏。

3. 冷作法中应注意的事项

能用牵引或支撑操作，就不用锤击法校正。牵引或支撑时，只要所有测量参数得到控制，确保用力方向和避免校正过度即可。通常，因某一碰撞力的扩散而产生变形但未导致皱曲时，通过有效拉力就可以实现校正。但是，用锤子校正板材或零件上的变形时，由于反复锤击和敲打，不仅会浪费时间，而且还会使金属产生应力。

当需要牵引大型构件，如车顶的变形，应用一把修平刀顶住变形区域的背面（图 8.56），以防止发生因牵引而导致的二次变形。恢复变形后再用钢珠锤与修平刀配合，通过敲击将应力分散和消除。

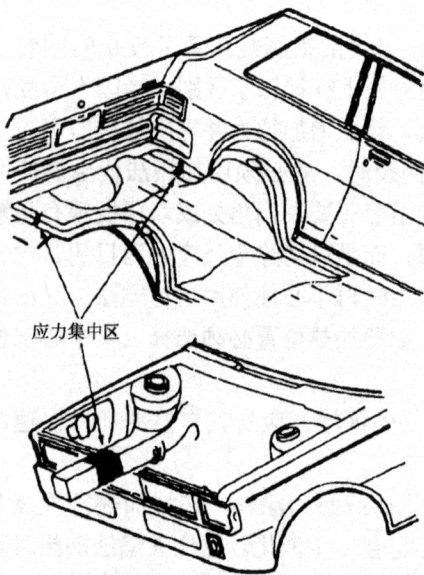

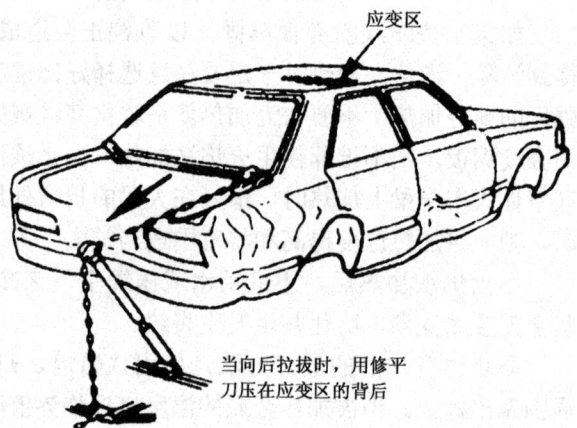

图 8.55　应力吸收点　　　　　　　　　图 8.56　用修平刀顶住变形区域的背面

在修理整体式车身时，除非特别需要最好不要切除一部分损坏部件，并用焊接和加强补丁等方法来修补磨损、断裂、弯曲等损伤。因为现代车身的优化设计是不适合用普通金属材料进行挖补修复的，有必要时可采用局部切割、更换零部件等修复工艺。

8.4.7　钣金校正的校验与检查

所有校正和焊接操作完成后，还应再做一次检查与测量。因为校正过程中即使已经得到确认的尺寸，在进行其他部位的修复操作后往往会发生变化。尤其是在未使用车身定位设备的情况下，进行最后的检查与测量更是必不可少的。

做最后检查时，需要围绕车身仔细观察。如果在车顶线和车门之间出现大的缝隙，就说明还存在一定的误差。检查重点应放在车顶、门框和车门之间、发动机室盖与前翼子板之间、后行李舱盖与后车身之间等衔接处，检查各部缝隙是否均匀一致和符合技术要求。检查车门和车身底梁之间的直线形状，通常它应是一条平直、等宽的长缝。检查整个车身区域钣金覆盖件的形状，确保每一部分看起来都位置准确。

反复打开和关闭车门、发动机室盖、行李舱和天窗等活动部位，检查其是否开闭自如，锁上可靠。如果使用了定位或夹紧装置校正，应对照维修手册或厂家提供的说明书，仔细检查、测量所有控制点的参数是否合格。在无外力作用的情况下，看各部位是否真正整齐排列。如果检查中发现问题，应将车身固定重新进行校正。这比起完成更多的工序后再返工要好得多。经最终检查完毕之后，可重新装上那些校正前被拆下的零部件，这个装配过程同样起到验证的作用。如发现质量问题，应重新按上述步骤加以校正，直至达到验收要求为止。

习题 8

1. 整个牵拉程序的顺序是_____。
   A. 首先是侧向校正，然后是长度，最后是高度校正
   B. 首先是高度校正，然后是侧向校正，最后是长度
   C. 首先是长度，然后是侧向校正，最后是高度校正
   D. 首先是长度，然后是高度校正，最后是侧向校正
2. 车身前端遭到损坏时，固定装置放在_____。
   A. 汽车前部
   B. 汽车前部和中部
   C. 汽车的后部和中部
   D. 汽车的前部、中部和后部
3. 利用可以支配的校正仪，进行一次事故车辆完整的车身校正作业。

第9章 车身焊接技术

❖ 熟悉车身连接方式。
❖ 了解车身焊接的各种技术。
❖ 掌握气体保护焊、电焊操作技术。

9.1 车身连接方式

汽车车身是由许多构件连接而成的，按照连接的性质可以分成两类连接方式，即可拆卸连接和不可拆卸连接。

9.1.1 可拆卸连接

可拆卸连接按照使用的连接件和方法可分为螺纹连接、铆钉连接、卡扣连接、铰链连接和摺边连接。

1. 螺纹连接

螺纹连接有下列几种形式：

① 螺栓螺母连接，如图 9.1（a）所示。
② 螺栓焊接螺母连接，如图 9.1（b）所示。
③ 螺钉卡扣连接，如图 9.1（c）所示。
④ 自攻螺钉连接，如图 9.1（d）所示。

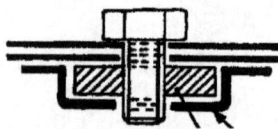

（a）螺栓螺母连接　　　　　　　（b）螺栓焊接螺母连接

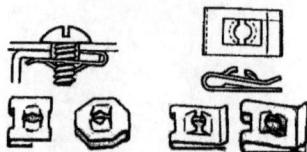

（c）螺钉卡扣连接　　　　　　　（d）自攻螺钉连接

图 9.1　螺纹连接

2．铆钉连接

这种连接方法常用来连接车身上不同材料（当使用其他方式不能有效连接时），或者用来连接铝、镁或塑料，如图9.2所示。

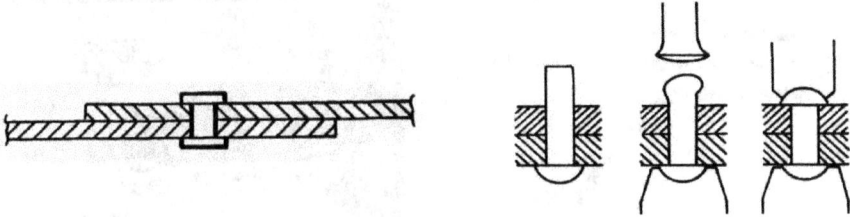

图9.2　铆钉连接

3．卡扣连接

这种连接用来安装室内装饰件、装饰条，外部装饰件、线路等。常用的卡扣如图9.3所示。

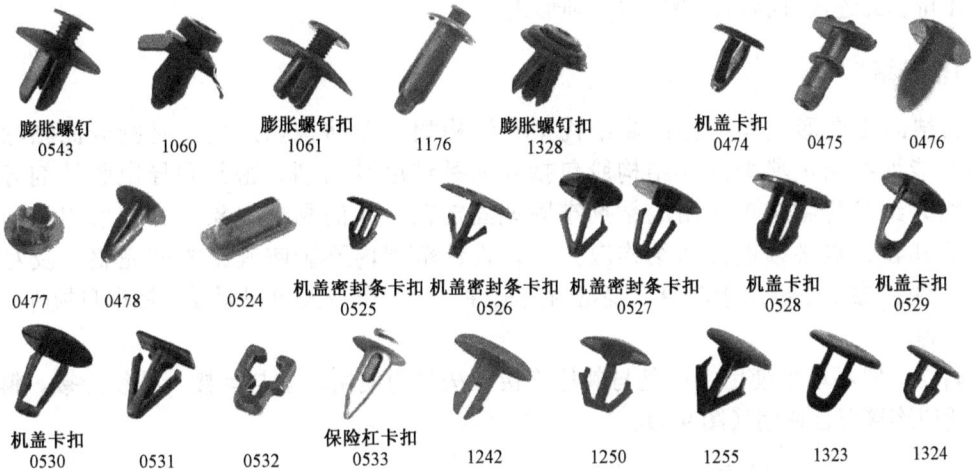

图9.3　汽车卡扣

4．铰链连接

这种连接用来连接可转动的构件，如车门、发动机罩、行李厢盖等，如图9.4所示。

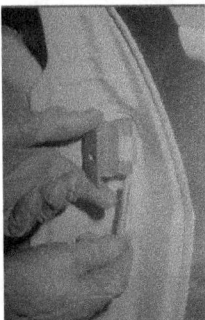

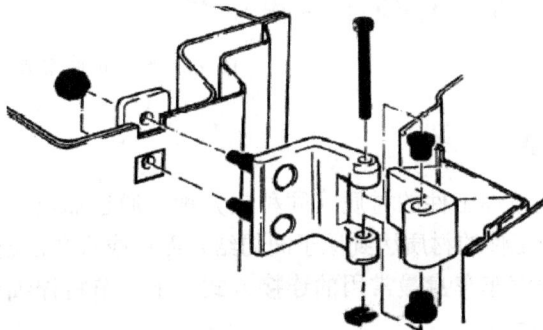

图9.4　铰链连接

5. 摺边连接

这种方式用来连接车门内外板、发动机罩内外板、行李厢盖内外板等，如图 9.5 所示。

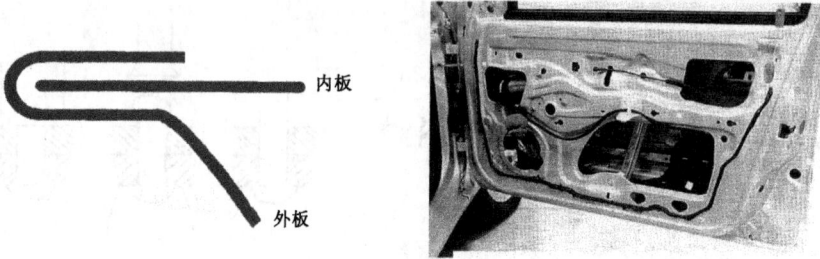

图 9.5　摺边连接

9.1.2　不可拆卸连接

不可拆卸连接有黏结、焊接等多种形式。

1. 黏结

黏结的主要形式有两种：非结构型和结构型。非结构黏结主要是指表面粘涂、密封和功能性黏结，典型的非结构胶包括表面黏结用胶粘剂、密封和导电胶粘剂等；而结构型黏结是将结构单元用胶粘剂牢固地固定在一起的黏结现象。其中所用的结构胶粘剂及其黏结点必须能传递结构应力，在设计范围内不影响其结构的完整性及对环境的适用性。黏结主要用于车身需要密封的板件、一些车身大面积面板、铝车身板件、塑料车身件等。

黏结一般不单独使用，而是与其他连接方法共同使用，如与焊接、螺纹连接、铆钉连接和摺边连接混合使用（图 9.6）。

图 9.6　汽车构件黏结

2. 焊接

焊接是被焊工件的材质（同种或异种）通过加热、加压或两者并用，并且用或不用填充材料，使工件的材质达到原子间的结合而形成永久性连接的工艺过程。

焊接是汽车车身最常用的连接方式，下一节将详细介绍焊接设备及其使用。混合连接如图 9.7 所示。

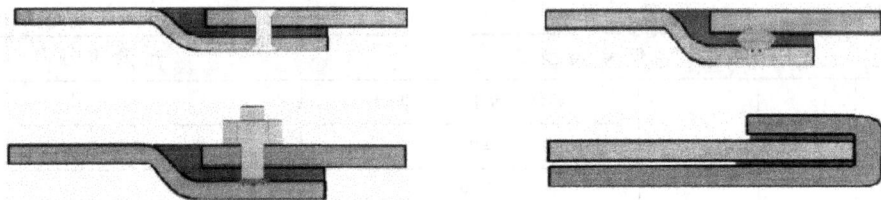

图 9.7　混合连接

9.2　车身焊接技术

9.2.1　焊接的类型和特点

1. 焊接的类型

① 压焊。指在焊接过程中，对焊件施加压力（加热或不加热），使焊件连接在一起的方法。

② 熔焊。指在焊接过程中，焊接接头在高温等的作用下变为熔化状态，两个工件熔化的部分会发生混合现象，待温度降低后，熔化部分凝结，两个工件就被牢固地焊在一起，完成焊接的方法。

③ 钎焊。指在焊接过程中，把比母材熔点低的金属材料作为钎料，用液态钎料润湿母材和填充工件接口间隙并使其与母材相互扩散的焊接方法。

2. 焊接的特点

① 节省金属材料、减轻结构重量，经济效益好。

② 简化作业工序，生产率高。

③ 结构强度高，接头致密性好。

④ 焊接质量受操作人员的技术水平影响较大。

⑤ 焊接过程产生的热量较多，对构件的变形和机械性能影响较大。

用于车身焊接的类型见表 9.1。

表 9.1　车身修复焊接类型和注意事项一览表

焊 接 类 型				注 意 事 项
焊接	压焊	电阻焊	点焊	用于整体式车身修复
			凸焊	
			缝焊	
		超声波焊		
		摩擦焊		
		加压气焊		
		爆炸压焊		

续表

焊 接 类 型				注 意 事 项
焊接	熔焊	电弧焊	熔化极活性气体保护焊	
			埋弧焊	
			FCAW焊	
			熔化极惰性气体保护焊	用于整体式车身修复
			钨极惰性气体保护焊	
			原子氢焊	
			等离子焊	不提倡用于整体式车身修复
			电子束焊	
		气焊	氧乙炔焊	不提倡用于整体式车身修复
			氢氧乙炔焊	
	钎焊		软钎焊	不提倡用于整体式车身修复
			硬钎焊	不提倡用于整体式车身修复

9.2.2　手工电弧焊

手工电弧焊是一种最常见的焊接方式，一直以来，这种焊接方式广泛应用于机械维修行业。使用这种方法，焊接后的焊缝部位一般硬度较高，但韧性不足，薄板容易出现熔穿孔，焊接质量较差。随着高强度钢在整体式车身上的广泛使用，这种方法逐渐失去了其主导地位。虽然这种焊接技术不适合整体式车身和薄板件的修复，但是对于车架式车身以及一些非承载构件的修复，仍然可以考虑采用。

1．电弧焊机的使用

常用的电弧焊设备有：弧焊变压器、弧焊发电机、弧焊整流器三类。弧焊变压器具有结构简单、经济耐用、维修简便等特点。弧焊发电机具有焊接电弧稳定、焊接操作性能较好等特点。弧焊整流器除具有弧焊发电机的特点外，还具有噪声小、空载耗电少、维护容易等特点。

弧焊发电机接入电源后的第一次启动，必须检查焊机的旋转方向，若与规定不符，应将电动机的三相电线中的任意两相调换一下，再启动后观察是否正确。其启动过程是先将启动手柄从零位置置于星形位置，待焊机旋转正常后，再将启动手柄置于三角形位置。

当焊接工作结束或临时停止工作离开工作场地时，必须及时切断电源。弧焊发电机结束工作时，先将启动手柄从三角形位置调整至星形位置，稍停留后再将启动手柄置于零位置，然后切断电源。

焊接电源向工件输出焊接电流的导电回路称为焊接回路。对于直流弧焊机来说，由于电源存在着极性，电弧热量在两极上的分布是不等的。故在使用直流弧焊机时，存在着两种不同极性的接法。

- 正接，电弧焊机输出端正极接焊件，负极接焊钳，这种接法称为正接。正接时，正极端的电弧热量比负极端的热量大，焊接时在焊件上形成的熔池较大。正接法适用于焊接较厚的焊件。

- 反接，焊件接负极、焊钳接正极，这种接法称为反接。

焊机的使用规则有如下几点：

- 严格按照焊机铭牌上标的技术参数使用，不得超载。
- 焊机工作时，不允许有长时间短路。特别应注意，在没有切断电流又不进行焊接的情况下，要防止焊钳与焊件接触，以免造成短路。
- 工作中要注意检查焊机温度，如果焊机过热，则应停机，等焊机温度降低后再进行焊接。
- 工作时，交流弧焊变压器（图 9.8）的铁芯不应有强烈振动，弧焊发电机（图 9.9）的换向器与电刷间发出的火花应是带淡黄绿色或暗红色的火花，否则应立即停机进行修理。
- 焊机应放置在干燥通风的地方，并加强焊机的维护保养。

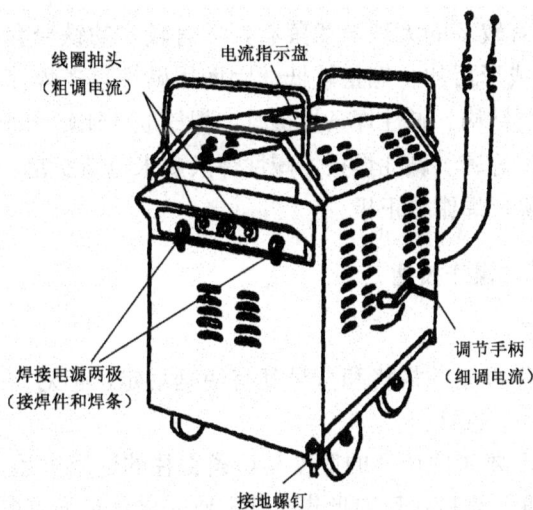

图 9.8 交流弧焊变压器

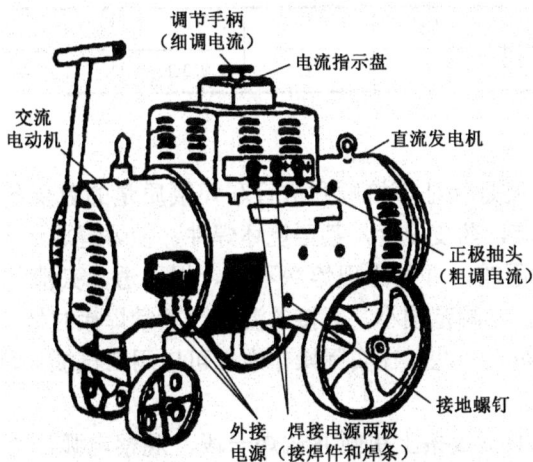

图 9.9 弧焊发电机

2. 焊条的选用

焊条按用途可分为：碳钢焊条、低合金焊条、不锈钢焊条、铸铁焊条、镍及镍合金焊条、铝及铝合金焊条、特殊用途焊条等。按药皮成分的类型可分为氧化钛型、氧化钛钙型、低氢型等。根据焊条药皮熔化后形成熔渣的化学性质，又可将焊条分为酸性焊条和碱性焊条两种。

酸性焊条药皮中含有较多的氧化铁、氧化钛、氧化硅等氧化物，氧化性较强。因此，在焊接过程中合金元素烧损较多。同时，由于焊缝金属氧和氢的含量较多，因而力学性能较差，尤其是塑性、韧性较差。使用酸性焊条焊接时，焊缝成形好，清渣容易。生产中常用的结构钢焊条E4303、E5003 都属于酸性焊条，药皮属氧化钛钙型，熔渣属酸性，可交、直流电源两用。

碱性焊条药皮中含有较多的大理石和萤石，并有较多的铁合金作为脱氧剂和渗合金，有足够的脱氧性。焊缝成形后的含氢量较低，因而用碱性焊条焊接的焊缝金属力学性能较好，一般多用来焊接重要结构。碱性焊条焊接时，焊缝成形比较困难，不容易清渣。生产中常用的结构钢焊条E5015 等属于碱性焊条。碱性焊条要求电弧稳定，故一般只能采用直流反极性接法，即焊件接负极，焊钳接正极。

3. 焊条电弧焊的基本操作技能

（1）焊条规格的选择

有关工艺文件对所用焊条的规格和型号都有明确规定，但对定位焊所用焊条的规格，有时也要根据实际情况加以选择。

选择焊条时，一方面要考虑焊件的厚度与焊条直径的选用关系（表 9.2），同时，还要考虑保证焊点的连接强度、焊接坡口的形式、外观质量以及对下道焊接工序的影响等。

表9.2　焊件厚度与焊条直径的选用关系

焊件厚度（mm）	≤1.5	2	3	4～5	6～12	≥12
焊条直径（mm）	1.5	2	3.2	3.2～4	4～5	5～6

（2）调整焊接电流

焊前调整好焊接电流是保证焊接顺利进行和焊接质量的首要条件。电流过大，会使焊钳、电缆发热，焊条烧红，药皮脱落，甚至烧坏焊件，使焊缝成形困难。而电流过小，焊条易黏结在焊件上，运条困难，并易出现熔深不够、焊不透、夹渣等缺陷，焊缝成形也较困难。定位焊的焊接点小，影响范围小，焊接的温度比正常焊接时低，容易产生未焊透现象。所以，焊接电流应选择稍大一些。在实际操作中，可以用在试板上试焊的方法来最终确定焊接电流，具体做法如下：

在一块与焊件等厚的钢板条上引弧并试焊一段，观察电弧、焊条的熔化速度、熔池、熔渣飞溅以及焊缝成形等，来判断电流大小是否合适。

● 电流大时，电弧吹力大，焊条熔化速度快，熔池深，飞溅大，焊缝低平，并有咬边现象。

- 电流小时，电弧吹力小，焊条熔化速度慢，熔池浅，飞溅小，焊缝窄而高且不平整，甚至引弧都很困难。

（3）引弧

引弧是焊条电弧焊的基本技能。尤其在定位焊中，使用引弧更为频繁。

- 划擦法引弧。

划擦法是将焊条端部在焊件表面轻轻擦过，产生电弧后迅速移至焊接位置，迅速提起并控制焊条使之与焊件保持一定距离，使电弧保持稳定，如图 9.10 所示。

划擦法引弧比较容易掌握，但容易损坏焊件表面，在对焊件表面要求严格的情况下，不宜采用划擦法引弧。

- 直击法引弧。

直击法是将焊条垂直于焊缝，用焊条端部直接敲击焊缝位置，产生电弧后，迅速提起并控制焊条使之与焊件保持一定距离，使电弧保持稳定，如图 9.11 所示。

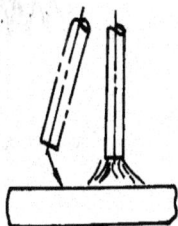

图 9.10　划擦法引弧　　　　　　　　图 9.11　直击法引弧

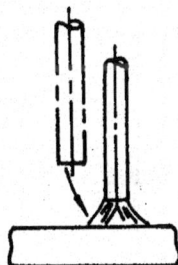

直击法引弧的敲击力、落点和提起焊条的速度较难控制。因此，这种引弧法较难掌握，容易出现焊条黏结在焊件上的现象。此时，可迅速摆动焊钳，使焊条脱离焊件，待焊条冷却后将焊条扳下。

直击法引弧容易使焊条端部的药皮脱落，失去保护而使焊点产生气孔，故采用时要加以注意。

实际操作中，电弧不引燃的原因，可从以下几个方面分析、查找：电焊机无电流输出；焊件表面不清洁，有污物，如铁锈、油漆等；焊钳与焊条、地线与焊件、导线接头等处接触不良，致使导电回路不通。

（4）运条

焊接过程中，根据焊件厚度、焊缝位置、接头形式及焊接电流等多方因素确定运条方式，通常有如下几种方式。

- 直线形运条法。

焊条不用横向摆动，只做直线运动。适用于板厚为 3～5mm 的不开坡口对接平焊、多层焊的第一层和多层多道焊，如图 9.12（a）所示。

- 直线往复运条法。

焊条末端沿焊缝纵向做来回直线摆动。适用于薄板和接头间隙较大的焊缝，如图 9.12（b）所示。

- 锯齿形运条法。

焊条末端做锯齿形连续摆动的前移运动，并在两边转折点处稍停片刻。适用于较厚钢板的全位置焊接，如图9.12（c）所示。

● 月牙形运条法。

焊条末端做月牙形左右连续摆动的前移运动，并在两边转折点处稍停片刻。适用于较厚钢板的全位置焊接，如图9.12（d）所示。

● 三角形运条法。

焊条末端做连续的三角形前移运动，分为正三角形运条法和斜三角形运条法。正三角形运条法适用于开坡口的对接接头和T字形接头焊缝的立焊；斜三角形运条法适用于平焊、仰焊的T字形接头和有坡口的横焊缝，如图9.12（e）所示。

● 环形运条法。

焊条末端连续做圆圈前移运动，分为正环形运条法和斜环形运条法。正环形运条法适用于厚件的平焊；斜环形运条法适用于平焊、仰焊的T字形接头和横焊位的对接接头，如图9.12（f）所示。

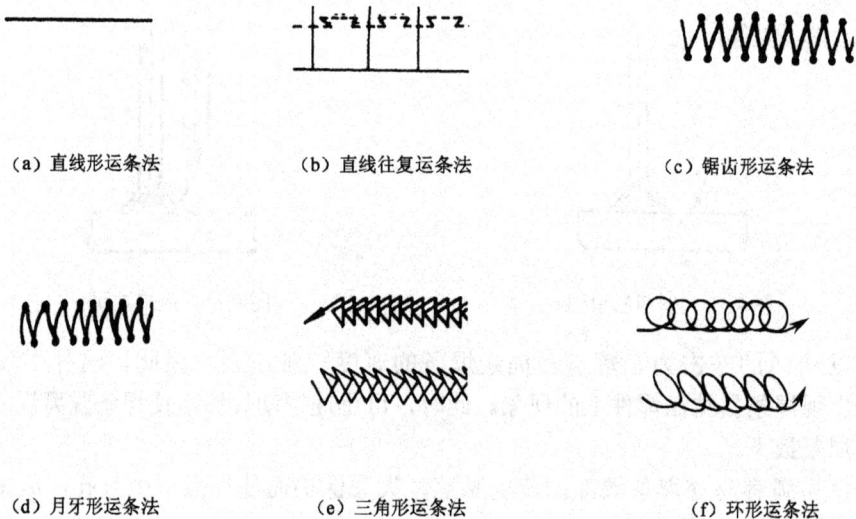

（a）直线形运条法　　　（b）直线往复运条法　　　（c）锯齿形运条法

（d）月牙形运条法　　　（e）三角形运条法　　　（f）环形运条法

图9.12　运条方式

（5）焊接位置

● 平对焊接。

焊件厚度小于 6mm时，通常采用不开坡口的平对接焊，此时宜用直径ϕ3～4mm的焊条，进行短弧焊接，并使熔池深度达到板厚的 2/3，焊缝宽度达到 5～8mm。施焊运条方法为直线形，如图9.13（a）所示；当焊件厚度大于 6mm时，则应采用开坡口的平对焊接，分为多层焊 [图 9.13（b）] 或多层多道焊 [图 9.13（c）]。多层焊的第一层焊道宜选用较小直径的焊条。当缝隙小时可用直线形运条法，缝隙大时宜用直线往复运条法，以免烧穿。焊第二层时，先将第一层熔渣清除干净，选用较大直径的焊条和较大的焊接电流，用直线形、月牙形或锯齿形运条法进行短弧施焊。以后各层均采用月牙形或锯齿形运条法，摆幅随焊缝加宽而逐渐加大；多层多道焊的施焊方法基本上与多层焊相似，不同点在于每层焊缝均由若干道焊缝拼成。

● 平角焊接。

平角焊接主要是指T字形接头和搭接接头的焊接。两种焊接方法相似。平角焊接通常用

3～5mm的焊条。焊条角度如图9.14所示。

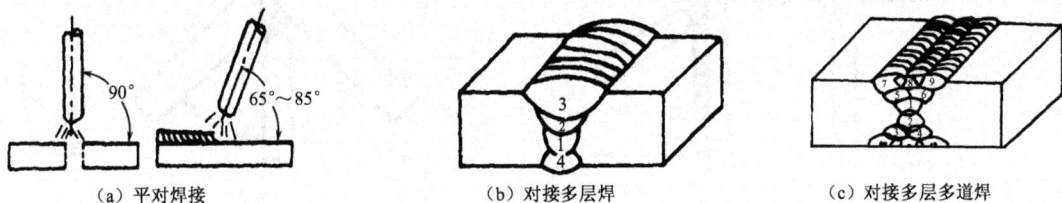

（a）平对焊接　　　　　　　　　（b）对接多层焊　　　　　　　　　（c）对接多层多道焊

图9.13　平对焊接运条方法

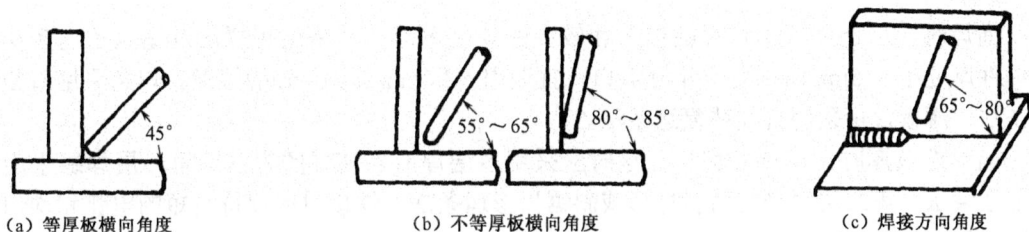

（a）等厚板横向角度　　　　　　（b）不等厚板横向角度　　　　　　（c）焊接方向角度

图9.14　平角焊接焊条角度

　　当焊脚（指焊缝与水平板垂直的高度）尺寸要求小于 5mm时，宜采用直线形运条法；当焊脚尺寸在 5～8mm时，宜采用斜环形运条法或锯齿形运条法。正确的运条方法如图 9.15（a）所示：在a至b点运条速度要稍慢些；b至c点的运条速度要稍快些；在c点时应稍做滞留；c至d点的运条速度又要稍慢，如此循环画圈。当焊脚尺寸在 8～10mm时，可采用两层两道焊法。当焊脚尺寸大于 10mm时，可采用多层多道焊法。如果焊件能移动的话，应尽可能采用船形焊接法，如图9.15（b）所示。

　　● 立焊。

　　立焊的熔池处于垂直面上。有两种方法，一种由下而上施焊，另一种则由上而下施焊，一般采用前一者。立焊时，焊条的角度如图 9.16 所示。同时宜选用较小直径和较大的电流短弧焊接，多采用直线往复运条法和三角形运条法，并一个台阶一个台阶地往上堆积。

　　当焊接薄板时，经常采用跳弧法和灭弧法。跳弧法是指焊条熔滴过渡到熔池后，立即将电弧移向焊接方向，使熔化金属有迅速冷却凝固的机会，随后又将电弧移回熔池，如此往复的运条方法；灭弧法是指焊条熔滴过渡到熔池后，立即灭弧，使熔化金属有迅速冷却凝固的机会，随后又重新引弧，如此交错施焊的方法。

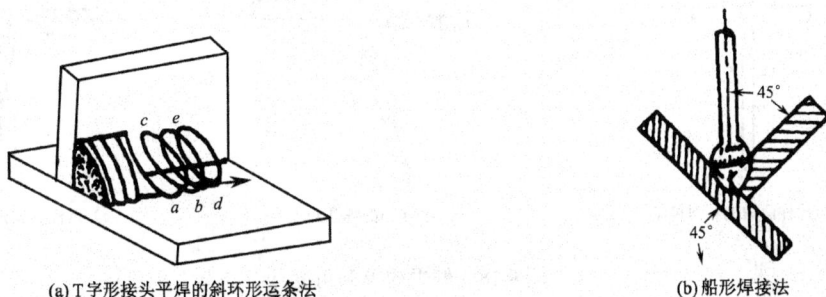

(a)T字形接头平焊的斜环形运条法　　　　　　　　　(b)船形焊接法

图9.15　平角焊接运条方法

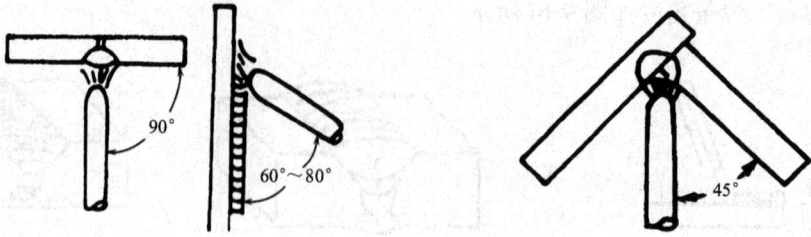

图 9.16　立焊的焊条角度

● 横焊。

横焊时，应选用较小直径的焊条和较小的焊接电流，并采用短弧法及适当的运条法，当焊件厚度小于 5mm 时，可以不开坡口，宜选用 φ3.2mm 或 φ4mm 的焊条。焊条采用直线形运条法，薄板件可采用直线往复运条法。

当焊件较厚时，应该开坡口，这时应采用多层焊或多道焊的方法。第一层焊缝采用直线形运条法，第二层焊缝宜用斜环形或斜锯齿形运条法。焊接时应保持较短的电弧和均匀的焊速，如图 9.17 所示。

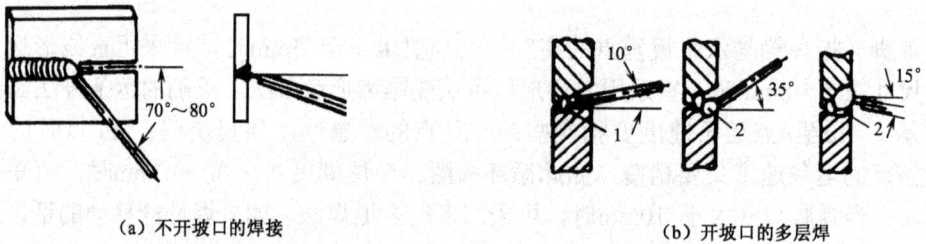

（a）不开坡口的焊接　　　　　　　　　　（b）开坡口的多层焊

图 9.17　横焊

● 仰焊。

仰焊时，采用尽可能短的电弧，以使熔滴在很短的时间立即过渡到熔池中去，很快与熔池的熔化金属熔合，促成焊缝的快速凝固。应选用较小直径的焊条，一般为 φ3～4mm，焊条角度如图 9.18 所示。焊接电流要比立焊时还要大些，可以增加电弧的吹力，有利于熔滴过渡并获得较厚的熔深。

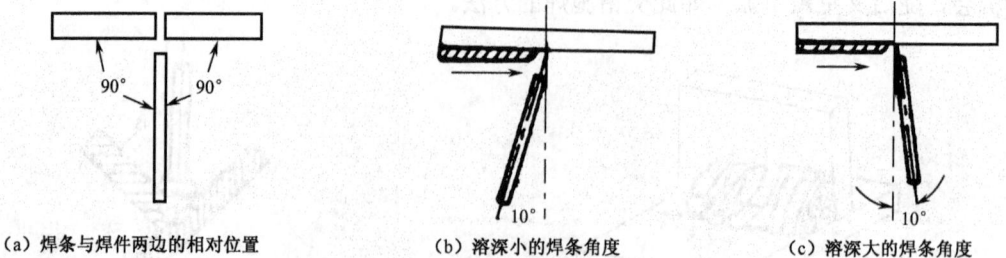

（a）焊条与焊件两边的相对位置　　（b）溶深小的焊条角度　　（c）溶深大的焊条角度

图 9.18　仰焊的焊条角度

（6）收尾

● 画圈收尾法。

焊条在收尾处做画圈运动，待填满弧坑时拉断电弧，如图 9.19（a）所示。

● 后移收尾法。

焊条在收尾处停止不动，压低电弧并后移，同时改变焊条角度，待填满弧坑后，再拉断电弧，如图 9.19（b）所示。

● 反复断弧收尾法。

收尾时，在较短时间内反复数次引燃和熄灭电弧，直至将弧坑填满。这种方法多用于焊接薄板。

（a）画圈收尾法　　　　　　　　　　　（b）后移收尾法

图 9.19　收尾

9.2.3　氧乙炔焊

氧乙炔焊通常称为气焊，也是一种常见的焊接方式。氧乙炔焊是熔焊的一种形式，焊接是乙炔和氧气在一个腔内混合，在喷嘴处点燃后作为一种高温热源（大约 3000℃），将焊条和母材熔化。

操作气焊同样可以焊接各种空间位置的焊缝。由于火焰温度低、能量小，所以气焊多用于小件、薄板结构。同电弧焊相比，气焊不容易烧穿焊件，但由于焊件的受热范围大，因而变形也大。

由于将热量集中在某一个部位，热量将会影响周围的区域而降低钢板的强度。因此整车厂都不赞成使用氧乙炔焊来修理汽车。但氧乙炔在车身修理厂有其他的应用，如进行热收缩、硬钎焊、软钎焊、表面清洁和切割非结构性零部件。

1．氧乙炔焊接设备

氧乙炔焊接设备如图 9.20 所示。其中各部件的名称和作用如下：

① 钢制气瓶。钢瓶内分别装有氧气、乙炔。

② 减压器。用来将气瓶的压力减小到一定值，并保持稳定。

③ 胶管。用来从各减压器、气瓶处将氧气和乙炔输送到焊炬处。

④ 焊炬。将气瓶内流出的氧气和乙炔在焊炬体内以适当的比例混合并产生加热火焰，这种火焰能够将钢熔化。

2．焊前准备

（1）观察钢板厚度

观察钢板的厚度，0.5～1mm的薄板宜采用卷边接头；焊件厚度增加时，可以采用对接接头；当钢板厚度大于3mm时，应考虑开坡口，如图9.21所示。

（2）清除污物

彻底清除焊丝和焊件接头处表面的氧化物、铁锈、油污及水分，避免焊缝产生气孔、电渣等缺陷。清除方法大多用焊炬火焰烘烤，然后再用钢丝刷清理的方法进行。

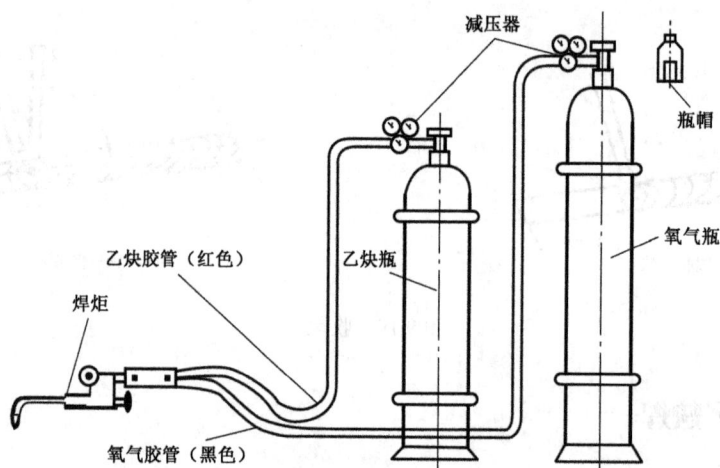

图9.20　氧乙炔焊接设备

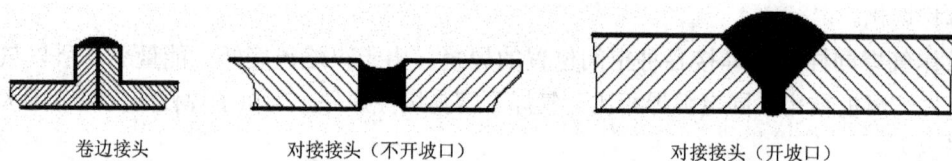

卷边接头　　　对接接头（不开坡口）　　　对接接头（开坡口）

图9.21　焊前准备

3．选择焊丝

（1）焊丝牌号

选择焊丝应着重考虑焊丝的力学性能和化学成分与焊件相同或相近。若焊接工艺文件有规定，则应严格按工艺文件执行。焊丝的牌号与用途见表9.3、表9.4、表9.5。

（2）焊丝直径

焊丝规格的选择即指焊丝直径的选择，要根据焊件的厚度来决定。一般是以焊丝直径与焊件厚度相近来选用。这主要是考虑若焊丝直径选用过细，焊接时焊件尚未熔化，而焊丝已很快熔化下滴，容易造成熔合不良等缺陷；相反地，如果焊丝直径过粗，焊丝加热时间增加，使焊件过热扩大热影响区，同时导致焊缝产生未焊透等缺陷。焊丝直径与焊件厚度的关系见表9.6。

表 9.3　钢焊丝的牌号与用途

碳素结构钢焊丝			合金结构钢焊丝			不锈钢焊丝		
牌号	代号	用途	牌号	代号	用途	牌号	代号	用途
焊 08	H08	焊接一般低碳钢结构	焊 10 锰 2	H10Mn2	用途同 H08Mn	焊 00 铬 19 镍 9	H00Cr19Ni9	焊接超低碳不锈钢
			焊 8 锰 2 硅	H08Mn2Si				
焊 08 高	H08A	焊接较重要低、中碳钢及某些合金钢结构	焊 10 锰 2 钼高	H10Mn2MoA	焊接普通低合金钢	焊 0 铬 19 镍 9	H0Cr19Ni9	焊接 18-8 型不锈钢
焊 08 特	H08E	用途与 H08A 同，工艺性能较好	焊 10 锰 2 钒高	H10Mn2VA		焊 1 铬 19 镍 9	H1Cr19Ni9	
焊 08 锰	H08Mn	焊接较重要碳素钢及普通低合金钢结构	焊 8 铬钼高	H08CrMoA	焊接铬钼钢等	焊 1 铬 19 镍 9 钛	H1Cr19Ni9Ti	
焊 08 锰高	H08MnA	用途与 H08Mn 同，但工艺性能较好	焊 18 铬钼高	H18CrMoA	焊接结构钢，如铬钼钢、铬锰硅钢等	焊 1 铬 25 镍 13	H1Cr25Ni13	焊接高强度结构钢、耐热合金钢等
焊 15 高	H15A	焊接中等强度工件	焊 30 铬锰硅高	H30CrMnSiA	焊接铬锰硅钢	焊 1 铬 25 镍 20	H1Cr25Ni20	
焊 15 锰	H15Mn	焊接高强度工件	焊 10 钼铬高	H10MoCrA	焊接耐热合金钢			

表 9.4　铜及铜合金焊丝的牌号与用途

焊丝牌号	名　称	熔点（℃）	用　途
丝 201	特制紫铜焊丝	1050	紫铜的氩弧焊及气焊
丝 202	低磷铜焊丝	1050	紫铜的气焊及碳弧焊
丝 221	锡黄铜焊丝	890	黄铜的气焊及碳弧焊，也可用于纤焊铜、钢、铜镍合金、灰铸铁以及镶嵌硬质合金刀具等。其中丝 222 流动性较好，能获得较好的机械性能
丝 222	铁黄铜焊丝	860	
丝 224	硅黄铜焊丝	905	

表 9.5　铝及铝合金焊丝的牌号与用途

焊丝牌号	名　称	熔点（℃）	用　途
丝 301	纯铝焊丝	660	纯铝的氩弧焊及气焊
丝 311	铝硅合金焊丝	580～610	焊接除铝镁合金外的铝合金
丝 321	铝锰合金焊丝	643～654	铝镁合金的氩弧焊及气焊
丝 331	铝镁合金焊丝	638～660	焊接铝镁合金及铝锌镁合金

表 9.6　焊件厚度与焊丝直径的关系

焊件厚度（mm）	1～2	2～3	3～5	5～10	10～15	>15
焊丝直径（mm）	不用焊丝或 1～2	2	2～3	3～5	4～6	6～8

4．选择气焊熔剂

根据焊件的成分及其性质进行选择。一般碳素结构钢气焊时不需要气焊熔剂，而不锈钢、耐热钢、铸铁、铜及铜合金、铝及铝合金气焊时，则必须采用气焊熔剂，才能保证焊接质量。

5．选择焊接火焰

根据不同材料和焊件正确地选择和掌握火焰的成分。当混合气体内乙炔量过多时，会引起焊缝金属渗碳，而使焊缝的硬度和脆性增加，同时还会产生气孔等缺陷；相反地，当混合气体内氧气量过多时，会引起焊缝金属的氧化而出现脆性，使焊缝金属的强度和塑性降低。火焰的种类见表 7.5，不同材料所选用的不同火焰如表 9.7 所示。

表 9.7　焊接火焰的种类

名　称	示意图	说　明
中性焰	焰心　内焰　外焰（轻微闪动）	焰心呈尖锥形，色蓝白而明亮，轮廓清楚，外焰呈淡橘红色。如氧气有杂质，氧气和乙炔的比例为 1.1～1.3:1，此火焰不含氧化物，焊缝质量良好
碳化焰	焰心　内焰　外焰	焰心呈蓝白色，外周包着一层淡蓝色的火焰，轮廓不清楚，外焰呈橘红色，伴有黑烟。氧和乙炔的比例小于 1:1。碳化焰能使金属的含碳量增加，增加钢的强度和硬度，降低钢的塑性及可焊性
氧化焰	焰心　外焰	焰心呈淡蓝色，内焰已看不清楚，焊接时会发出"嘶嘶"的声音。氧气和乙炔的比例大于 1.3:1。过多的氧气和铁发生作用，生成氧化铁。使钢的性质变脆、变坏，熔池的沸腾现象也严重了

表 9.8　焊接金属与火焰性质的选择

母材金属	火焰种类	母材金属	火焰种类
低、中碳钢	中性焰	黄铜	氧化焰
低合金钢	中性焰	锰钢	氧化焰
纯铜	中性焰	镀锌铁板	氧化焰
铝及铝合金	中性焰	高速钢	碳化焰
铝、锡	中性焰	硬质合金	碳化焰
青铜	中性焰或轻氧化焰	高碳钢	碳化焰
不锈钢	中性焰或轻碳化焰	铸铁	碳化焰
铬镍钢	中性焰或轻碳化焰		

6．气焊操作

（1）预热

在焊接开始时，对焊件进行预热。将火焰对准接头起点进行加热，为了缩短加热时间，尽快形成熔池，可将火焰中心（焊炬喷嘴中心）垂直工件放置。当熔池即将形成前，将焊丝伸向熔池同时进行加热，如图 9.22（a）所示。

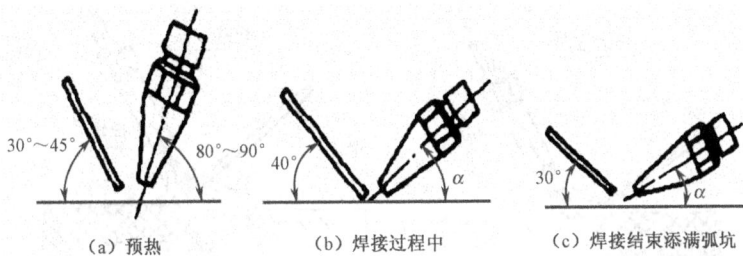

(a) 预热　　　　　　　(b) 焊接过程中　　　　　(c) 焊接结束添满弧坑

图 9.22　气焊操作

（2）焊接

加热结束后，倾斜火焰中心，待焊丝熔滴填满熔池，移动火焰和焊丝连续进行焊接。在焊接过程中，火焰倾斜角可根据焊件厚度在 20°～60° 之间选择，如图 9.23 所示。同时，要操纵焊炬使火焰做斜上方的摆动，断续对熔池和焊丝加热，不断形成新的熔池和焊丝熔滴，使得焊接得以连续进行，如图 9.22（b）所示。

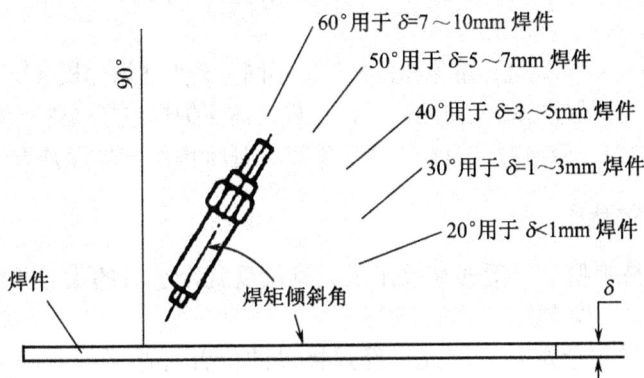

图 9.23　火焰倾斜角与焊件厚度的关系

在焊接过程中，按照焊炬和焊丝移动的方向，可分为左向焊法和右向焊法两种。这两种方法对焊接生产率和焊缝质量影响很大。

① 右向焊法如图 9.24（a）所示。焊接过程自左向右，焊炬火焰指向焊缝，在焊丝前面移动。由于焊炬火焰直接指向熔池，并遮盖整个熔池，使周围空气与熔池隔离，所以能防止焊缝金属的氧化和减少产生气孔的可能性，同时还能使焊好的焊缝缓慢地冷却，改善了焊缝组织。由于焰心距熔池较近及火焰受焊缝的阻挡，火焰的热量较为集中，火焰的利用率也较高，使熔深增加和提高生产率。所以右向焊法适合焊接厚度较大、熔点较高的焊件，但右向焊法掌握起来难度较大。

② 左向焊法如图 9.24（b）所示。焊炬火焰指向焊件未焊部分，焊接过程自右向左，而且焊炬火焰跟着焊丝运动。由于火焰指向焊件未焊部分对焊件有着预热作用，因此焊接薄板时生产率很高，同时这种方法操作简便，容易掌握，是普遍应用的方法。但左向焊法的缺点是焊缝易氧化，冷却较快，热量利用低。

（3）收尾

当焊接结束时，为了使焊缝成形良好，要将最终的弧坑填满。这时，可将火焰中心的倾斜角变得更小，并使火焰摆动以防止烧坏焊件，同时加热焊丝使其快速形成熔滴注满弧坑，如图 9.22（c）所示。

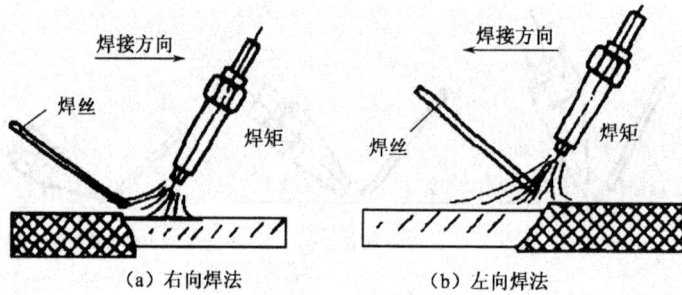

（a）右向焊法　　　　　　　　（b）左向焊法

图 9.24　焊接方法

9.2.4　气体保护焊

1. 气体保护焊的定义和种类

气体保护焊是利用气体作为电弧介质并保护电弧和焊接区的电弧焊，称为气体保护电弧焊，简称气体保护焊（气焊）。

气体保护焊通常按照电极是否熔化和保护气体不同，分为非熔化极（钨极）惰性气体保护焊（TIG）和熔化极气体保护焊（GMAW），熔化极气体保护焊包括惰性气体保护焊（MIG）、氧化性混合气体保护焊（MAG）、CO_2 气体保护焊、管状焊丝气体保护焊（FCAW）。

2. 气体保护焊的优点

- 操作方法容易掌握。一般的焊接工人只须接受几个小时的指导并经过练习，即可学会并熟练掌握操作方法。
- 可使各种母材完全熔化。因此，经焊接过的位置可修平或研磨到与表面同样的高度，这样不会降低强度。
- 在薄的金属上焊接时，可使用弱电流，这样做可预防热量对邻近部位的损害，避免可能发生的强度降低和变形。
- 电弧平稳，熔池小，便于控制，确保可熔敷金属最多，溅出物最少。
- 更适合有缝隙和不吻合的地方。对于若干处缝隙，可迅速地在每个缝隙上电焊，不需要清除熔渣。因此很方便地将这些部位重新上漆。
- 几乎所有的钢材都可用一根通用型的焊丝来焊接，这种焊接设备内的焊丝通常适用于任何焊接。

3. 气体保护焊焊接前注意事项

- 在进行焊接前，一定要先查阅汽车制造厂提供的汽车维修手册，更换车身上的各种面板和壁板时，所有焊接接头的大小应和原来制造厂的焊接接头相类似。
- 除点焊外，更换零部件后的焊接接头的数量应和原来的焊接接头数量相等。强度和耐久性需要根据焊接到车身上的零部件位置来决定。根据预期的用途、物理性能和零部件安装到车身的位置，汽车厂规定了各种最佳的焊接方法。
- 在进行修理时，务必要采用不会降低车身原有强度和耐久性的最佳焊接方法。

4．气体保护焊的保护气类型

在焊接中，要用惰性气体对焊接部位进行保护，以免母材受到空气的氧化。所使用的气体的种类由需要焊接的母材决定，大多数钢材都使用CO_2进行气体保护。车身焊接使用 C25 气体（25%CO_2，75%Ar）。对于铝材，则根据铝合金的种类和材料厚度分别采用氩气或氩、氮混合气体进行保护。在氩气中加入 4%～5%的氧气，用这种气体进行保护时，甚至可以焊接不锈钢。

5．焊接设备

气体保护焊接设备如图 9.25 所示，由以下部分组成。

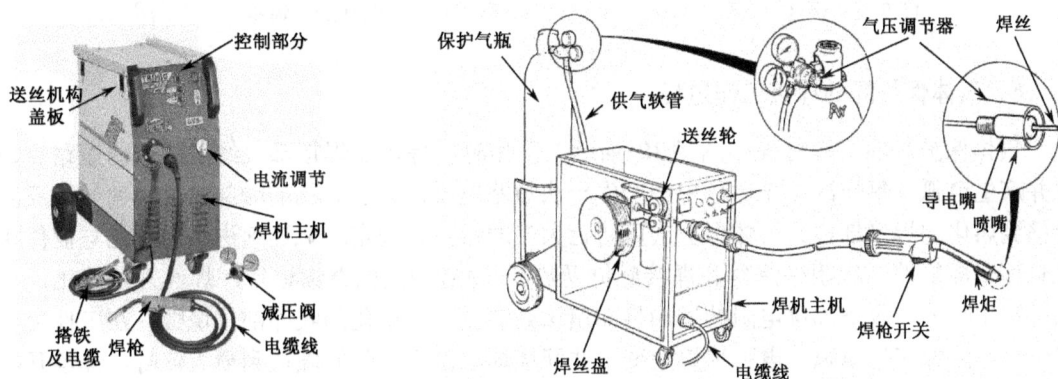

图 9.25　气体保护焊接设备

- 带有流速调节器的保护气体供应管道，用以防止熔池受到污染，如图 9.26 所示。
- 送丝控制装置，对送丝的速度进行控制，如图 9.27 所示。

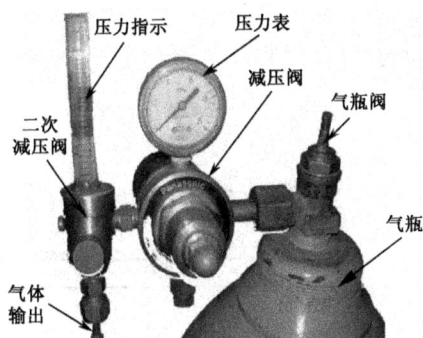

图 9.26　气压调节器

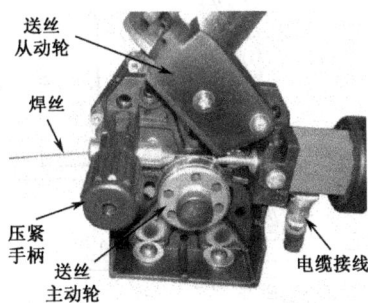

图 9.27　送丝机构

- 指定类型和直径的成卷的焊丝。车身修理中使用的焊丝的种类是AWS-70S-6，使用焊丝的直径为 0.6～0.8mm。目前使用最多的是直径为 0.6mm 的焊丝。细的焊丝可以在弱电流、低电压条件下使用，这就使进入板件的热量大为减少，如图 9.28 所示。
- 和焊机相连接的电源。电源的核心是变压器，它把 220V 或 380V 的电压变成只有 10V 左右的低电压，同时电流会变得很大。鉴于焊接对电源的要求，必须使用具有稳定电压的电源。用于汽车车身修理的电源比一般工业焊机的要求高，因为焊接薄金属板时的输出电流、电压要稳定，否则会影响焊接质量。

- 电缆和接线装置。
- 焊枪和电缆，操作者用来将焊丝引导至焊接部位，如图 9.29 所示。

图 9.28　焊丝

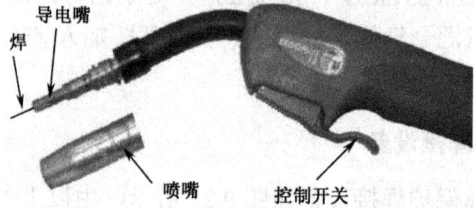

图 9.29　焊枪

6. 气体保护焊的焊接工作过程

气体保护焊的工作过程如图 9.30 所示。工作时，焊丝在焊接部位经过瞬间的短路、回烧并产生电弧，每一次工作循环中都产生一次短路电弧，并从焊丝的端部将微小的一滴液滴转移到熔化的焊接部位。气体保护层可防止大气的污染并稳定电弧连续进给的焊丝与板件相接触而形成短路，电阻使焊丝和焊接部位受热。　随着加热的继续进行，焊丝开始熔化，变细并产生收缩。收缩部位电阻的增加将加速该处的受热。熔化的收缩部位烧毁，在工件上形成一个熔池并产生电弧。电弧使熔池变平并回烧焊丝。当电弧间隙达到最大值时，焊丝开始冷却并重新送丝，更接近工件。焊丝的端部又开始升温，其温度足以使熔池变平，但还不能够阻止焊丝重新接触工件。因此，电弧熄灭，再次形成短路，上述过程又重新开始。这种自动循环产生的频率为 50～200 次／秒。

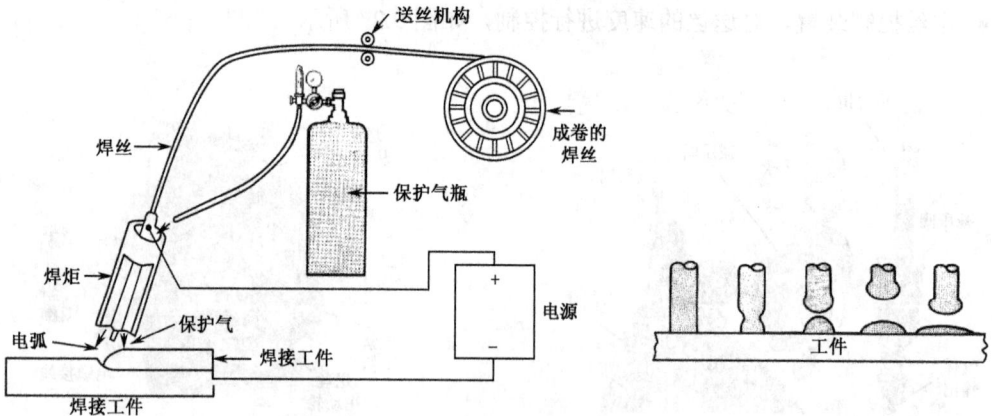

图 9.30　气体保护焊的工作过程

7. 气体保护焊焊接的调整

焊接时，需要对下列参数进行调整（有些参数的数值是可调的）：焊机输入电压、焊接电流、电弧电压、导电嘴与板件之间的距离、焊炬角、焊接方向、保护气体的流量、焊接速度和送丝速度。

① 焊接电流。焊接电流的大小会影响母材的焊接熔深（图 9.31）、焊丝熔化速度、电

弧的稳定性、焊接溅出物的数量。随着电流强度的增加，焊接熔深、剩余金属的高度和焊缝的宽度也会增大。焊接电流的大小要根据焊丝直径和金属板的厚度来决定，见表 9.9。

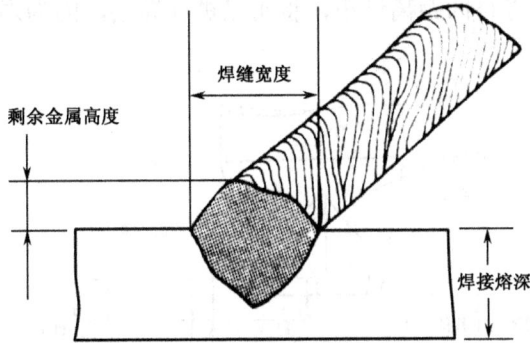

图 9.31　焊接电流与焊缝

表 9.9　电流参数调整表

焊丝直径 (mm)	金属板厚（mm）						
	0.6	0.8	1.0	1.2	1.4	1.6	1.8
0.6	20～30A	30～40A	40～50A				
0.8			40～50A	50～60A	60～90A		
1.0					60～90A	100～120A	120～150A

②　焊接电压。高质量的焊接依赖于适当的电弧长度。而电弧长度是由电弧电压决定的。焊接电压过高，电弧的长度增大，焊接熔深减小，焊缝呈扁平状。焊接电压过低，电弧的长度减小，焊接熔深增加，焊缝呈狭窄的圆拱状，如图 9.32 所示。对于一定的焊丝直径及焊接电流（即送丝速度），必须匹配合适的电弧电压，才能获得稳定的短路过渡过程，此时的飞溅最少。当焊接电流在 200A 以下时，焊接电压为

$$U = 0.04I + 16 \pm 2(\text{V})$$

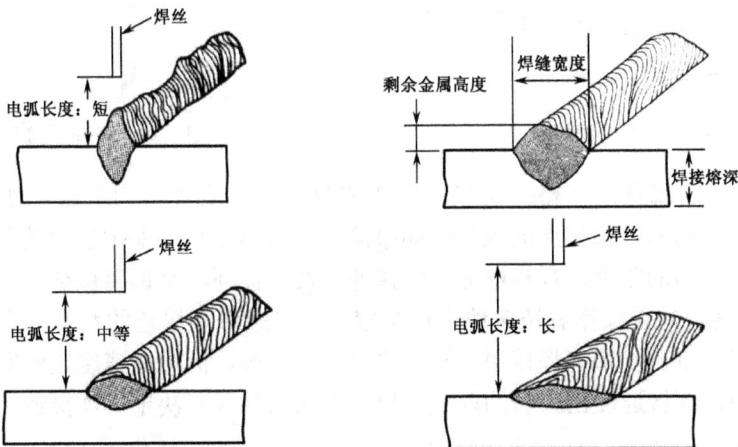

图 9.32　电弧与焊缝的关系

③ 导电嘴到母材的距离（图 9.33）。标准的距离应该是：7～15mm。距离过大，从焊枪端部伸出的焊丝长度增加而产生预热，增加了焊丝熔化的速度，保护气体所起的作用也会减小。如果导电嘴到母材的距离过小，将难以进行焊接，因为焊接部位被挡在导电嘴的后面。

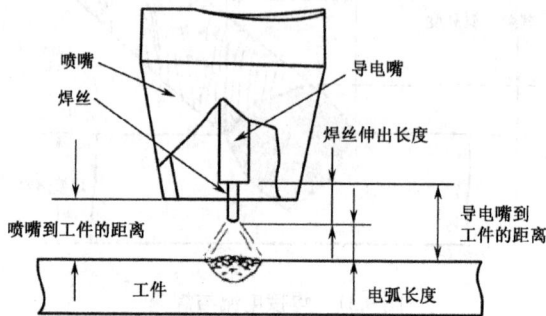

图 9.33　导电嘴距离

④ 焊枪角度（图 9.33）。按照焊接时焊枪与焊材之间的角度，可分成两种焊接方法，既正向焊接和逆向焊接（图 9.35）。正向焊接的熔深较小且焊缝较平，逆向焊接的熔深较大，并会产生大量的熔敷金属。采用这两种方法时，焊枪角度都应该在 10°～30° 之间。焊枪与运行路线和焊材之间角度如图 9.34 所示。

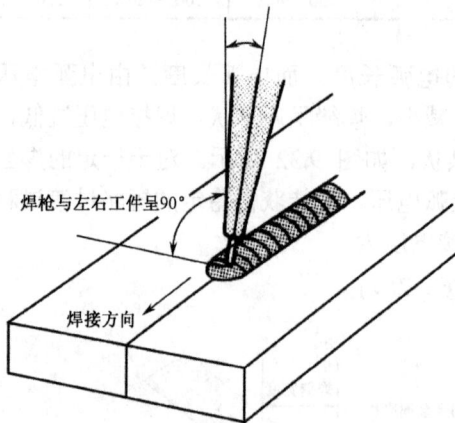

图 9.34　焊枪角度

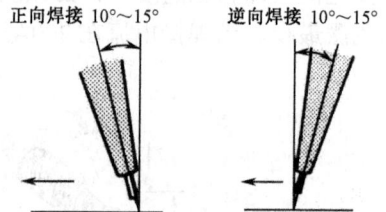

图 9.35　正向焊接与逆向焊接

⑤ 保护气体的流量。严格控制保护气体的流量是优质焊接的基础。如果气体流量太大，将会形成涡流而降低保护层的效果。如果流出的气体太少，保护层的效果也会降低。应根据喷嘴和母材之间的距离、焊接电流、焊接速度及焊接环境来调整保护气体的流量。

⑥ 焊接速度。如果操作者快速地进行焊接，焊接熔深和焊缝的宽度都会减小，而且焊缝会变成圆拱形。进一步增加焊接速度时，将会产生咬边。而焊接速度过低则会产生许多烧穿孔。一般来说，焊接速度由母材的厚度、焊机电压两种因素决定，焊接速度与母材的厚度的关系见表 9.10。

表 9.10　焊接速度与板材厚度的关系表

板材厚度（mm）	0.6～0.8	1.0	1.2	1.6
焊接速度（m/min）	1.1～1.2	1	0.9～1	0.8～0.85

⑦ 送丝速度。如果送丝速度太慢，随着焊丝在熔池内熔化并熔敷在焊接部位，将听到嘶嘶声和啪哒声，此时产生的视觉信号为反光的亮度增强。送丝速度太快将堵塞电弧。这时焊丝的熔敷速度大于热量和熔池的吸收速度。因此，当焊丝熔化成许多金属熔滴并在焊接部位飞走时，会产生飞溅。这时视觉信号为频闪弧光。

在仰焊时，过大的熔池和金属熔滴会带来很大的危险，金属熔滴被重力吸引到导电嘴或进入气体喷嘴，将引起很多麻烦。因此在仰焊时，一定要采用较快的送丝速度、较短的电弧和较小的金属熔滴，并使电弧和金属熔滴互相接近。将气体喷嘴推向工件，以确保焊丝不会向熔池外移动。如果焊丝向熔池外移动，熔化的焊丝将产生金属熔滴，直到形成新的熔池来吸收这些熔滴。

各种参数与焊接质量的影响是综合性的，表 9.11 显示了各种参数对焊接的影响和调整的结果。

表 9.11　各种参数对焊接的影响

调整的参数	调整后对焊接的影响							
	焊接熔深		熔敷速度		焊缝大小		焊缝宽度	
	增大	减小	增大	减小	增大	减小	增大	减小
电流和送丝速度	增大	减小	增大	减小	增大	减小	无影响	无影响
电压	影响小	影响小	无影响	无影响	无影响	无影响	增大	减小
运行速度	影响小	影响小	无影响	无影响	减小	增大	增大	减小
焊丝伸出长度	减小	增大	增大	减小	增大	减小	减小	增大
焊丝直径	减小	增大	减小	增大	无影响	无影响	无影响	无影响
CO_2含量	增大	减小	无影响	无影响	无影响	无影响	增大	减小
焊炬角度	后退到25°	前进	无影响	无影响	无影响	无影响	后退	前进

⑧ 焊炬喷嘴的调整。焊炬的主要功能是提供合适的气体保护和给工作部件加压，以防止焊丝移出熔池。如果应流入焊丝的电流转移到气体喷嘴上，引起焊丝的燃烧和飞溅，并将喷嘴烧掉。在脏的或生锈的金属上进行焊接时，会对喷嘴产生严重冲击，应立即进行清洁，以便进行正常的焊接。在焊机的四个主要部件中，喷嘴最关键，其次是送丝机构。受到堵塞或损坏的管道将造成送丝速度不稳定，并造成许多金属熔滴，造成气体喷嘴的短路。

焊丝的端部和母材相接触并产生电弧，如果导电嘴和母材之间的距离稍有缩短，将比较容易产生电弧。如果焊丝的端部形成一个大的圆球，将难以产生电弧，所以应立即用一个焊丝钳修整（图9.36）。

导电嘴到喷嘴的距离大约为 3mm，焊丝伸出喷嘴5～8mm，如图 9.37 所示。

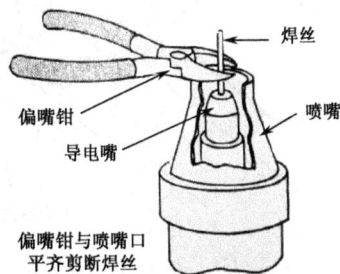

图 9.36　焊丝和修整

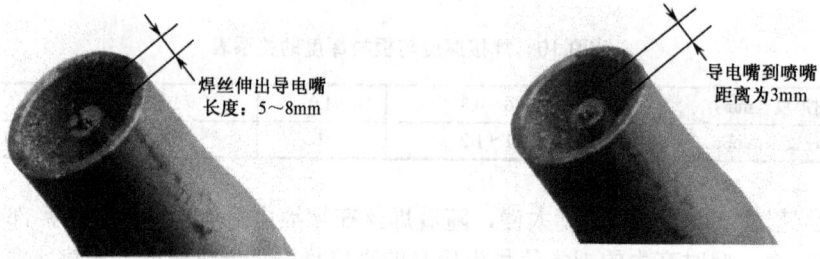

图 9.37　焊丝和修整

　　⑨ 处理溅出物。如果溅出物黏附于喷嘴的端部，将使保护气体不能顺利流出而影响焊接质量。可用防溅剂来减少黏附于喷嘴端部的溅出物数量。

　　⑩ 检查导电嘴的状况。用坏的导电嘴应予更换，以确保产生稳定的电弧。为了得到平稳的气流和电弧，应适当拧紧导电嘴。

8. 焊接用固定夹具

　　虎钳、C形夹钳、薄板螺钉、定位焊夹具和各种专用夹具（图9.38）都是焊接过程必不可少的工具。在焊接之前，一定要用夹具把所有焊件正确地固定起来，在无法使用夹具的地方，也要使用锤子或铆钉将焊件固定在一起，如图9.39所示。

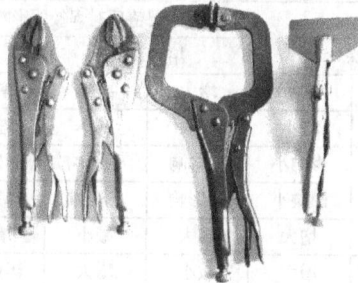

图 9.38　焊接夹具

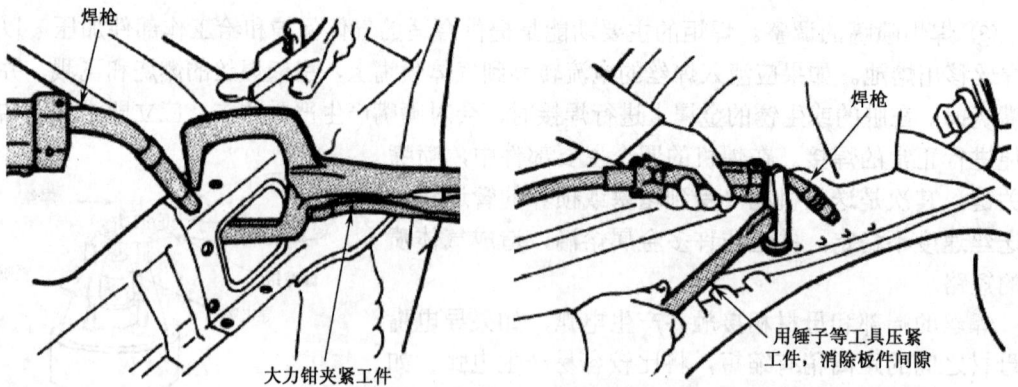

图 9.39　用夹具或工具固定焊件

9. 气体保护焊的焊接位置

进行焊接作业时，焊接参数受到焊接位置（图9.40）的影响。

① 平焊。平焊一般容易进行，而且它的焊接速度较快，能够得到最好的焊接熔深。对从汽车上拆卸下的零部件进行焊接时，尽量将它放在能够进行平焊的位置。

② 横焊。水平焊缝进行焊接时，应使焊炬向上倾斜，以避免重力对熔池产生影响。

③ 立焊。垂直焊缝焊接时，最好让电弧从接头的顶部开始，并平稳地向下拉。

④ 仰焊。仰焊最难进行。熔池过大熔融金属会落入喷嘴而引起故障。在进行仰焊时，一定要使用较低的电压，同时还要尽量使用短电弧和小的焊接熔池。将喷嘴推向工件，以保证焊丝不会向熔池外移动。最好能够沿着焊缝均匀地拉动焊炬。

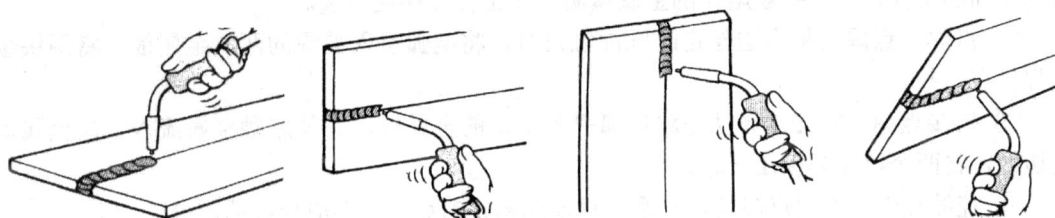

图 9.40　平焊、横焊、立焊和仰焊

10. 气体保护焊的焊接方法

气体保护焊有很多种焊接方法，如图9.41所示。

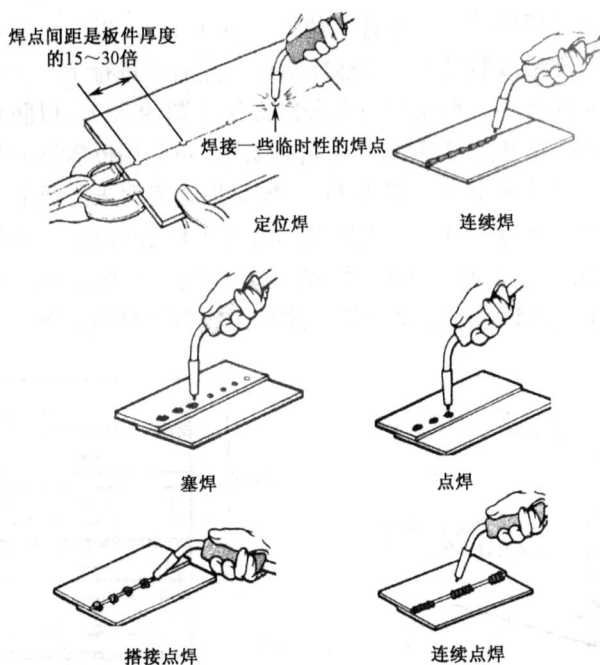

图 9.41　气体保护焊焊接方法

①　定位焊。实际上是一种临时点焊，在永久焊接前，用一种很小的临时点焊来取代定位装置或薄金属螺钉，对焊接的工件进行定位。各焊点的距离大小和母材厚度有关，一般，其距离为母材厚度的 15～30 倍。定位焊要求母材之间正确地对准。

②　连续焊。操作时，焊枪缓慢、稳定地向前运动，形成连续的焊缝。操作中保持焊枪的稳定进给，以免产生晃动。采用正向焊法时，连续地匀速移动焊炬，并经常观察焊缝。焊炬应倾斜 10°～15°，以便获得最佳形状的焊缝、焊接线和气体保护效果。导电嘴到板件之间应保持适当的距离，焊枪应保持正确的角度。焊丝过长，金属的焊接熔深将会减小。为了得到适当的焊接熔深，以提高焊接质量，应使焊枪靠近板件。平稳、均匀地操纵焊炬，将得到高度和宽度恒定的焊缝，而且焊缝上带有许多均匀、细密的焊波。

③　塞焊，在进行塞焊时，应在外面的一个或若干个工件上打一个孔，电弧穿过此孔，进入里面的工件，这个孔被熔化的金属填满，将工件焊接在一起。

④　点焊。点焊法是当送丝定时脉冲触发时，将电弧引入被焊的两块金属板。将两块金属焊接在一起。

⑤　搭接点焊。搭接点焊法是将电弧引入下层的金属板，并使熔融金属流入上层金属板的边缘，将两个板件焊接在一起。

⑥　连续点焊。连续点焊就是一系列相连或重叠的点焊，形成连续的焊缝。

11．车身板件焊接的基本操作

①　对接焊。对接焊是将两个相邻的金属板边缘安装在一起，沿着两个金属板相互配合或对接的边缘进行焊接的一种方法，如图 9.42 所示。

在进行对接焊时注意（尤其是焊薄板），每次焊接的长度不要超过 20mm，要密切注意金属板的熔化、焊丝和焊缝的连续性。同时要注意焊丝的端部不可偏离金属板的对接处。如果焊缝较长，最好在金属板的若干处进行定位焊（图 9.42），以防止金属板变形。焊接时要采用分段焊接，让某一段区域的对接焊自然冷却后，然后再进行下一区域的焊接。外层低碳钢金属板对接焊的敏感性较小，焊接时也要分段焊接（图 9.43），以防止由于温度升高而引起弯曲和变形。为了将间隔开的焊缝之间的间隙填满，可先用砂轮磨光机沿着金属板表面进行研磨，然后再将间隙中填满金属（图 9.43）。如果焊缝表面未经研磨便将焊接金属填入，则会产生气泡。在焊接金属薄板时，如果薄板厚度为 0.8 mm 以下，必须采用不连续的焊接（即连续点焊），以防止烧穿薄板。保持适当的焊炬角度，并按正确的顺序操作，便可得到高质量的焊缝。可采用逆向焊法来移动焊炬，这样比较容易对准焊缝。

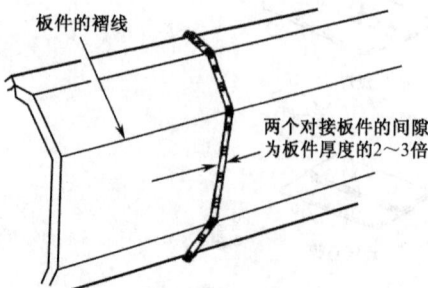

图 9.42　对接焊

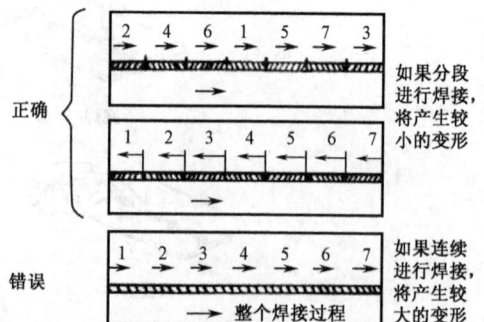

图 9.43　分段焊

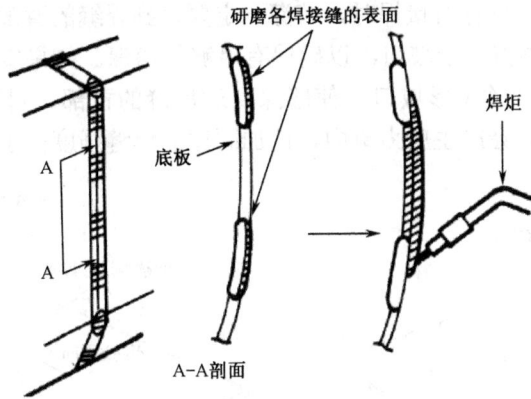

研磨各焊接缝的表面

焊炬

底板

A-A剖面

图9.44　填满焊缝之间的间隙

图 9.45 显示的是对接焊的焊接过程。

如果采用这种方法没有得到预期的焊接效果，其原因可能是导电嘴和板件之间的距离过大。焊接熔深随着导电嘴和板件之间距离的增大而减小。操作时，试将导电嘴和板件之间的距离保持几个不同的值，直到获得满意的焊缝，这时的值就是最佳值。

焊枪移动得过快或过慢，都将使焊接质量下降。焊接速度过慢将会造成熔穿；相反，焊接速度过快将使熔深变浅而降低焊接强度。

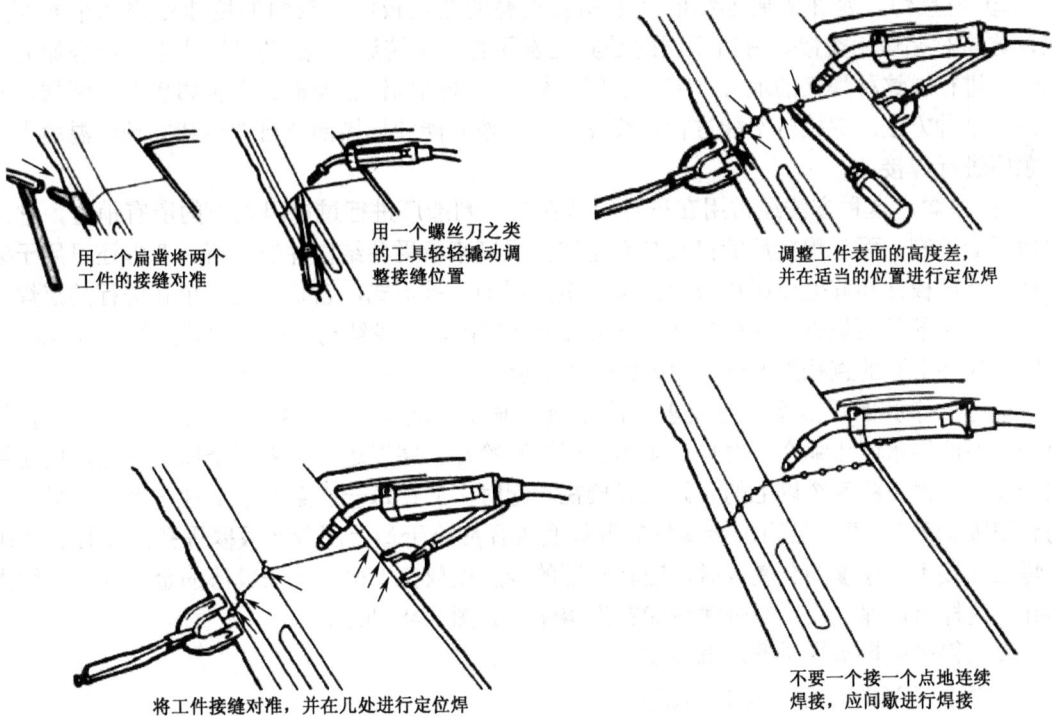

用一个扁凿将两个工件的接缝对准

用一个螺丝刀之类的工具轻轻撬动调整接缝位置

调整工件表面的高度差，并在适当的位置进行定位焊

将工件接缝对准，并在几处进行定位焊

不要一个接一个点地连续焊接，应间歇进行焊接

图9.45　对接焊的焊接过程

即使得到满意的焊缝，但是如果从金属的边缘处或靠近边缘的地方开始焊接，金属板仍会产生弯曲变形。为了防止金属板弯曲，应从工件的中心处开始焊接（图9.46）。厚度越

小，焊缝的长度应越短。进行对接焊时，熔深一定要达到焊缝的背部。当对接焊的金属厚度为 1.6 mm以上时，必须留一个坡口，以确保有足够的熔深。如果实际需要焊接的地方没有坡口，可在焊缝处磨出一个V形坡口，使熔深到达焊缝的背部。对接焊完成后不需要再加固。因为在加固过的地方会产生应力集中，使加固过的焊缝强度低于未经加固的焊缝。

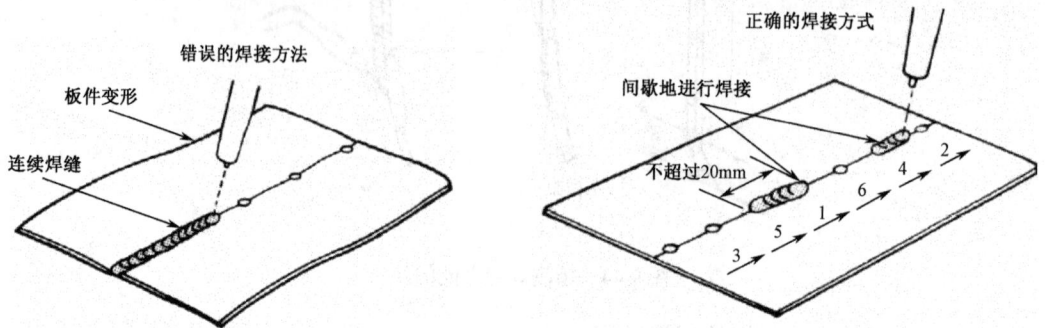

图 9.46　焊接与变形

脉冲点焊在对接焊中的使用。现在的气体保护焊设备大多带有内部定时器，在一次点焊后，便会切断送丝装置和开闭电弧，间隔一段时间后重新进行下一次点焊。间隔时间的设定取决于工件的厚度。进行电焊操作时，最好用一个专用脉冲点焊喷嘴来代替一般的喷嘴。

在承受载荷的板件上，最好采用塞焊和电阻点焊来焊接。

② 搭接焊。是在需要连续的几个相互重叠的金属板的上表面的棱边处将两个表面熔化，这与对接焊相类似。有所不同的是其上表面有一个棱边。 搭接焊只能用于修理原先在制造厂进行过这种焊接的地方，或用于修理外板和非结构性金属板。当金属板多于两层，不可采用这种方法。焊接时不能进行连续焊接，应按照能使焊接部位自然冷却并预防温度上升的顺序进行焊接。

③ 塞焊。这种方法经常用在车身上曾在汽车制造厂进行过电阻点焊的所有地方，它的应用不受限制，而且焊接后的接头具有足够的强度来承受各结构件的载荷。塞焊还可用于装饰性的外部板件和其他金属薄板上。塞焊是点焊的一种形式，它是通过一个孔进行的点焊。在需要连接的外层板件上钻(或冲)一个孔来进行焊接，一般结构性板件的孔直径为 8 mm，装饰性板件上孔的直径为 5 mm，如图 9.47 所示。

进行一个孔的焊点塞焊时要求一次完成，避免二次焊接。塞焊焊接过的部位应该自然冷却，不能用水或压缩空气对焊点周围进行强制冷却。塞焊还用于将两个以上的金属板连接在一起。当需要将两个以上的金属板焊接在一起时，应在每一层金属板上冲一个孔（最下面的金属板除外）。每一层附加金属板的塞焊孔直径应小于最上层金属板塞焊孔的直径。采用塞焊法焊接不同厚度的金属板时，应将较薄的金属板放在上面，并在较薄的金属板上冲较大的孔，这样可以保证较厚的金属板能首先熔化，如图 9.48 所示。

要获得高质量塞焊质量，就必须：

- 调整适当的时间、电流、温度。
- 把各工件紧密地固定在一起。
- 焊丝与被焊接的金属相容。
- 底层金属应首先熔化。
- 夹紧装置必须位于焊接位置的附近。

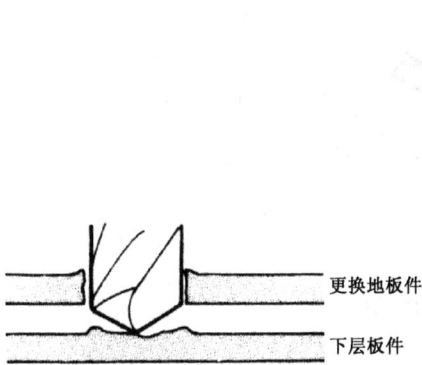

图 9.47　塞焊钻孔

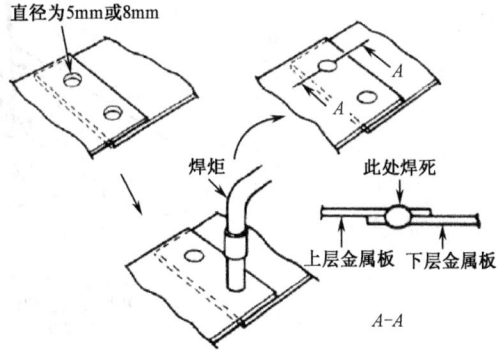

图 9.48　塞焊焊接步骤

12. 镀锌板的焊接

镀锌钢材进行气体保护焊接时，不必将锌清除掉。如果将锌磨掉，金属的厚度降低，强度也随之降低，该区域也极易受到腐蚀。

焊接镀锌钢材时，应采用较低的焊枪运行速度，这是因为锌蒸汽容易上升到电弧的范围内，干扰电弧的稳定性。焊枪运行速度较低，可使锌在焊接熔池的端部烧掉。

和无镀层的钢相比，镀锌钢材的焊接熔深略浅，所以，对接焊时间隙稍大。为了防止较宽的间隙造成烧穿或过量的熔深，焊接时，应使焊枪左右摆动。焊接镀锌钢材产生的溅出物也比较多。所以，应在焊枪喷嘴的内部加上防溅剂，并且应该经常清洁喷嘴。

镀锌钢板焊接时会产生锌蒸汽，而锌蒸汽有毒，所以应有良好的通风条件，并且在进行焊接操作时操作人员应该戴上供气的防毒面罩。

13. 铝板的焊接

由于铝板的导热性好，它最适合采用惰性气体保护焊接，用这种方法更容易进行高质量的焊接。

（1）焊接准备

● 送丝管更换，钢丝的送丝管为钢制的，铝丝的送丝管为塑料。

● 导电嘴更换为 1.0mm。

● 保护气更换为 100%Ar。

● 送丝轮更换，铝丝直径一般为 1mm，所以槽式送丝轮更换为 1.0mm，啮合式送丝轮适当放松压紧力，防止铝合金丝变形。

（2）焊接铝板时的注意事项

● 在焊接之前要清除焊接区域的氧化层，因为氧化层的存在会导致焊缝夹渣和裂纹。铝的熔点为 660.4℃，Al_2O_3 的熔点为 2050℃。

● 用钢丝刷或钢丝球去除杂质、油污和氧化物，两小时内未焊接，须重新清洁。

● 要使用铝焊丝和 100%的氩气。

● 和焊接钢板相比，焊接铝板时的送丝速度较快。

● 焊接铝板时，焊炬应加接近垂直位置。焊接方向只能从垂直方向倾斜 5°～15°。

● 只能采用正向焊接法，不能在铝板上进行逆向焊接。只能推，不能拉。进行垂直的焊接时，应从下面开始，向上焊接，如图 9.49 所示。

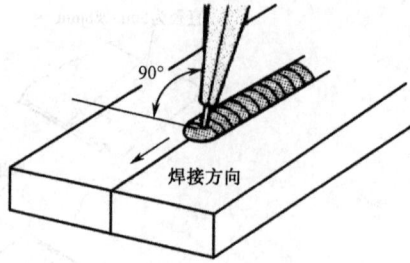

采用正向（即推动焊炬）焊接法
和焊接钢板相比，焊接铝板时的
焊炬角度更加垂直

图 9.49　铝板焊接

- 将送丝滚轴上的压力调低一点，以免焊丝弯曲。但压力不能调得过低，防止造成送丝速度不稳定。
- 焊接铝板会产生更多的溅出物，应在喷嘴和导电嘴的端部涂上防溅剂。
- 焊接铝板时，保护气体的数量要比焊接钢板时增加约 50%。

（3）铝板焊接操作过程

- 用溶剂和一块干净的布对焊接部位的正面和反面进行彻底的清洁。
- 将两块直角边的铝板放在金属台上，并将焊接夹具固定在台上。
- 如果铝板表面有涂层，用装有粒度为 80 号的砂机磨去宽度为 20 mm 范围内的涂层，让金属裸露出来。也可以使用双向砂轮机，不要将砂轮压得太紧，以免温度升高后，铝板上的微粒脱落，堵塞砂纸或砂轮片。
- 用不锈钢钢丝刷刷净铝表面，直到表面发亮为止。
- 在喷嘴内装入直径为 1 mm 的铝焊丝，当焊丝伸出喷嘴大约 10 mm 时，启动焊机。
- 按照焊接机的使用说明书调整电压和送丝速度。但是，说明书上给出的只是大概的数值，修理人员可能还要对这些数值进行调整。和钢板的焊接相比，焊接铝板时的送丝速度较快。
- 剪断焊丝的端部，以便将熔化的部分清除掉。
- 将两块铝板放在一起，并在它们之间留一条焊缝。导电嘴到焊接处之间的距离为 7～14 mm。
- 首先进行定位焊，确保焊片定位准确。
- 采用正向焊接法，按照正确的焊接操作方式来焊接。
- 为防止变形，必须要避免过热，在焊接长焊缝时，应采用分段焊接防止过热。
- 焊接时要注意加热和冷却的速度过高，在焊接较厚或大的件时，要对板件进行预热和控制冷却，焊接后在板件上覆盖一层防火毯使冷却速度降低。
- 铝合金的焊缝的应力很大，会变脆，为防止这种情况，需要用锤对焊缝进行锤击，以消除内应力并增加焊缝的强度。

14．焊接缺陷的原因与预防

焊接缺陷的原因与预防见表 9.12。

表 9.12　气体保护焊常见缺陷及产生的原因

缺　陷	示意图	说　明	主要原因
气孔和陷坑	陷坑　气孔	气体进入焊接金属中会产生气孔和陷坑	① 焊丝上有锈迹或水分 ② 母材上有锈迹或污物 ③ 不适当的阻挡（喷嘴堵塞、弯曲或气体流量小） ④ 焊接时冷却速度太快 ⑤ 电弧太长 ⑥ 焊丝规格不合适 ⑦ 气体被不适当地封闭 ⑧ 焊缝表面不干净
咬边		咬边是由于过分熔化的母材形成一个凹槽，使母材的横截面减小，严重降低了焊接部位的强度	① 电弧太长 ② 焊炬角度不正确 ③ 焊接速度太快 ④ 电流太大 ⑤ 焊炬送进太快 ⑥ 焊炬角度不稳定
熔化不透		这种现象发生在母材与焊接金属之间，或发生在两种熔敷金属之间	① 焊炬送进不适当 ② 电压较低 ③ 焊接部位不干净
焊瘤		角焊比对接焊更容易产生焊瘤。焊瘤会引起应力集中而导致过早腐蚀	① 焊接速度太慢 ② 电弧太短 ③ 焊炬送进太慢 ④ 电流太小
焊接熔深不够		此种缺陷是由于金属板熔敷不足而产生的	① 电流太小 ② 电弧过长 ③ 焊丝端部没有对准两层金属板的对接位
焊接溅出物太多		过多的溅出物在焊缝的两边形成许多斑点和凸起	① 电弧过长 ② 母材金属生锈 ③ 焊炬角度太大
焊缝钱，溅出物多		在角焊缝处容易产生溅出物	① 电流太大 ② 焊丝规格不正确
垂直裂纹		裂纹通常只发生在焊缝顶部表面	焊缝表面被脏物弄脏（油漆、油污、锈斑）
焊缝不均匀		焊缝不是均匀的流线形，而是不规则的形状	导电嘴的孔被损坏或变形，焊丝通过嘴口时发生振动
烧穿		焊缝内有许多孔	① 焊接电流太大 ② 两块金属之间的坡口槽太宽 ③ 焊炬移动速度太慢 ④ 焊炬与母材之间的距离太短

15．焊缝目测检验标准

（1）搭接焊和对接焊的焊疤的目测检验标准

- 焊疤最短长度为 25mm。
- 焊疤最长长度为 38mm。
- 焊疤最小宽度为 5mm。
- 焊疤最大宽度为 10mm。
- 金属穿透宽度为 0～5mm。
- 对接焊焊片夹缝是金属板厚度的 2～3 倍。

（2）塞焊的焊疤的目测检验标准

- 焊疤直径最小为 10mm。
- 焊疤直径最大为 13mm。
- 金属穿透宽度为 0～10mm。
- 每件作品上不得有超过 3mm 的焊接缺陷、洞或焊渣。

（3）焊件焊接缺陷目测检验标准

- 焊件正面焊接最大厚度为 3mm。
- 金属最大穿透厚度为 0～1.5mm。

（4）焊接破坏性实验检测标准

- 搭接焊被撕裂的一片板件上必须有与焊疤长度相等的一个孔。
- 对接焊上面一片板件上必须有与焊疤长度相等的一个孔。
- 塞焊被扭曲后下面的板件上留下一个大于 10mm 的孔。

9.2.5　电阻点焊

电阻点焊是把焊件装配成搭接接头，并压紧在两电极之间，利用电阻热熔化母材金属，形成焊点的电阻焊方法。电阻点焊的工作原理如图 9.50 所示。

电阻点焊是汽车制造厂在流水线上对整体式车身进行焊接的最常用的一种方法，一辆现代汽车车身包含 3000 多个点焊点。汽车维修行业也广泛使用点焊工艺修复车身，挤压式电阻点焊机适用于焊接整体式车身上要求焊接强度好，不变形的薄型零部件。常见的应用范围包括车顶、窗洞和门洞、车门槛板以及许多外部壁板，如图 9.51 所示。

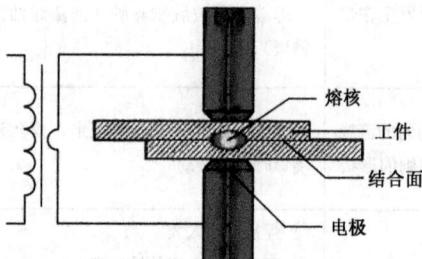

图 9.50　点焊工作原理

图 9.51　用点焊机修理汽车门框

1．电阻点焊焊接的优点

- 焊接成本比气体保护焊等低。
- 没有焊丝、焊条或气体等消耗。
- 焊接过程中不产生烟或蒸汽。
- 焊接时不需要去除板件上的镀锌层。
- 焊接接头的外观质量与制造厂的焊接接头完全相同。
- 不需要对焊缝进行研磨。
- 速度快。只需 1 秒或更短的时间便可焊接高强度钢、高强度低合金钢或低碳钢。
- 焊接强度高、受热范围小、金属不易变形。
- 焊接质量受操作者水平影响比较小。

2．电阻点焊参数对焊接质量的影响

（1）电极压力

焊缝强度与焊枪电极施加在金属板上的力有直接的关系。压力太小、电流过大都会产生焊接飞溅物，导致焊接接头强度降低。焊枪电极压力过高会使电极头压入被焊金属软化的部位过深，导致焊接质量降低。焊枪电极压力太大会引起焊点过小，并降低焊接部位的机械强度，如图 9.52 所示。

（2）焊接电流

适当减小电流强度或增加压力，可使焊接溅出物减少到最小值。焊接电流和施加在点焊部位的压力对焊接质量都有直接的影响，如图 9.53 所示。通过焊点部位的颜色变化就可以判断电流的大小。焊接电流正常时焊点中间电极触头接触部分的颜色不会发生变化，与未焊接之前的颜色相同，焊接电流大时焊点中间电极触头接触部分的颜色变深呈蓝色，如图 9.54 所示。

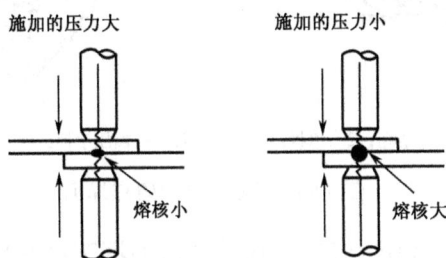

图 9.52　电极压力对焊缝的影响

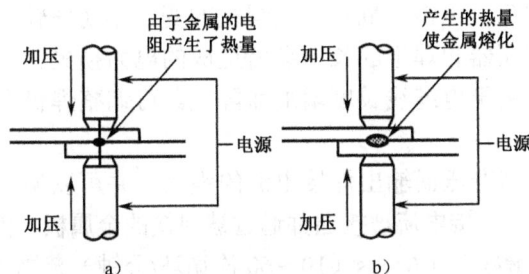

图 9.53　电流对焊缝的影响

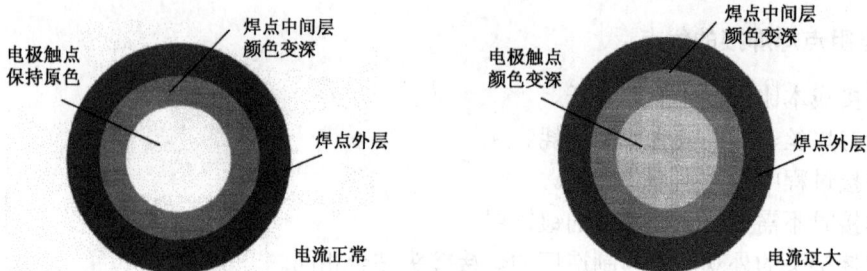

图 9.54　电极触点颜色反映电流大小

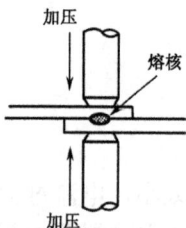

图 9.55　电极压力对焊缝的影响

（3）加压时间

焊点施加的压力合适会使焊点的结构非常紧密，有很高的机械强度。加压时间是一个非常重要的因素，时间太短会使金属熔合不够紧密（图 9.55）。

3. 电阻点焊设备

① 简易手动电阻点焊机（图 9.56）。这种电焊机现在市场上已经不易见到了。

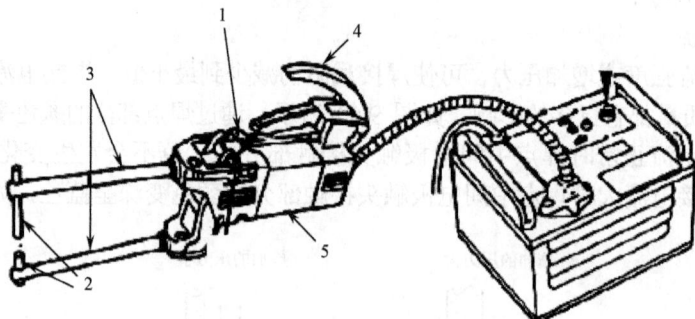

1—调压旋钮；2—电极；3—电极臂；4—加压手柄；5—变压器

图 9.56　简易手动电阻点焊机

② 大功率电阻电焊机（图 9.57）。这是主流的汽车维修用的电阻点焊机。它由变压器、控制器和焊机组成。

变压器将低电流强度的 220V 或 380V 车间线路电流转变成低电压（2～5V）、高电流强度的焊接电流，避免了电击的危险。点焊机的变压器功率较大，而且要使用较大的线路电流，以补偿连接变压器和焊炬的长电缆所造成的电力损失。当使用加长型或宽距离的电极臂时，高强电流会由于电缆线长度增加而降低。可调整焊机上的控制器，将输出的电流强度调高。

焊机控制器可调节变压器输出焊接电流的强弱，并可以调节出精确的焊接电流通过的时间。在焊接时间内，焊接电流被接通并通过被焊接的金属板，然后电流被切断。一般车身修理所用的焊接时间最好在 1/6～1s（10～60 次循环/分钟）范围内。焊枪（焊炬）通过电极臂向被焊金属施加挤压力，并流入焊接电流。电阻点焊机都带有一个加力机构，可以产生很大的电极压力来稳定焊接质量。加力机构有的是用弹簧的手动夹紧装置或由气缸产生压力的气动夹紧装置（图 9.58）。有些小型的挤压型电阻点焊机不具备增力机构，它完全靠操作人员的手来控制压力的大小，因此，它不能用于修理车身结构时的焊接操作。车身修理所使用的大多数焊枪随着焊臂的加长焊接压力会减小，焊接质量会下降。

图 9.57　大功率电阻点焊机

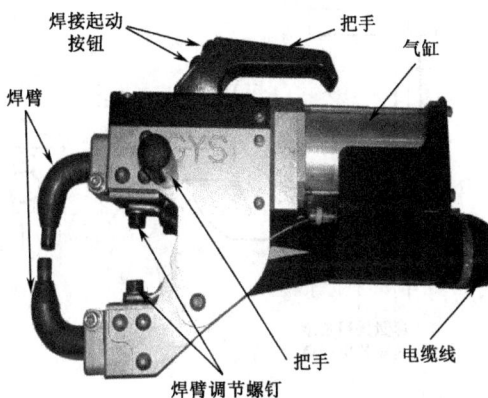

图 9.58　带气缸的焊枪

焊机焊接能力的检验：当配备 100mm或更短的缩短型电极臂时，其最大焊接能力达二层 2.5mm厚的钢板。一般要求配有加长型或宽距离电极臂的焊机至少可焊接二层 1mm厚的钢板。

4．电阻电焊机的调整

① 选择电极臂。整体式车身修理的电阻点焊机可带有全范围的可更换电极臂装置，能够焊接车身上各个部位的板件。各种电极臂（图 9.59）的选用可以焊接汽车上大多数难以焊接的部位。应根据需要焊接的部位来选择电极臂。电极臂选择的原则是多个电极臂都可以焊接某一个部位时，尽量选择最短的电极臂，如图 9.60 所示。

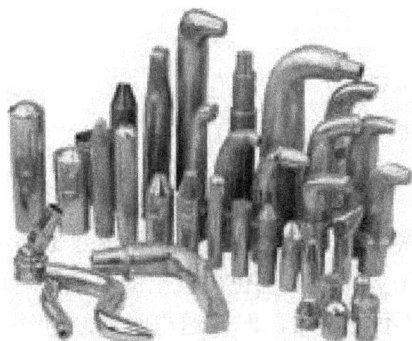

图 9.59　各种电极臂

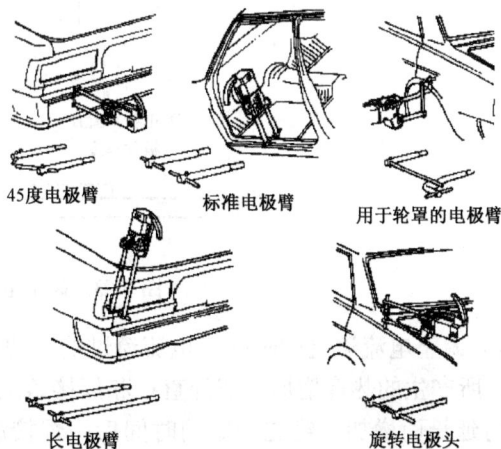

图 9.60　各种电极臂

② 调整电极臂。为了获得更大的焊接压力，焊炬的电极臂应尽量缩短，要将焊炬电极臂和电极头完全上紧，以使它们在工作中不至于松开，如图 9.61 所示。

③ 调整电极头。将上、下两个电极头对准在同一条轴线上。电极头对准状况不好将引起加压不充分，会造成电流过小，导致焊接部位的强度降低，如图 9.62 所示。

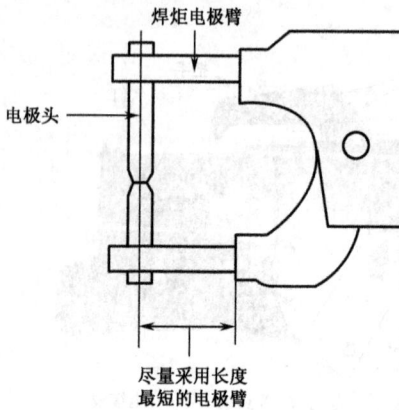

图 9.61　电极臂调整　　　　　　　　　图 9.62　电极臂调整

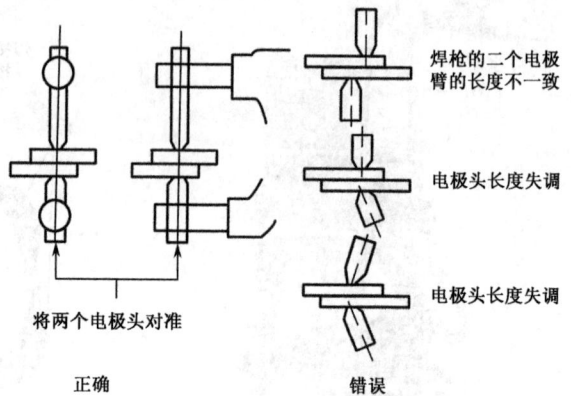

④ 选择电极头直径。电极头直径增加，点焊的直径将减小。但是，如果电极头的直径太小，点焊的直径将不再增大。必须适当控制电极头的直径，以获得理想的焊接深度。可根据图 9.63 所示的方法选择合适的电极头直径。如果电极头端部损坏，要用电极头端部清理工具进行整形（图 9.64）。连续焊接一段时间以后，电缆线和电极头端部会因为散热不好而造成过热。这将使电极头端部过早地损坏而增大电阻，并引起焊接电流急剧下降。在使用没有强制冷却（循环水冷却）的电极操作时，可在焊接 5～6 次后，让电极头端部冷却后再进行焊接。

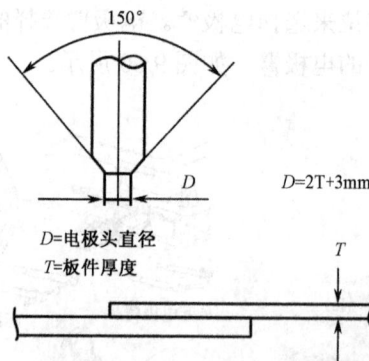

图 9.63　确定电极头的方法

⑤ 调整电流流过的时间。电流流过的时间也和点焊的形成有关。当电流流过的时间延长时，所产生的热量增加，点焊直径和焊接熔深随之增大。焊接部位散发出的热量随着通电时间的延长而增加。经过一定的时间后，焊接温度将不会增加，即使通电时间超过这一时间，点焊直径也不会再增大，但有可能产生焊丝端部的压痕和热变形。许多简易点焊机都无法调整压力和焊接电流，而且其电流强度值可能很低，不过可通过延长通电时间（即让低强

度的电流流过较长的时间）来保证焊接的强度。

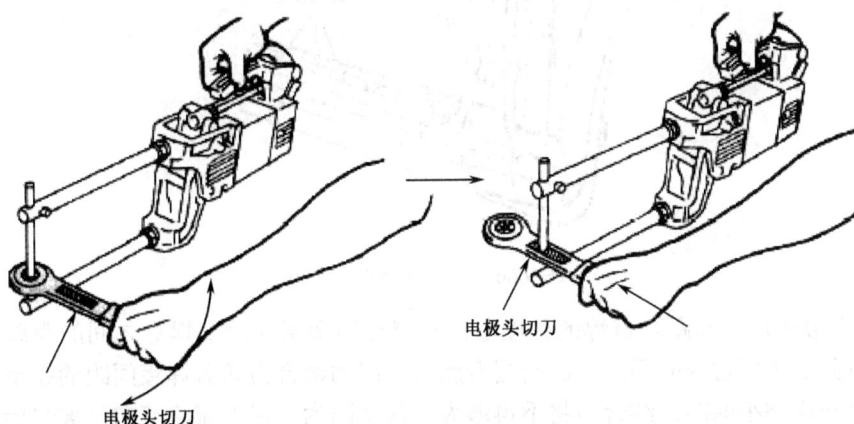

图 9.64　修整电极头

5．电阻点焊机操作注意事项

① 消除两个焊接表面的间隙。两个焊接表面之间的任何间隙都会影响电流的通过，虽然不消除这些间隙也可以进行焊接，但焊接部位将会变小而降低焊接的强度。因此在焊接前，提前将两个金属表面整平，以消除间隙，或用夹紧装置将两者夹紧，如图 9.65 所示。

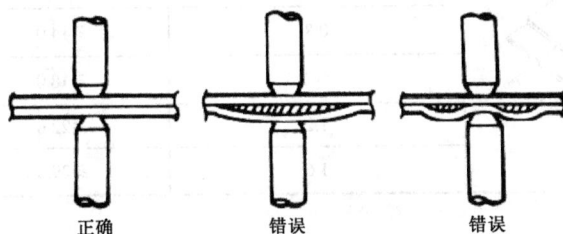

图 9.65　清除焊件表面间隙

② 处理焊接表面。需要焊接的金属表面上的油漆层、锈斑、灰尘或其他任何污染物都会减小电流强度而使焊接质量降低，需将这些外来物清除。

③ 处理金属表面。在需要焊接的表面涂一层导电系数较高的防锈剂，必须将防锈剂均匀地涂在金属板上。

④ 选择合适的焊接方法。尽量采用双面点焊的方法。无法进行双面点焊的部位，可采用气体保护焊焊接中的塞焊法来焊接，而不能用单面点焊来焊接结构性板件。

⑤ 保持正确的焊接角度。电极和金属板之间的夹角应呈 90°。如果这个角度不正确，电流强度便会减小，会降低焊接接头的强度。

⑥ 多层板的焊接。当三层或更多层的金属重叠在一起时，应进行两次点焊或加大焊接电流。

⑦ 增加焊点数量。修理厂的点焊机功率一般比制造厂的小，因此修理厂在修理时，应将焊点数量增加 30%，如图 9.66 所示。

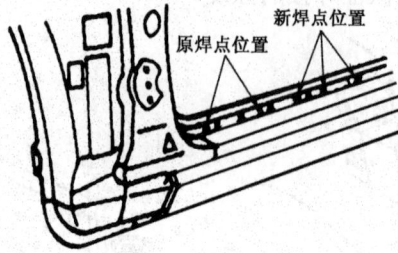

图 9.66　焊点比原焊点多

⑧ 焊点最小焊接间距。点焊的强度取决于焊点的间距（两个焊点之间的距离）和边缘距离（焊点到金属板边缘的距离）。两层金属板之间的结合力随着焊接间距的缩小而增大。但如果再进一步缩小间距，结合力将不再增大，这是因为焊接电流将流向已被焊接过的焊点产生分流，焊接部位流过的电流变小，焊接强度下降。随着焊点数量的增加，这种往复的分流电流也增加。而这种分流的电流并不会使原先焊接处的温度升高。焊点距离的选择可参考表 9.13。

表9.13　焊点间距大小控制参照表

板厚（mm）	焊点间距S（mm）	边缘距离P（mm）
0.4	≥11.0	≥5.0
0.8	≥14.0	≥5.0
<1.2	≥18.0	≥6.5
1.2	≥22.0	≥7.0
1.6	≥29.0	≥8.0

⑨ 选择边缘距离。边缘距离是由焊接电极头的位置决定的。如果边缘距离不足，即使焊接正常，焊接强度也会不够。在靠近板件端面焊接时应参照表 9.14 中给出的值，如果距离太小，就会导致焊接强度不够并引起板件变形。

表9.14　靠近板件端面焊接时距离选用参照表

板厚t (mm)	最小距离T (mm)
0.4	≥11.0
0.8	≥11.0
<1.2	≥12.0
1.2	≥14.0
1.6	≥16.0
2.0	≥17.5

⑩ 点焊的顺序。不能只沿着一个方向连续进行点焊，这种方法会使电流产生分流，而降低焊接质量。当电极头发热并改变颜色时，应停止焊接使其冷却。正确的电焊顺序如图 9.67 所示。

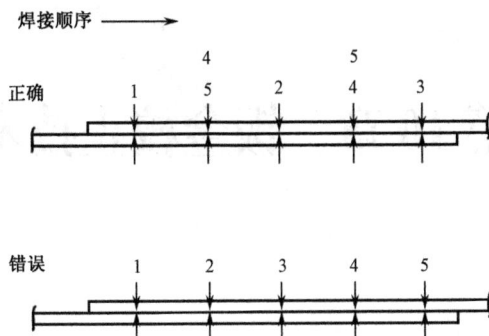

图 9.67　正确的点焊顺序

⑪ 对角落处的焊接。不要对角落的半径部位进行焊接。对这个部位焊接将产生应力集中而导致开裂。前支柱和中心支柱的顶部角落、后顶侧斑的前上方角落、前后车窗角落等角落都不能焊接。

6．电阻点焊焊接质量的检验

（1）外观检验

检查焊接位置、焊点的数量、焊点间距、压痕(即电极头压痕)、气孔和溅出物。

（2）破坏性检验

取一块和需要焊接的金属板同种材料、同样厚度的实验板，进行焊接，然后利用扭曲或者撕裂进行分离，使焊点处分开。根据焊接处是否整齐地断开，可以判断出焊接质量的好坏。如果焊接处被整齐地分开，就像从瓶口拔出一个软木塞一样，便可以判断焊接的质量好。如果分离后留下的孔过小或根本没有孔，说明焊点的焊接质量太低，需要重新调整焊接参数。

（3）目测检测标准

● 目测检查焊疤为 4mm。
● 经目测检查每件作品上不得有超过 1mm 的焊接缺陷、洞或焊渣。
● 经扭曲试验后，其中一片焊片上留有 4mm 的孔洞。
● 经撕裂试验后，其中一片焊片上留有 5mm 的孔洞。

习题 9

1．气焊主要用于什么样的场合？
2．气焊中对焊丝有何要求？
3．试述进行气焊的操作步骤。
4．电焊条的选择遵循什么原则？
5．焊接电流过大或过小对焊接质量有何影响？
6．在焊接过程中，如何根据情况选择不同的运条法？
7．点焊有什么优点？
8．比较不同气体保护焊的特点及选择原则。

第10章 钣金校正技术

本章学习任务

❖ 掌握相关工具设备的使用与维护方法。
❖ 掌握基本的钣金修复技术。

10.1 钣金校正基本知识

1. 钣金校正的概念

校正有三种内涵：一是消除金属板材、型材的不直、不平或翘曲等缺陷的操作；二是使成形的钣金件达到质量要求，在加工过程中对残生的变形进行修整；三是对钣金件在使用过程中产生的扭曲、歪斜、凹陷等变形进行修复。现在经常把钣金校正称为钣金修复。

2. 金属的内部结构

钢材也和其他物质一样，由原子构成，许多原子结合在一起，形成晶粒。晶粒以一定的形式构成晶体组织。一块钢板的晶体组织状态决定了它能够被弯曲或成形加工的程度。为了改变平坦的钢板的形状，应改变位于折缝或弯曲处的所有晶粒的形状和位置。

3. 钢板变形的类型

钢板在外力的作用下，可能发生下述三种情况的变化。

（1）弹性变形

弹性变形是金属受到拉伸后能够恢复到原来的形状的能力，也就是在修理中常见的金属回弹。在受到损坏的金属板上会发生弹性变形，可以利用金属的回弹倾向进行修理，任何比较平滑的部位都可能发生回弹，即使它们受到邻近部位的影响而偏离了原来的位置，当临近部位的变形消除后，这些受影响的部位往往会恢复其原来的形状。

（2）塑性变形

塑性变形是金属发生弯曲或变成各种形状的能力。当金属的弯曲超过了它的弹性极限时，它将出现回弹的倾向，但它并不能完全回到原来的形状。发生塑性变形时它的晶体组织变成另一种结构，塑性对于车身修理非常重要，因为大多数受到损坏的金属都会在不同的部位发生拉伸变形（永久的变形）。当汽车在碰撞过程中受到损坏时，由碰撞而产生的变形将保留下来，除非将这种变形除去。产生永久变形的部位周围都会产生弹性变形，但在这种情况下，弹性变形无法消除，在修理受到这种类型损坏的车身时，应首先排除永久变形，这种弹性变形也会随之消失，使车身恢复到原先的形状。

（3）加工硬化

加工硬化是达到塑性变形上限时，金属出现的一种现象。金属被弯曲过的部位变得非常硬，这就是加工硬化。受弯曲或加工部位的金属产生硬化而造成强度增加，这一认识的重要性无论怎样强调都不过分，因为它实际上是所有金属损坏的根源。在未损坏的车身金属板上都存在某种程度的加工硬化，碰撞造成的弯曲只能使受到影响的部位产生更加严重的加工硬化，有时在校正受损的部位时，会加重该处加工硬化的程度。在校正金属板的过程中，多少总会引起一些加工硬化，但一定要将它控制在最小范围内。在修理中，不能造成损坏。只要将金属弯曲，就会产生加工硬化，当金属在制造厂第一次被加工成形以及当它受到损坏时，都会发生加工硬化。汽车上的钢板在受到碰撞时，造成的折损加重了加工硬化的程度。只有当金属被弯曲到不能恢复原来的形状时，才会出现折损。汽车上所有的金属板件都存在不同程度的加工硬化，在修理时必须知道哪些部位的金属最硬或最软，如图 10.1 所示。

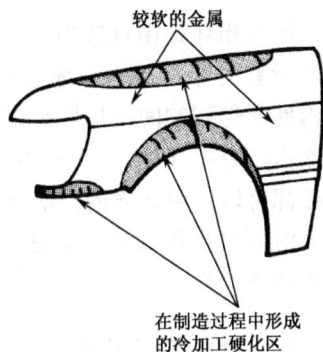

图 10.1　翼子板上的加工硬化区

4．钣金校正基本原理

钢材是由钢坯轧制而成的，在长度方向可以看成由许多纤维组成。任何变形都是其内部纤维的长短不等造成的。校正的原理就是使纤维较短的部分伸长或较长的部分缩短，直至各层纤维的长度趋于一致。

10.2　车身板件损坏类型及分析

10.2.1　直接损坏

直接损坏通常以断裂、擦伤和划痕的形式出现，用眼睛即可看到（图 10.2）。直接损坏是引起碰撞的物体与金属板上受到损坏的部位直接接触而造成的。在所有的损坏中，直接损坏通常只占 10%~15%。实际上一般不对受到直接损坏的部位进行修理。修理直接损坏通常需要使用塑料填充剂，有时还需要铅性填充剂，在填充过程中，间接损坏也得到了修理。

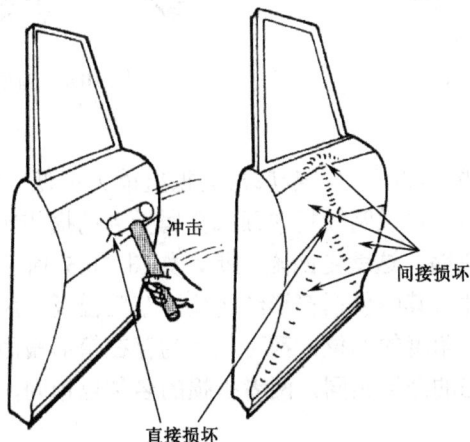

图 10.2　车门的损坏

10.2.2　间接损坏

间接损坏是由直接损坏引起的，通常在所有的损坏中，大部分都是间接损坏。

所有的非直接的损坏都可以看成间接损坏，大多数碰撞都会同时造成这两种损坏。各种构件所受到的间接损坏没有什么区别，它总是产生同样的弯曲，同样的压缩力。间接损坏平均占所有损坏的 80%～90%，由于各种构件所受到的间接损坏基本相同，80%～90%的金属板都可以采用同样的方法修理。可采用一些基本的方法来修理大多数车身。

对间接损坏的修理方法也是相同的，只是由于受损部位的尺寸、硬度和位置不同，所用的修理工具不同。

1. 间接损坏的类型

（1）单纯的铰折

它的弯曲过程像一个铰链一样，沿着其整个长度均匀地弯曲。金属板件铰折时，金属上表面受到拉力而产生拉伸变形，而下部的表面受到压力而产生收缩变形，很显然，在金属中间有一个未发生变形的区域，如图 10.3 所示。

（2）箱形截面铰折

箱形截面的弯曲与实心板相同，不同之处是箱形截面中心线没有强度，所以顶部的金属板被向下拉而不是受到拉伸，很少或根本没有拉伸。底部的金属板受到两边的压力，所以很容易出现铰折。校正时不加注意，顶部的表面也会铰折，而造成严重的全面收缩，如图10.4 所示。

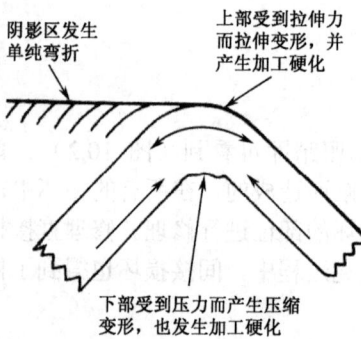

图 10.3　单纯铰折的受力图　　　　　图 10.4　箱型截面铰折的受力图

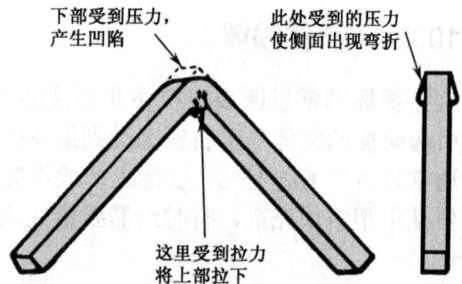

（3）凹陷铰折

对于箱形截面施加在端部的压力，金属板的抵抗能力很低，但对于沿着其长度方向施加的拉力却有很大的抵抗力。这说明铰折中顶部金属受到的损伤比底部金属小得多，折损处受到压力的一边产生严重收缩，这就是凹陷铰折，如图 10.5 所示。在整体式车身上，有许多结构复杂的箱形截面构件，其中包括箱形结构梁、车门槛板、风窗支柱、中心支柱、车顶梁等，金属件上被弯成一个角度的部位，都可以认为存在箱形截面。局部箱形截面也会发生凹陷，与完全箱形截面凹陷的结果相同，两者折损的名称也相同，都是凹陷铰折。

（4）凹陷卷曲

当铰折折损穿过一块金属板时，它不仅使所有的箱形或局部箱形截面产生收缩，而且也会使它穿过的任何隆起的表面收缩，便形成了新的折损，这种折损试图将金属板的内部向外翻并卷起，以增加其长度。"长度的增加"正是这种折损的特征，这种折损叫做凹陷卷曲。铰折型折损（包括凹陷铰折和单纯的铰折）增加的是深度，而不是长度，任何发生在隆起表面上的折损都会使金属收缩，凹陷卷曲折损也不例外。这里的收缩量取决于碰撞的程度。

（5）单纯的卷曲折损

每当发生凹陷卷曲时，还有另外两处也同时发生折损，这两处折损发生在凹陷卷曲部位的旁边，这就是单纯的卷曲折损，如图 10.6 所示。由于这两处都位于金属板的隆起部分，因而也是收缩型的折损，很容易识别卷曲型折损，凹陷和单纯的卷曲都会在金属板的隆起部位形成一个箭头形状。卷曲折损只发生在隆起的表面上，因为这种折损区是由隆起的部分引起的，如果金属是平坦的，它将会以铰折的形式发生弯曲，产生单纯的铰折折损。如果金属板是隆起的，穿过它的折损在深入金属的内部时，将倾向于卷曲。这不仅因为金属表面具有合拢作用，还因为金属自身的收缩作用。如果金属是平坦的，其自身的收缩作用依然存在于金属的内部。所有发生在隆起部分的凹陷卷曲折损的方向都与隆起的方向相反。所产生的收缩也是这个方向。单纯的卷曲折损和凹陷卷曲折损一样，都使金属收缩。

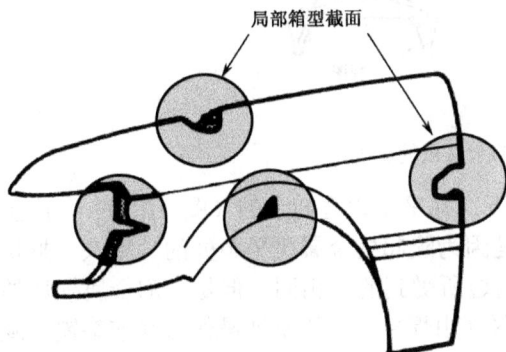

图 10.5　翼子板上的凹陷铰折　　图 10.6　翼子板上的卷曲折损

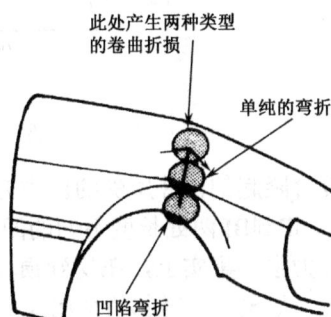

2. 板件损坏区域的受力分析

实际上，在任何损坏发生之前，金属内部都已经存在压缩和拉伸。

在所有隆起的部位都受到压缩，这里的压缩并不是指发生损坏时产生的力。金属被挤压的部位受到新的压力的作用，该压力通过加工硬化被保留下来。如果该压力突然消失金属将返回到它的原来的状态。

判断金属产生的变化并进行校正时，应考虑金属在受到损坏前未受压缩或拉伸的状况。

金属被推上去的部位称为"压缩区"，被拉下的部位称为"拉伸区"，如图 10.7 所示。隆起很高的金属板称为"高隆起"，接近平坦的金属板称为"低隆起"。当低隆起的金属板受损时，金属被拉入损坏的中心部位。这个拉力使金属板低于它原来的高度，低于原来高度的称为拉伸区，相反，金属板上超出原高度的损坏区都称为压缩区。

在钢板钣金修理时，先要确定受损部位受到的是拉伸还是压缩，然后才能确定修理的方法和使用的工具。绝不可用锤子敲打拉伸区，也不可

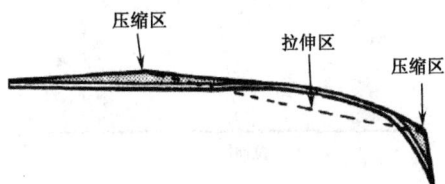

图 10.7　压缩区和拉伸区

　　用垫铁敲打压缩区的内侧。要根据压力的方向决定需要施加的力。当损坏部位存在压缩区时，不可使用塑料填充剂。

　　如果金属板一个方向上（左或右）是平坦的，而在另一个方向上是隆起的（90°或交叉方向），当向金属板隆起处施加一个压力时，在金属板的纵向（隆起的长度）方向受到拉伸，在金属板的横向（隆起的宽度）方向受到压缩（图 10.8 和图 10.9）。金属碰撞产生一条狭窄的拉伸带，在拉伸带的周围是隆起的压缩区。隆起的部位须用锉刀锉平，而凹陷处要用塑料填充剂垫平。

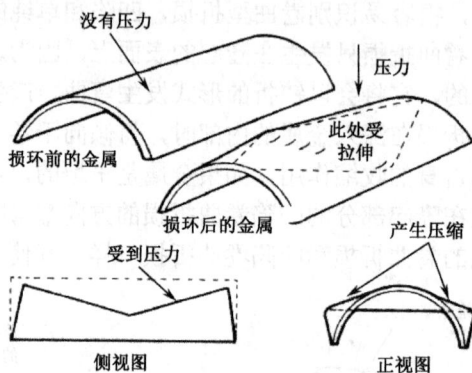

图 10.8　单向隆起的金属板的受力图

　　复合隆起的板件所受的压力方向为从上到下，几乎是垂直向下的（图 10.10），产生了P到BC和P到BF两处长度不同的凹陷卷曲。这是因为隆起处金属比平坦处的强度大，抵抗压力的能力强。事实上，在受到损坏时，箭头P两边所受到的力相同，但是左侧金属损坏的面积较大。如果一块隆起的金属板上有一个收缩区（由焊接、不正确地操作铁锤或垫铁、隆起处的折损等引起），则收缩区将低于正常的高度。对于出现在隆起处的凹陷区，如果在它的附近没有伴随着出现一个压缩区，便可以用拉的方法来校正收缩的凹陷区。通过升高受拉伸的凹陷区的方法进行校正时，只会降低邻近部位的高度。

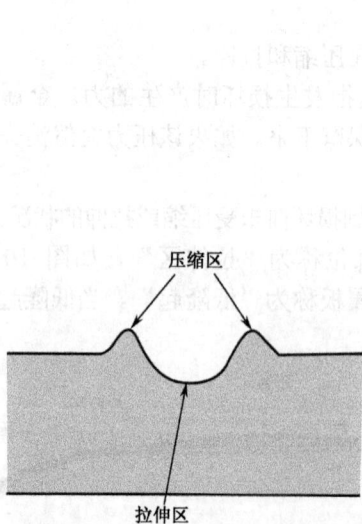

图 10.9　金属碰撞造成的变形

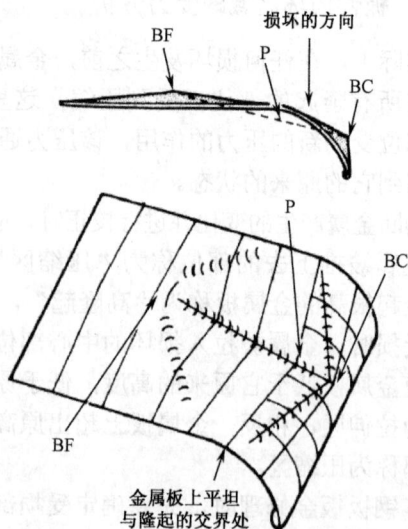

图 10.10　复合隆起

　　一般金属板上的各种弯折都发生在一个方向上，而在另一个方向上保持平坦。大多数金属板上发生的弯折都与这种情形很接近。但是，也有一些金属板在两个方向上都有隆起，这类隆起就是双向隆起（图 10.11）。在隆起的表面上发生的弯曲折损会扩散到离它最近的平坦区。在有双向隆起表面的金属板上，卷曲折损通常会从受碰撞处向各个方向传播，就像车轮上的辐条一样，而轮毂则相当于最初的碰撞点。

图 10.11　双向隆起及其损坏

3．板件损坏部位的修复程序

　　① 首先要找到损坏的方向，碰撞损坏的方向应该和碰撞的方向完全相反。一般通过目测检查即可找出损坏方向（图 10.12）。

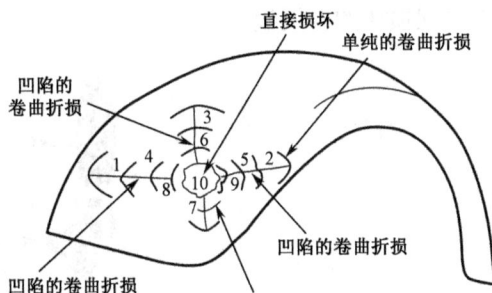

图 10.12　确定损坏方向

　　② 在修理时，基本的原则是最后的损伤要最先修复，最先的损伤要最后修复。

　　③ 在损坏部位中，离直接损坏点最远的位置要最先进行修理，以此类推把损伤全部修理好，对最后的直接损伤位置可能需要塑料填充剂修理。

10.3　车身钣金修复工具设备及使用

1．球头锤

　　圆头锤（图 10.13）质量为 250~500 克，用于校正弯曲的基础结构，修平重规格部件和加工未开始用车身锤和手顶铁作业之前粗成形的车身部件。

2．橡胶锤、木锤

　　橡胶锤或木锤（图 10.14）用于柔和地锤击薄钢板，这样不会损坏喷漆表面。它经常与吸杯配合用于大面积的凹陷修复。当用吸杯将凹陷拉上来时，用橡胶锤围绕着高起的点按圆周状轻打。带有橡胶端部的钢锤是另一种在车身修理中使用的锤子，此种锤兼有硬面和可更换橡胶头的软面，有时称为软面锤（图 10.15）。它用于铬钢修理或其他精密部件的作业而不损伤其表面光洁度。

图 10.13　圆头锤

图 10.14　橡胶锤和木锤

3. 轻铁锤

轻铁锤（图 10.16）是复原损毁的钣金件的第一阶段所必需的工具。由于其重量仅为 1~2 千克，因此能在紧凑的地方使用。在修理时用铁锤敲打损毁的金属板使其大致回到原形，在更换金属板时则用于清理损坏的金属板。

图 10.15　软面锤

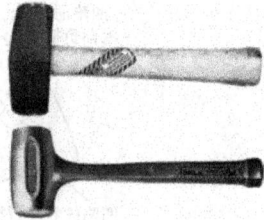

图 10.16　轻铁锤

4. 车身锤

车身锤（图 10.17）用来修复车身，有许多种类。

① 镐锤。镐锤能维修许多小凹陷。其尖顶用于将凹陷从内部锤出，对中心柔和地轻打。其平顶端与顶铁配合作业可以去除高的点和波纹。镐锤有多种形状和尺寸。有些有锐利的锥形尖，有些则具有钝的锥形尖。

② 冲击锤。大的凹陷需要使用冲击锤。冲击锤的顶角为圆的或方的，顶面的表面近似平的。这种锤顶面大，打击力散布在较大的面积上，用于凹陷板面初始的矫正，或加工内部板和加强部位的板件。这些操作需要较大的力量而不要求光洁的表面。

③ 精修锤。在用冲击锤去除凹陷之后，用精修锤以得到最后的外形。精修锤的锤面较冲击锤的锤面小，表面是隆起的，以便力量集中在高点或波峰的顶端。收缩锤是有锯齿面或交错缝槽面的精修锤，这种锤用来收缩那些被过度锤打而延伸的部位。

5. 垫铁

垫铁（图 10.18）的作用像一个铁砧，它通常顶在锤敲击金属板的背面，用锤和垫铁一起作业使高起的部位下降，或使低凹部位上升。垫铁有高隆起、低隆起、凸缘等多种不同形状的，每种形状用于特定的凹陷形式和车身板面外形。垫铁与面板外形的配合非常重要，假如在高隆起的面板上使用平面或低隆起的垫铁，结果将会增加凹陷。轨型垫铁也是一种常用的垫铁，它也有许多形状，如足尖式和足根式垫铁用于在狭窄部位进行敲击，而其平面直角边则用以矫正凸缘。

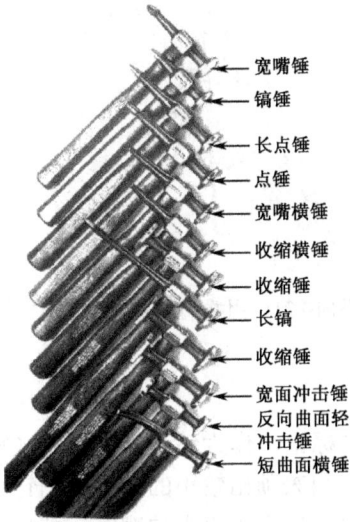

图 10.17　车身锤

图 10.18　垫铁

6. 匙形铁

匙形铁（图 10.19）可以当做锤或垫铁使用。它有许多种形状和尺寸，可与不同的面板形状匹配。平直表面的匙形铁把敲打力分布在宽的接触面上，在皱折和隆起部位特别有用。当面板后面空间有限时，匙形铁可当做垫铁用。敲击匙形铁与锤一起作业，可降低隆起。内边匙形铁可撬起低凹处，或与锤一起敲击来拉起凹陷。冲击锉匙形铁则有锯齿状的表面，用来拍打隆起或里边的皱折，使金属板回复到原来的形状。

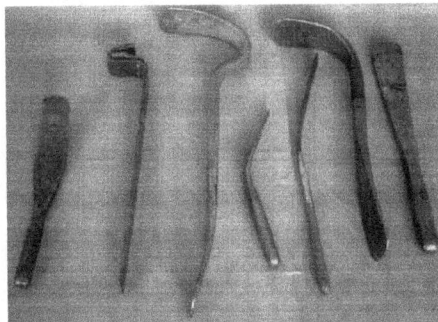

图 10.19　匙形铁

7. 撬镐

撬镐（图 10.20）用来撬起凹点，它们有不同的长度和形状，大多数有U形末端把手。

撬镐还可以用来升起门后顶侧板或其他密闭的车身部件上的凹点（图 10.21）。撬镐通常比滑锤和拉杆好，因为它们不需要在钣金件上钻孔或焊接，不会损伤漆面。

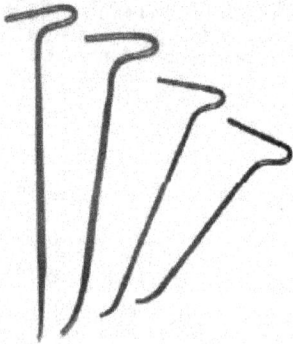

图 10.20　撬镐

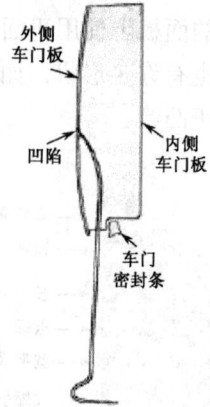

外侧车门板
内侧车门板
凹陷
车门密封条

图 10.21　用撬镐修复车门凹陷

8. 冲头和錾子

中心冲（图 10.22）用于部件拆卸之前对它们的定位打标记，作为钻孔冲击标点（标点可保持钻头不偏移）。铆钉冲的冲头为锥形，顶端是平的，用来顶出较小的铆钉、销钉和螺栓。销钉冲和铆钉冲相似，但是冲头不是锥形的，这样它可以冲击出更小的铆钉或螺栓。长中心冲是一个长锥形冲头，用于焊接时车身面板或其他车身部件（诸如翼板螺栓孔和保险杠）等的定位。錾子（图 10.22）是有硬化刀口的钢棒，用于切断钢材，錾子有多种尺寸。冷錾用于分离咬死的螺母，切断生锈的螺栓和焊接点，以及分离车身和车架部件。

9. 划针

划针（图 10.23）像一个锥子，但其钢柄较重。它用来在金属板上划出要切割、钻孔或紧固的标志，可以用锤轻敲划针穿过较厚的金属板。当不需要特定尺寸的孔时，可以用划针在金属板上戳穿一个孔。划针需要保持锐利，才能在各项作业中有效而安全地使用它。

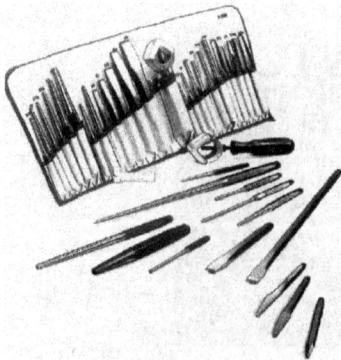

图 10.22　冲头和錾子

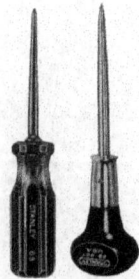

图 10.23　划针

10．金属剪

金属剪（图 10.24）用来修整面板。有几种常用的金属剪：铁皮剪刀、金属切割剪、面板切割剪。

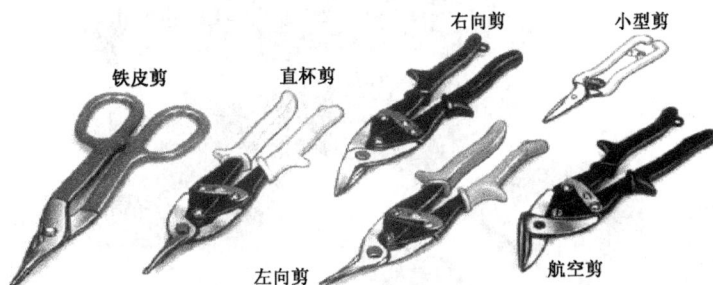

右向剪　　　　小型剪

铁皮剪　　　直杯剪

左向剪　　　　航空剪

图 10.24　金属剪

11．凹陷拉出器和拉杆

修理板件时，凹陷损伤在密封结构段，从内部使用最长的匙形铁也够不到，此时可以用如图 10.25 所示的凹陷拉出器或拉杆。早期在修复凹陷时，在皱折部位钻或冲几个孔，安装好螺柱，拉出器钩住螺柱后用冲击锤在凹陷拉出器的金属杆上滑动并冲击把手。冲击锤轻打把手，慢慢拉起凹点。使用螺柱拉伸时在面板上产生的孔要用气焊或锡焊封起来，只用车身填料简单修补这些孔，不能提供足够的锈蚀防护。这种方法已经不再使用。而现在凹陷拉出器和拉杆一般都配合外形修复机来使用，在车身的凹陷部位焊接一个焊钉或垫圈，然后用拉杆勾住焊钉或垫圈拉出凹陷。小的凹坑或皱折可以用一根拉杆拉平，大的凹坑可以同时使用三个或四个拉杆拉平。

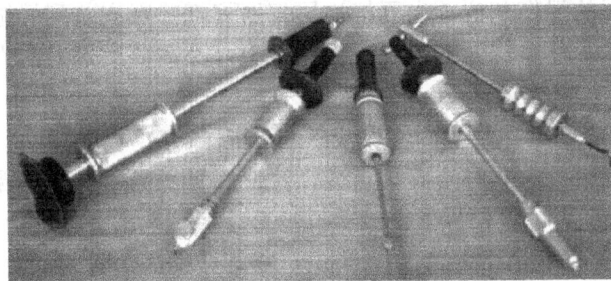

图 10.25　凹陷拉出器和拉杆

12．外形修复机

具有电流调整性能的外形修复机，可以很轻松地把板件上的凹陷拉出来。外形修复机可以焊接垫圈、焊钉、螺柱、星形焊片等进行拉伸操作，还可以使用铜触头和碳棒进行收缩操作。外形修复机如图 10.26 所示。

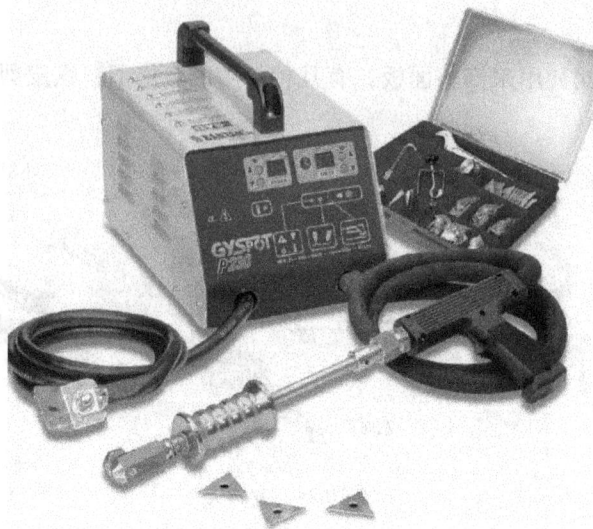

图 10.26　外形修复机

① 外形修复机焊接原理。外形修复机的电源是 220 V，通过内部的变压器转换成 10V 左右的直流电。主机上有两条输出电缆线，一条为焊枪电缆，另一条为搭铁电缆，在工作时两条电缆形成一个回路。把搭铁连接到工件上，焊枪通过垫圈等把电流导通到面板的某一部分上，由于电流达到 3500A 左右，垫圈接触面板的部位产生巨大的电阻热，使温度能够熔化钢铁，熔化的垫圈就焊接到面板上了。

② 外形修复机的使用方法。

- 首先用主机的转换开关选择自己所需要的作业方式。
- 搭铁线连接到离损伤部位较近的地方。
- 需要焊接垫圈的损伤部位，也要把涂层打磨掉把垫圈安装到焊枪上，焊枪的触头一般有磁性可以吸住垫圈。把垫圈抵在面板上，不需要用过大的力去按，力太弱也焊接不好，要掌握好力度。
- 按下焊枪的开关，通电后垫圈就焊接在面板上了。
- 然后就可以使用拉出器对面板凹陷进行拉伸修复。使用过的垫圈拆除时，用钳子夹住后，左右拧就可以轻松拆下来。
- 拉伸修复操作完成后，在盘式打磨机上装上打磨纸，轻轻地对金属面进行整体打磨，把焊接印打磨好。最后把面板上去除涂层的部分进行防腐处理，注意面板焊点的反面和搭铁部位也要进行处理。

13. 吸盘

吸盘（图 10.27）可以拉起浅的凹坑，但凹坑位置不能有皱折。作业时用吸杯附着在凹坑的中心并拉起，凹坑就能回复正常形状而不损伤油漆，也不用再做表面整修。有时凹陷拉出后，还需要用橡胶锤和顶铁来整平金属板，消除金属板上存在的弹性变形。

14. 铆枪

使用铆枪（图 10.28）前，先在两片金属片上打孔，把铆钉插入孔中，然后用铆钉工具拉出，把金属面板锁定在一起。使用铆钉枪时不用在铆钉的背面加工孔，并有相当高的强度，如使用了足够的铆钉，形成的连接是非常牢固的。对于各种钣金件更换，如锈蚀孔修理，使用铆钉连接是最简易、费用最少的连接方法。车身上不同材料之间、铝合金或不能使用焊接的部位（如油箱附近），都要使用铆钉连接。最通用的铆枪是 3mm 和 6mm 规格的。其他各种规格尺寸的铆枪适用于特种作业。

图 10.27 吸盘

图 10.28 铆枪

15．侧面锉

侧面锉（图 10.29）适用于许多形状的修整，它的曲线形状适合于紧密配合凸起表面，如围绕风窗、轮口和其面板边缘。侧面锉在使用时是拉动而不是推进。推进操作会引起锉的振动，会形成刻痕和不平的表面。

16．车身锉

车身锉（图 10.30）用于锉平大的表面。在对损伤部位进行修整后，用车身锉可以磨去高点而显露出需要再加以敲击的低点。操作时要注意，不要大力使用车身锉，否则可能会锉穿薄金属板。

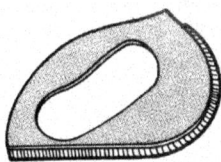

图 10.29 侧面锉

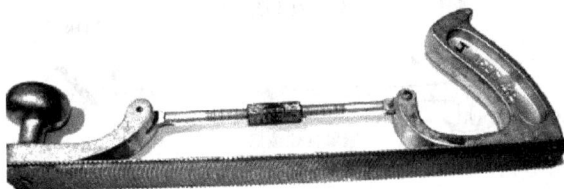

图 10.30 车身锉

17．圆盘磨光机

圆盘磨光机（图 10.31）经常使用的是直径为 7 英寸的砂轮，转速至少为 4000r/min。低速转动的磨光机可用来清除油漆，使用粒度为 16～60 号的砂轮。清除油漆时，最常用的砂轮粒度为 16 号。粒度为 24 号或 36 号的砂轮用来清除金属，而更高的粒度则用来消除锉平时留下的痕迹或对金属进行抛光。垫块有两种类型，刚性垫块用来清除金属，而较柔软的垫块则用来清除油漆或抛光。较柔软的垫块使砂轮能够随着金属表面的变化而发生

图 10.31 圆盘磨光机

滚动。单独清除油漆时最好不要用砂纸类型的磨削方式，而应该使用尼龙砂轮盘，这样既可以打磨掉漆层又不会伤害下层金属板。砂轮具有两个功能，一个是抛光，用来清除油漆或整平填充物；另一个是横切割，用来清除金属。

10.4　车身钣金修复技术

10.4.1　敲击修复的基本方法

1. 铁锤的敲击方法

校正金属的关键是知道应在什么部位、在什么时间、用多大的力敲打多少次。握锤时要以下面的两个手指为支点，当锤子从金属表面上弹回时，可以绕着支点做轻微的旋转。其他的手指(包括拇指)将铁锤向下推，用手腕发力（不是手臂发力）使锤做环状运动，应垂直地敲打，并让铁锤从金属表面弹回来（图 10.32）。每两次敲击点的间距为 9～12mm，直到损坏处得到修复。

在用钣金捶敲打金属板时，锤子的平面应该与金属板的平面一致，否则会损坏金属板（图 10.32）。铁锤的工作面必须与金属板的形状相配合，具有平坦锤面的铁锤适用于平坦的或低隆起的金属表面，凸形工作面的敲击锤适用于敲打内侧的弧形金属面。重的敲击锤可用来进行大致的修整，但要保证敲击不能加重损坏的程度。精整锤用于最后的精整修复，精整锤比敲击锤轻，而且通常都带有锤头。精整修复时敲击的要领是快速轻敲，敲击时，锤子也应和金属表面垂直。用铁锤敲打金属表面的棱边将会加重金属的变形。

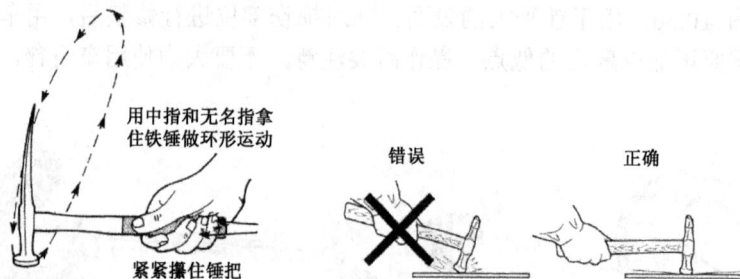

图 10.32　握锤和敲击方法图

2. 铁锤和垫铁的敲击方法

将垫铁作为铁锤的支撑物有两种敲击方法：铁锤在垫铁上敲击法和铁锤不在垫铁上敲击法。铁锤在垫铁上敲击法用于拉伸金属，而铁锤不在垫铁上敲击法则用来平整金属。

（1）铁锤在垫铁上敲击法

此法适用于修理较小、较浅的凹陷和折损，也可以用这种方法来延伸金属，使其恢复原来的形状。这些情况一般出现在隆起处，偶尔也会出现在平坦的金属板上。为了整平一个折损，可以将垫铁放在金属板的反面折损处的下方，并用铁锤从正面敲击，如图 10.33 所示。铁锤对垫铁的敲击将造成垫铁的轻微回弹，同时，垫铁也会从反面敲击金属板。一定要选择形状合适的垫铁，垫铁的工作面不符合金属板的形状，其结果必然导致凹陷的增加。垫铁的形状与所接触的平板的平面应该一致，如图 10.34 所示。铁锤在垫铁上敲击法实际包含了两个动作，即铁锤敲击金属板和垫铁向上回弹并撞击金属板的内侧。许多隆起部位上的收缩区都可采用铁锤在垫铁上敲击法，使它恢复到原来的高度。采用铁锤在垫铁上敲击法时，必须能够接触到金属板的内侧，否则，只能使用惯性锤拉伸或填充剂填充。

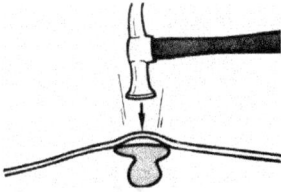

图 10.33　铁锤在垫铁上敲击法　　　　图 10.34　垫铁工作面要符合金属板件形状

（2）铁锤不在垫铁上敲击修理法

如图 10.35 所示，采用此法来修整金属板时，将垫铁放在金属板最低处的下面，用铁锤敲击附近的高处，实际上铁锤并没有敲击垫铁。垫铁和铁锤一样，也是用来校正损坏部位的，它相当于一个冲击工具，只能敲击拉伸区。

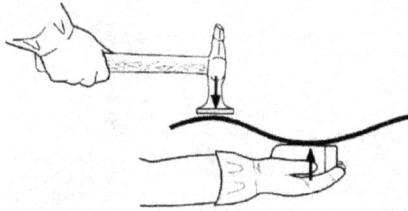

图 10.35　铁锤不在垫铁上敲击修理法

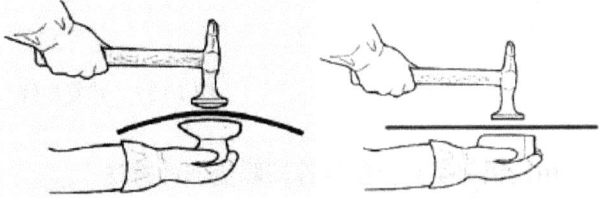

10.4.2　修复凹陷的基本方法

1. 用铁锤和垫铁修整板件凹陷变形的方法

碰撞点是最先撞击的地方，随着金属被推进，在碰撞点的两边逐渐形成一个凹陷。这个凹陷（中间的凹陷变形类型是凹陷卷曲折损）的中间部位是除碰撞点以外变形最大的地方。离碰撞点越远的地方凹陷变形越浅，在凹陷处的边缘周围形成了箭头型的隆起（单纯的卷曲折损），如图 10.36 所示。修理凹陷部位时，按照和碰撞发生时相反的顺序进行，必须从凹陷区域外部开始向内压平，逐渐向凹陷中心处接近，如图 10.37 所示。

2. 用修平刀修整板件凹陷变形的方法

可以将修平刀垫在金属板上，再用铁锤或敲击修平刀敲打，可以增加敲击的效果。在大致修整阶段或校正很深的凹陷时，也可使用修平刀，如图 10.38 所示。

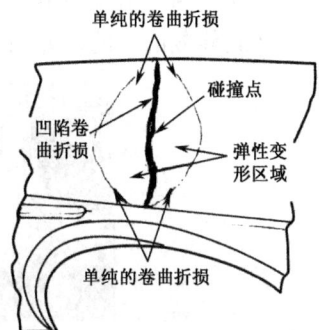

图 10.36　撞击后的变形

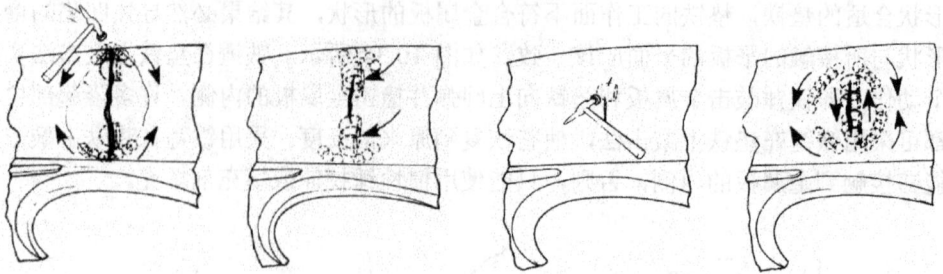

图 10.37　修复步骤

3．用撬镐等工具修整板件凹陷变形的方法

金属上的凹陷损伤的修复，可以使用撬镐等（如尖锤、加长的尖锐工具、垫铁的边缘、甚至还有划针等）工具撬起、修复凹陷变形，操作时最好是轻撬几次，效果比重撬一、两次要好。对于车门上的凹陷变形，可把撬镐插入一个排水孔或门背后的孔内。这样在修理凹陷处时，既不需要折除门内部的装饰物，也不需要在门的外部面板上钻孔，如图 10.39 所示。

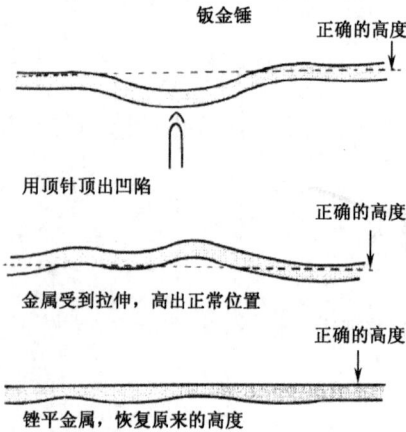

图 10.38　用修平刀修复板件

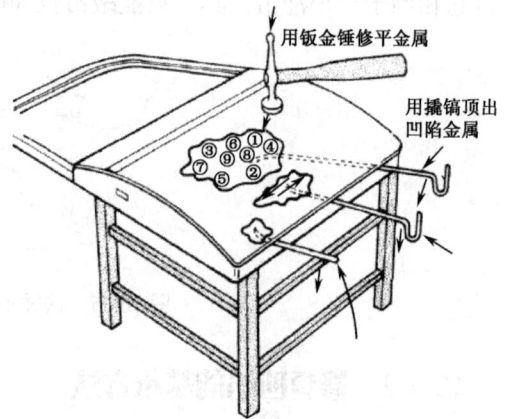

图 10.39　用撬镐修复变形

4．用焊接介子修整板件凹陷变形的方法

这是一种现在最常用的修复凹陷的方法，此法在板件的凹陷处焊接介子，然后拉伸介子，达到修复的目的，如图 10.40 所示。

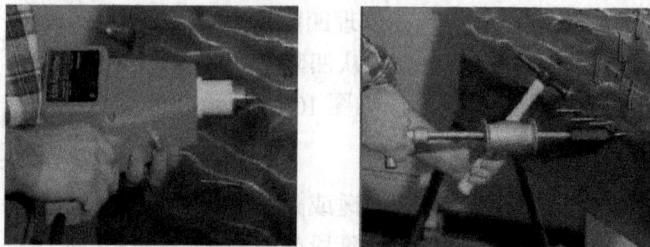

图 10.40　用焊接介子修整板件凹陷变形（1）

常规的外形修复机都具有此修复功能。对于很难接触到金属板背面的凹陷变形，或者车门上的小范围凹折变形都可以使用此方法进行修复。

用专门的点焊机将金属垫圈焊接在凹陷处，使用凹陷拉出器或动力千斤顶将一个或许多个垫圈向外拔，如图 10.41 所示。校正结束以后，反复拧垫圈使它与板件分离，并打磨到与金属板同样的高度。板件的背面由于焊接产生的热量会破坏防腐层，所以要进行防腐蚀处理，在内部喷涂防腐剂。

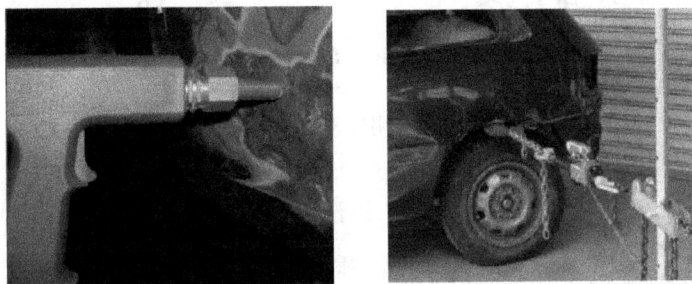

图 10.41　用焊接介子修整板件凹陷变形（2）

10.4.3　修复隆起的基本方法

直接损坏部位的隆起和折损处的金属容易受到压缩，受到压缩的表面形状高于原来金属板的表面形状，如图 10.42 所示。在修理时需要对这些变形进行收缩处理，让超出原来高度的板件恢复到原来的形状。金属收缩的方法有两种，对于轻微的隆起变形可使用敲击进行收缩，对于严重的隆起变形可以使用加热进行收缩。

1．铁锤垫铁敲击法

用铁锤和垫铁敲击，应该使用铁锤不在垫铁上敲击法，敲击时铁锤要快速轻敲，沿着隆起表面的最低位置开始敲击，逐步朝着隆起的最高位置进行，要保证每次敲击的都是隆起的最低位置，如图 10.43 所示。

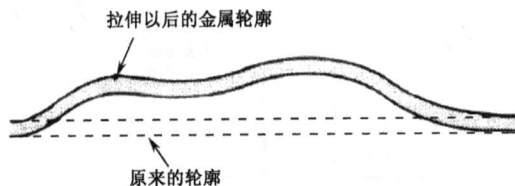

图 10.42　隆起的损坏部位

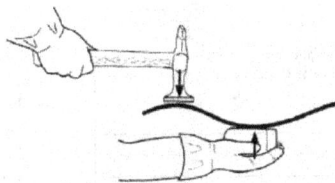

图 10.43　敲击收缩

2．修平刀敲击法

用修平刀敲击，紧压在高隆起处或折缝处，然后用一个圆头锤或敲击锤来敲击修平刀。冲击力被修平刀分散在隆起或折缝处一个很大的范围内，这样就减少了金属可能会产生的延伸。操作过程中，始终要压紧修平刀，不能让修平刀弹起，因为修平刀的压力也是校正力的一部分。按照从隆起处的最低点（铰折折损处）到最高点的顺序进行校正，如图 10.44 所示。有时可以用敲击锉来代替铁锤。这时可使用较大的力量来压低敲击锉，一般不会损坏金属板，而且敲击锉可以和垫铁同时使用。也可以用敲击锉来"敲打"隆起的部位，由此而产生的锯齿形表面会使延伸的金属得到收缩。

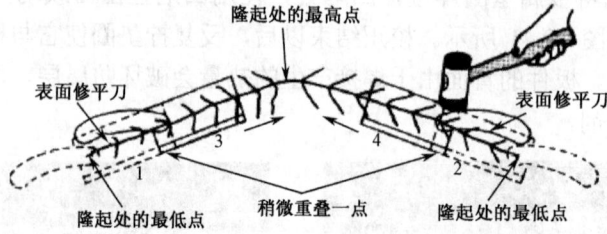

图 10.44　用修平刀敲击收缩

3．打褶收缩法

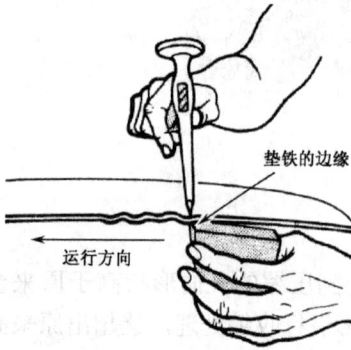

图 10.45　打褶收缩

用铁锤和垫铁在延伸区产生一些"褶"，然后采用铁锤不在垫铁上敲击法，用尖锤在延伸部位轻敲，如图10.45 所示。给金属打褶将会使金属表面稍有降低。对于打褶后降低的部位，要用塑料填充剂填平，然后锉平并磨光。

4．加热收缩法

一根两端都处于自由状态的金属棒，受热时它会膨胀，冷却时回到原来的长度。金属棒的两端都固定住，对它先加热，由于两端不能伸长，在受热部位直径就会增大，如果受热后直径增大的金属棒骤然冷却，增大部分的金属表面被剧冷，增大的变形就被保留下来了，金属内部降温较缓便产生收缩力使金属收缩变形，结果金属棒尺寸缩短，如图 10.46 所示。

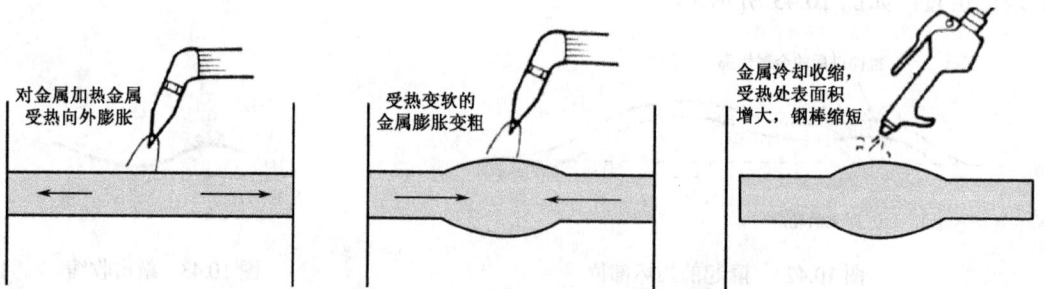

图 10.46　加热和冷却对金属棒直径的影响

根据金属热胀冷缩的特点，可以用加热来收缩金属板。操作方法为：用焊炬或收缩触头收缩某一部位时，可以对压缩区（即隆起处）的一小块地方加热，使它变成鲜红色。先让延伸区的最高点收缩，然后再让下一个最高点收缩，以此类推，直到整个部位都缩回到原来的位置，如图 10.47 所示。

① 采用氧乙炔加热收缩钢板的过程如下。

- 把火焰调至中性焰，并使用小号的喷嘴。
- 焰心到金属的距离为 3mm，直到金属开始发红。
- 焊炬缓慢地沿着圆周运动方向向外移动，直到整个受热部位都变成鲜红色，随着温度的增加，受热的金属变得比较柔软。这些柔软的金属堆积起来，并在受热处形成隆起，用钣金锤在加热区周围轻敲几下，使金属晶粒之间相互靠拢，如图 10.48 所示。
- 敲打时一般不用垫铁支撑金属，除非金属发生塌陷。
- 红色消失并经过整平以后，用一块潮湿的布或海绵使金属的收缩部位冷却。
- 校正过量收缩的方法是用重铁锤在垫铁上敲击法拉伸最后一次的收缩。

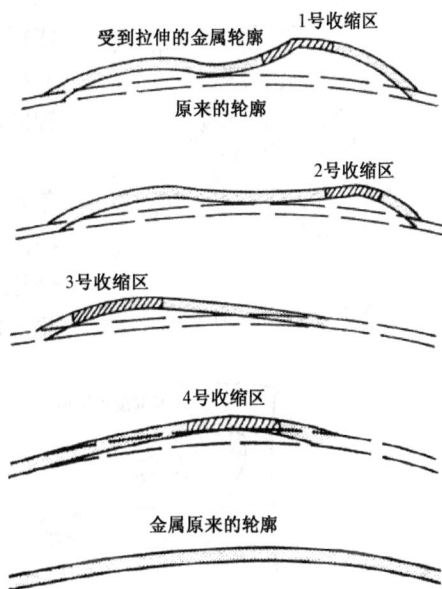

图 10.47　加热收缩的操作过程

② 用外形修复机进行热收缩的过程如下。

- 热收缩的部位用砂轮清除油漆层。
- 焊枪更换热收缩电极触头，搭铁连接到要修复的板件上。
- 调整外形修复机的电流、时间等参数。
- 电极触头接触到隆起的部位，电极通电后在接触部位由于电阻热而使板件变红（图 10.49）。待红色消失后，用湿抹布使收缩部位冷却。
- 对要收缩部位进行反复收缩操作，直到隆起部位与周围板件高度一致。
- 电极触头收缩时同样会破坏板件背面的防腐层，随后要进行防腐处理。
- 可以使用修复机配备的碳棒对高出区域进行收缩，用碳棒收缩时不用湿抹布冷却，因为碳棒与金属接触的部位的温度不高。

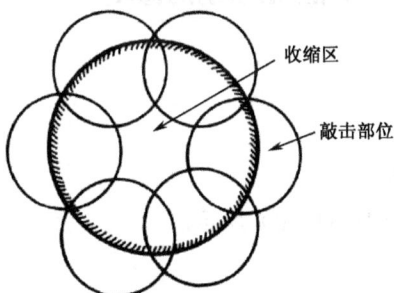

图 10.48　加热收缩的敲击部位

图 10.49　电极加热板件

10.4.4　板件变形修整后的修平处理

被损坏的部位经过敲击和拉出以及尽可能的修整以后，还要用车身锉来寻找剩余的高

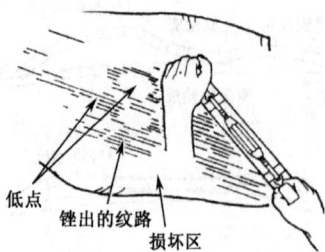

图 10.50　车身锉修平

点和低点。在锉的过程中，应该握住手柄向前推，用手握住锉的头部，以便控制压力的大小和方向。每次锉的行程应尽量拉长。在返回的行程中，用手柄将车身锉从金属上拉回，如图 10.50 所示。

当锉一个很平坦的部位时，将锉与推进方向呈 30°角水平地推，也可将锉平放，沿着 30°斜角的方向推，如图 10.51 所示。在隆起的金属板上，应将锉平放，并沿着原来的凸起处平推，或者沿着凸起处最平坦的方向平放，以 30°或更小的角度向—边推，如图 10.52 所示。

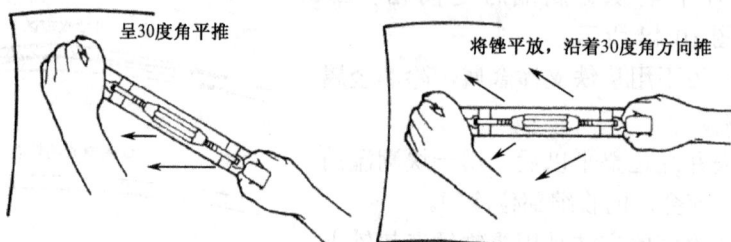

图 10.51　车身锉运动方向（1）

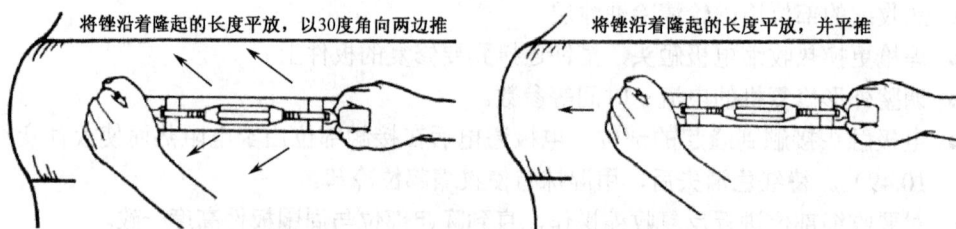

图 10.52　车身锉运动方向（2）

10.4.5　车身钣金修复实例——车门外板大面积凹陷损伤的修复

修复步骤如下。

① 检查损伤情况，如图 10.53（a）所示。
② 拆除饰条，如图 10.53（b）所示。
③ 清洁凹陷处及其附近区域，如图 10.53（c）所示。
④ 用吸盘吸拉凹陷处，使之基本恢复形状，如图 10.53（d）所示。
⑤ 划出变形区域，如图 10.53（e）所示。
⑥ 用塑料锤敲击车门，如图 10.53（f）所示。
⑦ 用车身锤敲击车门，如图 10.53（g）所示。
⑧ 用车身锉修平，如图 10.53（h）所示。
⑨ 检查修复情况，如图 10.53（i）所示。
⑩ 用砂轮磨平修复区，如图 10.53（j）所示。
⑪ 再次检查，如图 10.53（k）所示。

⑫ 钣金处理完毕，如图 10.53（1）所示。

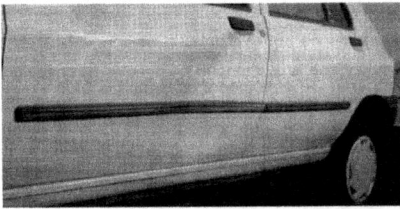

（a）

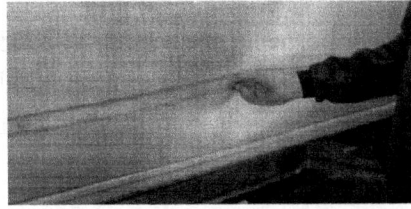

（b）

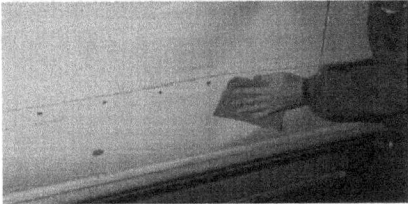

（c）

（d）

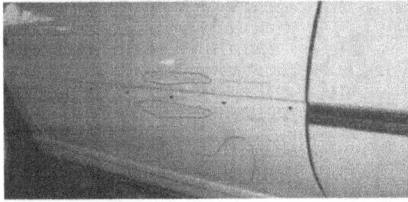

（e）

（f）

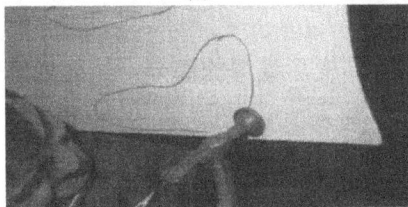

（g）

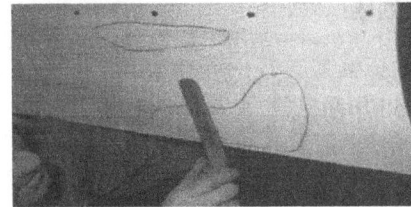

（h）

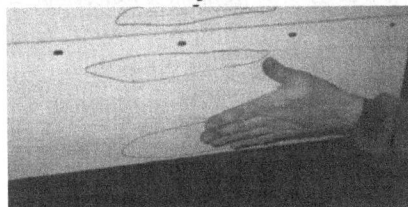

（i）

（j）

（k）

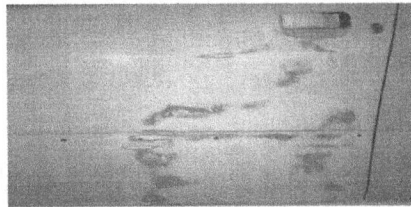

（l）

图 10.53　车门外板大面积凹陷损伤的修复

10.4.6　板件轻微损伤的修复

用黏结的方法把介子（衬垫）固定在变形的部位（而不是用电极焊接介子的方式），通过衬垫黏结在变形区域进行拉伸校正，最后通过溶剂把黏合剂去掉，变形区域的变形被修复，而表层的油漆不会受到损伤。修复过程如下。

1．清洗

清洗车身板件由于轻微碰撞产生小的凹陷，这时可以使用稀释剂清洁车身损伤表面和准备使用的衬垫。要使用丙稀酸合成的磷酸稀释剂，不要使用清洁稀释剂，如图 10.54 所示。

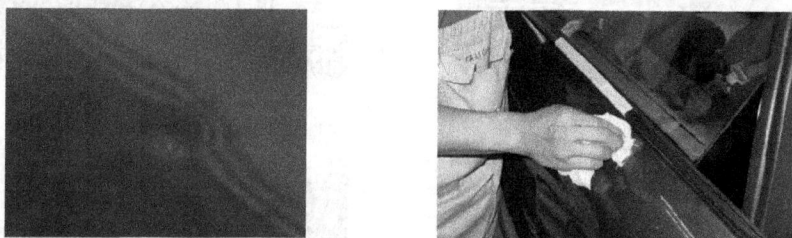

图 10.54　清洗

2．划线

用笔在需要拉拔的碰撞点做好标记。这个点设置到变形最深的部分，然后划四条线，如图 10.55 所示。

3．加热

将胶水枪的电源接通，将胶棒插到枪里并等上 4～5 分钟，胶加热变成液体状后才能使用，如图 10.56 所示。

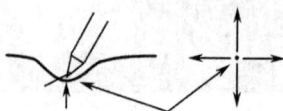

图 10.55　在凹陷处划线

图 10.56　胶水枪

4．粘衬垫

衬垫上滴上足够的胶，以填平变形的凹陷部分。选择最合适的衬垫，直径与变形的直径相似。把胶均匀地涂到衬垫上，将衬垫放到碰撞点，胶只要能填平变形部位即可，不能太多。变形部位黏结好衬垫后，不要用力向下压衬垫，要等上 2～3 分钟以确保胶硬化成固体。胶的厚度必须填平变形的凹陷部位。一定厚度的胶可以依靠其弹性，参与凹痕拉拔的过程，如图 10.57 所示。

5．拉拔

将衬垫拉拔装置装到拉伸枪上，面向外进行拉拔，如图 10.58 所示。

图 10.57　把衬垫粘在凹陷处

图 10.58　通过衬垫拉拔凹陷

6．取衬垫

使用同样的稀释剂取下衬垫。在衬垫周围滴几滴稀释剂，使用塑料刮刀的边缘，取下胶。使用同样的方法取下衬垫上的胶，如图 10.59 所示。

7．抛光

对修复表面进行抛光处理后就可得到完好的表面，如图 10.60 所示。

图 10.59　取下衬垫上的胶

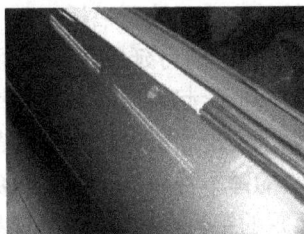

图 10.60　修复处抛光后

10.4.7　微钣金修复

传统的方式可以使用微钣金工具来修复，常用的工具有撬镐、微钣金锤、小凹陷顶出器等，如图 10.61 所示。

车身外部板件在受到比较小的力量的冲击时，会产生一些微小的凹痕，影响车辆的美观。修复时，用笔在微小凹痕部位做出标记，在凹陷部位做好标记，把灯光放在需要修复的部位旁边，通过灯光的照射可以仔细地观察凹陷部位在修复过程中的变化，以便及时调整维修操作。

对微小凹痕进行修复用的工具与常规的钣金工具不同，由于修复时的力量要小、轻柔，所以工具也要小、精致。

把微钣金撬镐深入板件凹痕的后面，在板件后找到凹痕部位进行轻柔的顶压，用微钣金锤轻敲凹陷部位，动作要轻柔，不要损伤漆面。在修复好的凹陷部位的油漆表面可能有细微的磨损，在修复部位放一些研磨膏，对此部位进行研磨抛光最终通过精细的修复可以得到与原先外观没有区别的效果，如图 10.62 所示。

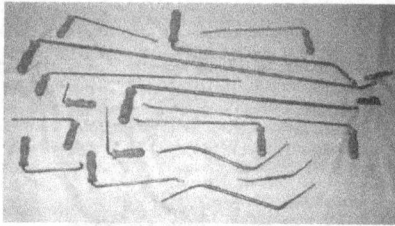

图 10.61　微钣金工具

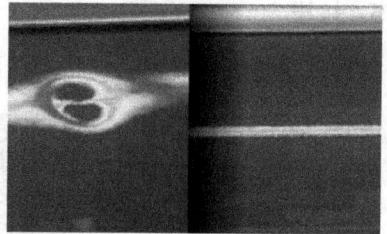

图 10.62　修复前后的对比

10.4.8　铝板件的修复

铝可用来制造汽车上的各种板件，例如车门板、翼子板、发动机罩等铝板的修理更需要小心。铝比钢软得多，而且当铝受到加工硬化以后，更难以加工成形。它的熔点也较低，加热时容易变形。铝制的车身及车架构件的厚度通常是钢件的 1～2 倍。由于加工硬化的影响，铝件受到损坏后更加难以修复。在修理损坏的铝板时，应该考虑到铝的这些特性。

1. 修复铝板时的注意事项

① 不能使用常规钢板的整形工具。由于铝板的强度比较低，一般使用表面是橡胶或木制的锤或垫铁来进行维修，可以防止在校正中敲击过重铝板产生过度拉伸。建议采用铁锤不在垫铁上的敲击法来校正铝板。

② 由于铝板的可延展性不及钢板，要采用对铝板的变形较缓和的铁锤不在垫铁上的敲击法。为了降低隆起处的高度而用铁锤和垫铁敲击时，必须注意不要加重损坏的程度。用敲击法时，如果锤击太重或次数太多都会拉伸铝板，所以这时应该多次轻敲，而不能只是重敲一两次。收缩锤不可用于铝板，以免使铝板开裂。

③ 裸露的铝表面上不可涂敷填充剂或油灰。第一次使用前，应先涂上环氧树脂底剂。另外，也不能使用铅性填充剂，因为铅会降低铝的耐腐蚀性。

④ 对于铝板上出现的小范围凹陷，用尖锤或杠杆撬起效果很好。但是不能使凹陷处升高太多，也不能拉伸柔软的铝。

⑤ 可以使用铁锤和修平刀进行弹性敲击，来释放高隆起处的应力。修平刀将敲击产生的力分散到一个较大的范围，使坚硬的折损处弯曲的可能性减小。

⑥ 挫修时注意控制力度。由于铝很柔软，用锉修平铝板时，应减轻手施加在车身锉上的压力。应使用圆形边缘的车身锉，以免擦伤金属。

⑦ 注意打磨时的冷却。在铝板上打磨时，要防止高速砂轮机上粗糙的砂轮烧穿柔软的铝，还要注意打磨过程中产生的热量能够使铝板弯曲。可以使用 36 号粒度的疏涂层砂轮。打磨时要特别注意，只能将油漆和底层涂料去掉，不可切割到金属。打磨 2～3 次后，用一块湿布使金属冷却。对于小范围和薄边的打磨，应使用双向砂轮机或电动抛光机，转速应低于 2500r/min。建议使用粒度为 80 号或 100 号的砂纸或柔软、能变形的砂轮垫块。

2. 铝板的收缩处理

对铝板进行拉伸或敲击时用力过大很容易形成隆起变形，这时就需要对受到拉伸的板件进行收缩处理，恢复正常的板件高度。收缩时可以用氧乙炔（氧丙烷）。铝板的强度低、熔点低, 加热温度不能过高, 否则会使板件产生更大的变形或熔化, 导致修复失败。外形修复机电极触头或碳棒进行。收缩处理的程序和钢板收缩程序类似。对铝板进行钣金处理时, 铝板的韧性低, 容易在敲击部位形成加工硬化而破裂, 要经常加热消除内部的应力。

与校正钢板有重要的区别。校正钢板时, 必须尽量避免加热, 以免降低钢的强度。

加热时操作过程如下:

① 用热敏涂料 / 或热敏笔画一个环状的标志, 如图 10.63 所示。

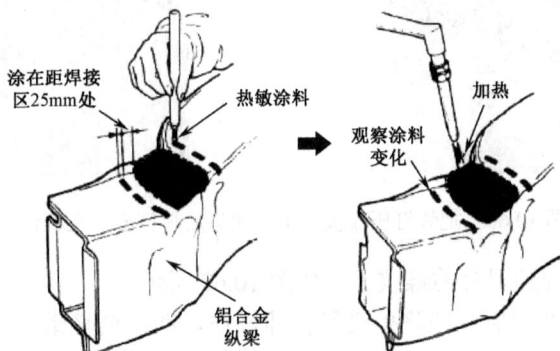

图 10.63　涂热敏涂料

② 均匀移动火焰, 对变形处加热。

③ 热敏涂料或热敏笔画的标志改变颜色时, 停止加热。铝在熔化时不会改变颜色, 要用热敏涂料控制温度, 否则会形成烧穿孔而无法修复。

3. 铝外形修复机修复铝板凹陷

铝外形修复机与钢板外形修复机修复的工作原理相同, 也是在板件上焊接介子, 铝板焊接的介子是铝焊钉。然后通过介子对铝板进行拉伸, 达到修复的效果。铝板外形修复机和钢板外形修复机的结构不一样, 钢板外形修复机内部有线圈变压器, 通过线圈变压器变成低电压高电流, 然后通过垫圈与板件接触通电产生电阻热熔化而焊接在一起。

铝的电阻是钢板的 1/4~1/5 左右, 对铝焊接时的电流就需要钢铁焊接的 4~5 倍, 很难做到这么大的电流。铝板外形修复机内部没有线圈变压器, 里面有十几个大容量的电容, 通过所有电容瞬间放电来焊接。铝焊钉的头部有一个小尖与板件接触, 接触面积小电阻大, 产生电阻热大, 容易焊接。如果铝焊钉没有尖头, 就不能用了, 这么大的接触面积正常的焊接电流不能够焊接。所以铝焊钉是一次性使用的, 不能重复再用。

铝外形修复机修复的步骤如下。

① 氧化层清除干净, 否则焊接不牢固, 如图 10.64 所示。

② 把焊钉安装在焊枪上, 接通铝焊机的电源, 调整合适的电流大小, 如图 10.65 所示。

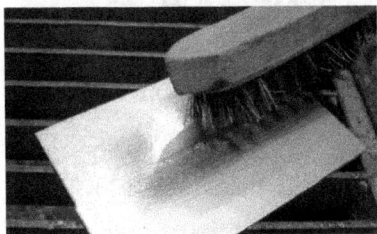

图 10.64　清理氧化层

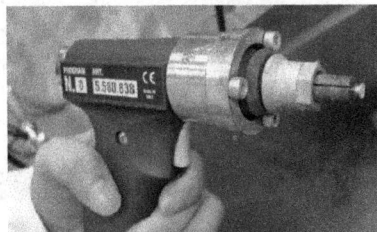

图 10.65　安装焊钉

③ 把焊钉用一定力压在板件上（不能太大或太小），焊钉要与板件接触面垂直，按压焊枪的启动开关，焊钉通电后会焊接在铝板上，如图 10.66 所示。

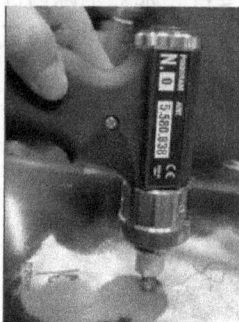

图 10.66　把焊钉压在板件上，通电后焊钉会焊在板件上

④ 把拉伸连接件拧到焊钉的螺纹上，如图 10.67 所示。

⑤ 通过拉伸连接件对板件凹陷处进行拉伸操作。动作要轻柔，力量要慢慢加大，防止局部变形过大，拉伸同时可以用钣金锤对拉伸部位进行敲击整形，如图 10.68 所示。

图 10.67　连接拉伸环

图 10.68　拉伸

⑥ 拉伸完毕后，用尖嘴钳清除焊接在表面的焊钉，如图 10.69 所示。

⑦ 焊接部位用锉或打磨机打磨平整，如图 10.70 所示。

铝板处理后不用单独做防腐处理，因为铝板会马上形成氧化膜阻止进一步的氧化。

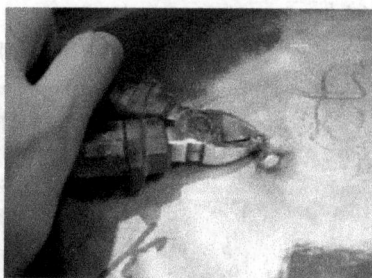

图 10.69　清除焊钉

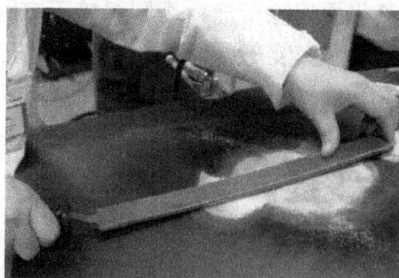

图 10.70　平整表面

习题 10

1. 钢板的变形有几种类型?
2. 钣金校正的基本原理是什么?
3. 板件间接损坏的类型有几种?
4. 板件损坏的修复程序是什么?
5. 车身外形修复机有什么功用?
6. 使用手工工具修复板件凹陷和隆起。
7. 使用外形修复机修复板件凹陷和隆起。
8. 使用黏结法修复板件轻微变形。

第11章　车身板件更换技术

本章学习任务

❖ 了解车身不同板件更换的要求。
❖ 掌握结构性板件拆卸与分割技术。
❖ 掌握车身更换技术。

11.1　整体式车身更换的要求

11.1.1　车身外部板件更换的要求

1. 碰撞损坏的车门

在碰撞中，车身外部面板会产生比较严重的翘曲（见图 11.1），在上面有冷作硬化,有些面板背面无法接近，不能很好地维修。

2. 严重损坏的板件

一些板件碰撞损坏严重，需要进行局部切割，除去损坏部件，如图11.2 所示。

图 11.1　严重变形的车门

图 11.2　需要局部切割的后侧围板

3. 无法修复的板件

一些板件已经破损（见图 11.3）或者严重腐蚀（见图 11.4），无法修复，需要进行局部更换。

图 11.3　破损的板件

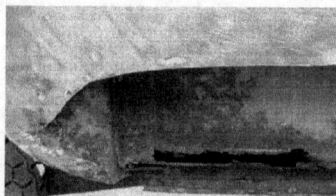

图 11.4　严重腐蚀的板件

11.1.2　车身结构板件更换的要求

1．拆卸紧固件

车身是用机械紧固和焊接两种方法将车身板件连接在一起的。装饰性的板件，例如汽车的翼子板后顶侧板和发动机罩，用螺栓、铰链、铆钉等方法与之相连。保险杠等部件通常也是用螺栓连接到框架上的。更换这些板件时，只要拆卸紧固件即可。

2．分割板件应完全遵照制造厂的建议

在整体式车身结构中，所有的结构性板件（从散热器支架到后端板）都焊接在一起，构成一个整体框架。结构性板件包括散热器支架、挡泥板、地板、车门槛板、发动机室的纵梁、上部加强件、后纵梁、内部的护板槽、后备箱地板等。修理结构性板件时，当需要切割或分割板件时，应完全遵照制造厂的建议。

3．关键部位不可割断

不要割断可能降低乘客安全性的吸能区区域、降低汽车性能的区域或者影响关键尺寸的地方。

11.2　常用分割工具及其使用

11.2.1　气动磨削工具

气动磨削工具（见图 11.5）用于金属磨削、切割，油漆层的去除，研磨腻子等工作。

图 11.5　气动磨削工具

11.2.2　气动切割锯

车身维修中常用的是气动往复式切割锯，用于金属（钢板、塑料件、铝板）结构件、外部面板的分割，如图 11.6 所示。

图 11.6　气动切割锯

11.2.3　气动錾子

气动錾子能快速进行粗切割作业，节省大量时间。还能破开咬死的减振器螺母，以及去除焊接溅出物和破碎焊点，如图 11.7 所示。

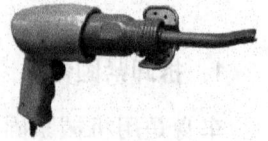

图 11.7　气动錾子

11.2.4　气动焊点钻

气动焊点钻可以进行车身电阻点焊焊点的去除分离，有进度限位装置，保证在分离板件的同时不会损伤下层板件，如图 11.8 所示。

图 11.8　气动焊点钻

11.2.5　打孔器

打孔器有气动的和手动的，用于车身板件塞焊时在新板件打孔，如图 11.9 所示。

图 11.9　打孔器

11.2.6　摺边机

摺边机用于车身板件搭接的接缝的摺边或车门等内外板的摺边成形，如图 11.10 所。

外板
内板
摺边工具

图 11.10　摺边机

11.2.7　气动剪

气动剪可用于切断、修整和剪切出外形，或剪切塑料、白铁皮、铝和其他金属板（包括各种规格的轧制钢板）上，如图 11.11 所示。

11.2.8　气动除锈器

气动除锈器用于清除金属板上的锈迹，如图 11.12 所示。

图 11.11　气动剪

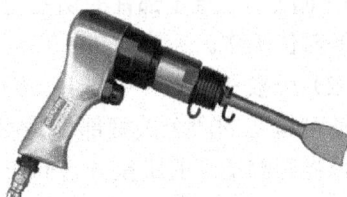

图 11.12　气动除锈器

11.2.9　气动锉

气动锉用于快速清理车身板件上尖锐的毛刺等工作。如图 11.13 所示。

11.2.10　等离子切割机

1. 等离子切割的原理

等离子弧是一种压缩电弧，由于弧柱断面被压缩得很小，因而能量集中，温度高（弧柱中心温度近 20000～30000℃），焰流速度大（可达 300m/s 以上）。

等离子切割是一种常用的金属和非金属材料的切割工艺方法。它利用高速、高温和高能的等离子气流来加热和熔化被切割材料，并借助高速气流熔化材料，直至等离子气流束穿透而形成割口。

等离子弧柱的温度高，远远超过所有金属和非金属的熔点。因此等离子切割过程不是依靠氧化反应，而是靠熔化来切割材料，因而比氧切割方法适用范围大得多，能够切割绝大部分金属和非金属材料。

现代的汽车中，大量应用了高强度和超高强度钢，这类钢材的硬度、强度非常大，用切割锯、气割钻的效率不高，由于使用氧切割会产生大量的热从而破坏金属内部的金属结构，不能够在现代的汽车中使用。等离子切割使得在现代汽车中高强度和超高强度钢大量应用所产生的普通切割方式不能满足的要求得到了解决（见图 11.14）。

图 11.13　气动锉

图 11.14　等离子切割机

2．等离子切割机

（1）切割枪

切割汽车车身零部件的切割枪（见图 11.15）是小型的、便于操作的，能在零部件比较密集的部位工作。

（2）电极和喷嘴（见图 11.16）

切割枪上的两个关键部件是喷嘴和电极，是等离子切割机中的易损件。喷嘴和电极的损坏都将影响切割的质量。它们在每次切割中都略有损耗，而且如果压缩空气中有水分、切割过厚的材料或操作者水平太低都将使它们过早地损耗。等离子切割枪的电极又称"嵌条"，电极通常由锆和钨制成，这两种金属的硬度高、耐久性好。在切割厚度超过 5 mm 的钢板时，应该使用钨电极，钨电极适用于除空气以外的其他气体，例如氩气、氮气或氢气，在碰撞汽车修理中很少用这几种气体。现在车身修理中用的电极一般是锆电极。等离子切割枪电极和喷嘴在使用时要切记切割枪的电极和喷嘴非常容易损坏，要及时更新。

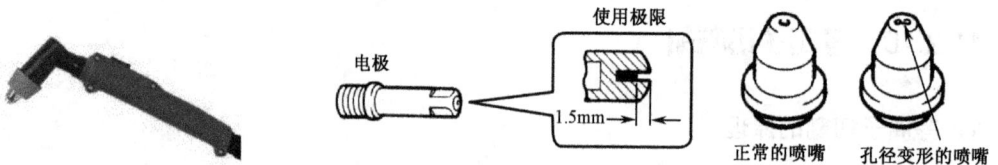

图 11.15　等离子切割枪　　　　　　　图 11.16　电极和喷嘴

（3）气源

等离子切割机由机内或机外空气压缩机供应压缩空气，也可以采用压缩空气气瓶供气。空气要求干燥、清洁，为了减少污染，在气路上应安装过滤器。空气压力一般应在 0.3～0.5 MPa，气压过高或过低都将降低切割的质量、损坏电极或喷嘴，并降低切割机的切割能力。

（4）切割电源与控制系统

等离子切割电弧一般都采用陡降外特性的直流电源，切割用电源输出空载电压一般大于 150V，根据采用不同电流等级和工作气体而选定空载电压，电流等级越大，选用的切割电源空载电压高，等离子空气切割机的控制装置一般都很简单。专门用于切割较薄金属的切割机只需关闭/接通开关和一个待用指示灯。当切割机具备切割条件时，该指示灯显示。较复杂的设备还包括一个安装在内部的空气压缩机、可调节的输出控制装置、机载的冷却剂和其他装置。等离子切割机的开路电压有可能很高（250～300V），所以割炬和内部接线柱的绝缘很重要。另外，一些切割机上还装有一个可供操作者改变电流状态的开关。当切割裸露的金属或带油漆的金属时，通过此开关可选择不同的电流。切割带有油漆或生锈的金属时，最好用连续的高频电弧切入不导电的金属表层，然后继续用这种电弧切割。而切割裸露的金属时，只需要高频电弧作为触发电弧。当割炬开始切割后，需要用直流维弧使切割继续进行下去。切割裸露的金属时，电极和喷嘴的寿命最长。

（5）切割工艺参数

● 切割电流。切割电流大，易烧损电极和喷嘴，且易产生双弧，因此一定的电极和喷嘴对应于一定的电流。

- 空载电压。空载电压高，易于起弧。切割大厚度板材和采用双原子气体时，空载电压相应要高。空载电压还与割枪结构、喷嘴至工件距离、气体流量等有关。
- 切割速度。主要决定于材质板厚、切割电流、切割电压、气体种类和流量、喷嘴结构、合适的后拖量等。如图 11.17 所示是切割速度与切口的关系。
- 气体流量。

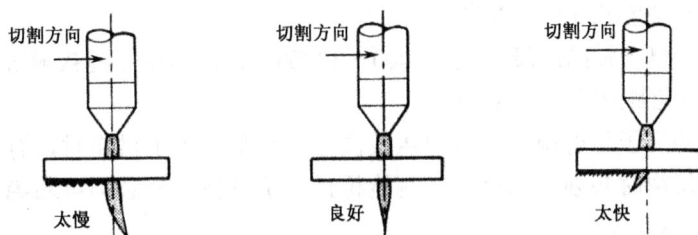

图 11.17　切割速度与切口的关系

气体流量要与喷嘴孔径相适合，气体流量大，有利于压缩电弧，使等离子弧的能量更为集中，提高了工作电压，有利于提高切割速度和及时吹除熔化金属。但是气体流量过大，从电弧中带走了过多的热量，降低了切割能力，不利于电弧稳定。等离子切割使用的气体压强为 0.3～0.5MPa。

（6）等离子切割机操作

- 将等离子切割机连接到一个清洁、干燥的压缩空气源上，切割机和压缩空气连接处的最大输送管压力为 0.3～0.5MPa。
- 将焊炬和夹紧装置的电线连接到切割机上。将切割机电源插头插到符合制造厂规定的电源上，然后将地线夹连接到汽车的一个清洁表面上，连接处应尽量靠近切割部位。
- 在等离子弧被触发以前，应先将切割喷嘴与工件上一个导电的部分相接触。必须进行这项操作，以符合安全流程的要求。一旦等离子弧被触发以后，切割机将很容易切入涂有油漆的表面。
- 拿起等离子焊炬，使切割喷嘴与工件表面垂直，向下推动等离子焊炬，这将迫使切割喷嘴向下移动，直到与电极相接触。这时，等离子弧被触发。然后，立即停止推动等离子焊炬，让切割喷嘴返回到原来的位置。
- 当等离子弧被触发后，不需要再使切割喷嘴与工件保持接触。不过，两者保持接触会使切割更容易进行。当切割喷嘴与工件保持接触时，施加在等离子焊炬上的向下的力非常小。只需要将它轻轻地拉到工件的表面上。
- 开始在金属上需要切割的部位移动等离子焊炬，切割的速度由金属的厚度决定。如果移动焊炬过快，它将不切割工件。如果焊炬移动太慢，将会有太多的热量传入工件，而且还可能熄灭等离子弧。

（7）等离子切割机的使用注意事项

- 当切割厚度在 3mm 以上时，最好使等离子切割枪与母材成 45°。
- 切割枪的冷却对延长电极和喷嘴的寿命非常重要，进行长距离的直线切割时，使用一个金属的靠尺会更加方便。

- 切割厚度 6mm 以上的材料时，最好先从材料的边缘开始切割。
- 修理锈蚀的部分时，可将新的金属材料放在锈蚀部位的上面，然后切割补上去的金属，同时也将生锈的部分切除掉。
- 在切割过程中，从切割电弧中喷出的火花会损坏油漆的表面，火花还会在玻璃上留下凹点，可用一个焊接防护套来保护这些表面。

（8）等离子切割操作的安全防护

- 防高温。等离子弧的温度达到 20000～30000℃，操作中不能接触等离子弧，没有任何防护用品近距离会产生烧伤。
- 防电击。等离子弧电源的空载电压较高，尤其是在手工操作时，有电击的危险。因此电源在使用时必须可靠接地，割枪枪体与手触摸部分必须可靠绝缘。操作人员要穿戴绝缘手套。
- 防电弧光辐射。电弧光光辐射强度大，主要是紫外线辐射，可见光辐射与红外辐射组成，等离子弧较其他电弧的光辐射更大，尤其是紫外线强度，故对皮肤损伤严重，操作者在切割时必须要穿长袖工作服并佩戴吸收紫外线的护目镜。
- 防灰尘与烟气。等离子弧切割过程中伴随有大量汽化的金属蒸气、臭氧、氮化物等，由于气体流量大，致使工作场地灰尘大量扬起，这些灰尘和烟气会对操作工人的呼吸道、肺等产生严重影响，因此工作场地要通风良好，并且佩戴防尘口罩。
- 防噪声。等离子弧会产生高强度、高频率的噪声，尤其大功率的等离子切割时，噪声更大，这对操作工人的听觉系统和神经系统非常有害。操作者必须佩戴耳塞或耳罩。
- 防高频。等离子弧采用高频振荡引弧，但高频对人体有一定的危害，要求工件接地可靠。

11.3　结构性板件的拆卸

11.3.1　确定电阻点焊焊点的位置

确定电阻点焊焊点的位置的方法如下：

① 去除底漆、保护层或其他覆盖物。

② 可用氧乙炔或氧丙烷焰烧焦底漆，并用钢丝刷将它刷掉。

③ 清除油漆以后，焊点的位置仍不能看清的区域，在两块板件之间用錾子錾开。

11.3.2　分离电阻点焊焊点的方法

分离电阻点焊焊点的方法如下：

① 使用钻头、点焊切割器等工具来钻掉焊点。切割时不要切割下面的板件，并且一定要准确地切掉焊点，以避免产生过大的孔，如图 11.18 所示。

② 使用自身具有夹紧装置的焊点钻，钻头有行程限制，在钻透第一层板后不会损伤下面的板件，如图 11.19 所示。

③ 等离子切割分离，等离子切割枪可以很快地除去焊点。使用等离子切割枪，可以同时在各种厚度的金属中吹洞来清除焊点，但是使用等离子切割不能保证下层板材的完整。

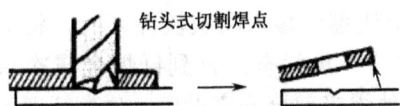

图 11.18　分离点焊焊点

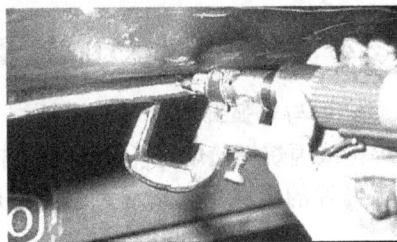

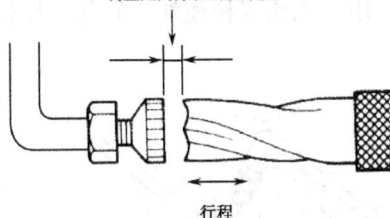

图 11.19　用有行程限制的焊点钻分离点焊焊点

④ 磨削分离，用高速砂轮也可分离用钻头不能够钻除的焊点，或更换板件的塞焊点（来自早先的修理）太大，钻头不能钻掉时，可以采用这种方法。操作时只需要磨削掉上层板，而不要破坏下层板，如图 11.20 所示。

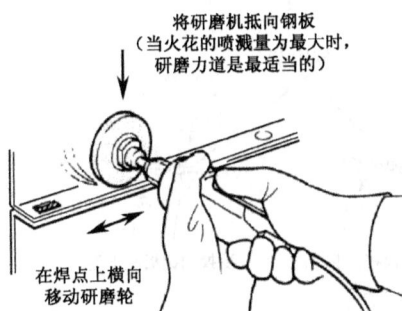

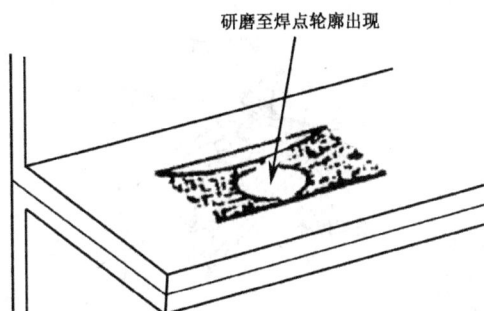

图 11.20　用研磨机分离点焊焊点

11.3.3　分离连接焊缝的方法

板件是用惰性气体保护焊的连续焊连接的。由于焊缝长，因此要用砂轮或高速砂轮机来分离板件，割透焊缝而不割进或割透板件。分离时，要握紧砂轮以 45°进入搭接焊缝。磨透焊缝以后，用锤子和錾子来分离板件，如图 11.21 所示。

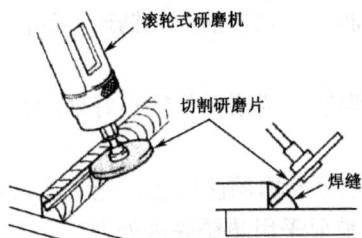

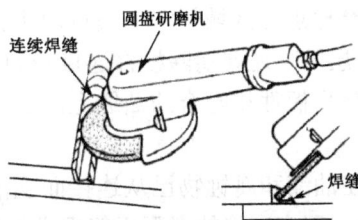

图 11.21　用研磨机分离连续焊缝

11.3.4　钎焊类型的区分和分离方法

普通钎焊与电弧钎焊可以通过钎焊金属的颜色来识别，普通钎焊区域是黄铜色的，用氧乙炔焊枪或丙烷焊枪熔化钎焊的金属来分离普通钎焊区域。

电弧钎焊的区域是淡紫铜色的，采用磨削分离的方法来分离。电弧钎焊分离钎焊的方法如下。

① 用氧乙炔焊枪使油漆软化，用钢丝刷或刮刀将油漆除掉然后加热钎焊焊料，直到它开始熔化呈糊状，再快速地将它刷掉，如图 11.22 所示。注意不要使周围的金属薄板过热。

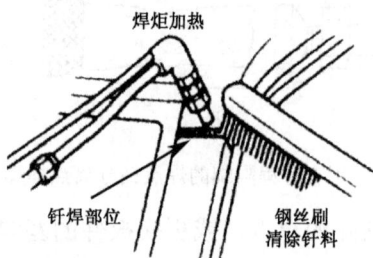

② 用起子或錾子錾入两块板件之间，将板件分离。保持板件的分离状态，直到钎焊金属冷却并硬化。在所有其他焊接部分分离以后，分离钎焊区域是比较容易的。

③ 除去油漆以后，确定连接是电弧钎焊，可采用高速砂轮机，用砂轮切除钎焊。如果更换上面的板件，不要切透它下面的板件。磨透钎焊接头以后，用錾子和锤子分离板件车身，如图 11.23 所示。

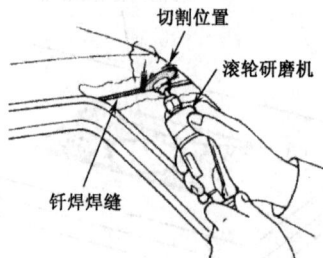

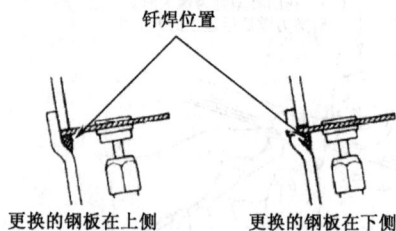

图 11.22　加热分离钎焊缝

图 11.23　用研磨机分离钎焊缝

11.4　板件的更换

11.4.1　车辆的准备

在更换板件前，要对车辆进行处理，如图 11.24 所示，步骤如下：

① 磨掉点焊区域焊缝的痕迹。用钢丝刷在连接表面上清除掉油泥、锈斑、油漆、保护层及镀锌层等。还要清除板件连接表面后面的油漆和底漆。

② 整平板件相配合的凸缘上的凹坑和凸起，保证焊接时两层板件能很好地配合，没有缝隙。

③ 在油漆和腐蚀物已从连接面上清除、基体金属已经暴露的区域上，应涂上可导电的防锈底漆，因为连接的表面不能再进行涂漆，所以焊接前要采用防锈底漆处理。

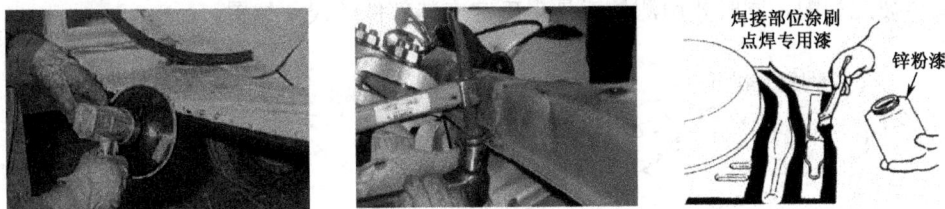

图 11.24 换件前对车辆的处理

11.4.2 新更换板件的准备

① 用尼龙打磨机清除点焊区域两边的油漆，不要磨削到板件，并且不能使板件过热变成蓝色或开始变形。

② 焊接表面清除油漆层后，要刷涂防锈底漆。刷涂底漆时要小心，以防从连接表面上渗出。如果发生渗漏，在喷涂油漆时将产生不利的影响，需要做额外的工作，因此要用浸有溶剂的布清除多余底漆。

③ 新钢板要切割成与现有的钢板搭接的形状。钢板的搭接宽度应为 18～24 mm，如图 11.25 所示。如果搭接部分太大，装配时板件的配合调整更困难。

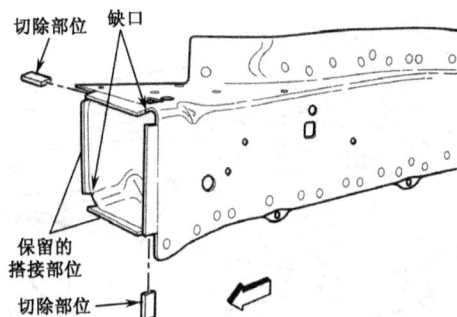

图 11.25 换件前对更换板件的处理

11.4.3 更换前纵梁

① 在更换板件以前，必须做好所有的板件校正工作，否则新的板件就无法正确安装。

② 拆除旧的板件。

③ 磨平钻除焊点时剥离钢板所产生的毛刺。

④ 用钢丝刷刷除钢板焊接部位周围的车身密封胶及底层漆。

⑤ 在清洁和去蜡后，在钢板焊接的结合面涂抹点焊专用底漆。

⑥ 在点焊或塞焊的位置做上不同的记号，以便于辨认，并在新的钢板上做记号（先决定两端的位置，再分配其余的焊点数）。如果用塞焊则先要在新板件上钻孔，如图 11.26 所示。

⑦ 新板件清洁，要磨除实施点焊焊接部位的底漆，在磨除底漆的后表面上涂抹点焊专用底漆。

⑧ 暂时安装车身前横梁。用锤子和木块依次轻轻地敲击板件，使它按需要的方向移

动，直至彼此相配。同时要用测量工具来确定安装部件的尺寸位置。

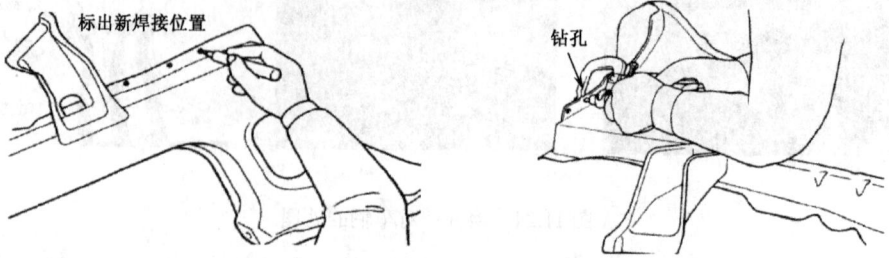

图 11.26　确定焊接位置和钻孔

⑨ 暂时安装车身前横梁。用锤子和木块依次轻轻地敲击板件，使它按需要的方向移动，直至彼此相配。同时要用测量工具来确定安装部件的尺寸位置。

⑩ 假如测量尺寸与参考值相符，通过二氧化碳保护焊点焊一个点，暂时安装前地板加强件。

⑪ 依照标准孔或旧零件的装配痕迹来暂时固定安装水箱框架。

⑫ 调整尺寸。首先进行测量，来确定悬架上支座及前翼子板隔板前后端安装点的定位。检查零件与前大灯左右尺寸的差异，并调整到完美状态，如图 11.27 所示。

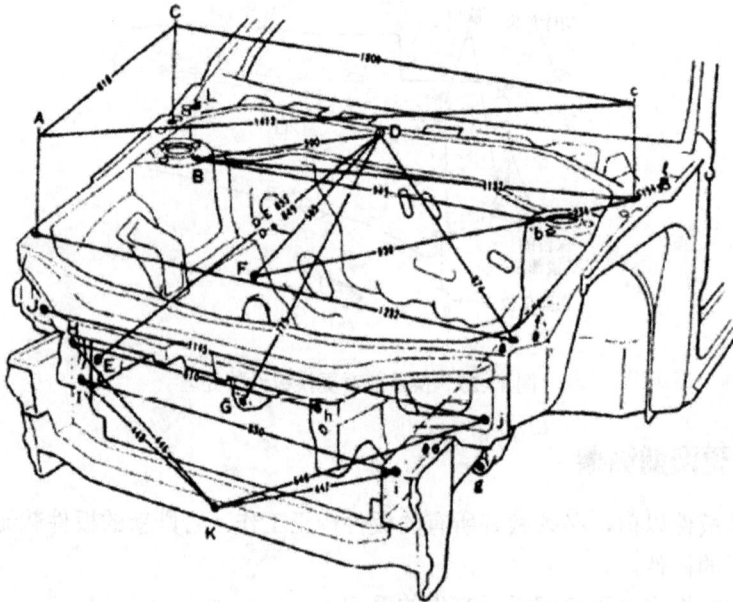

图 11.27　调整尺寸

⑬ 检查左右翼子板隔板上端的高度。

⑭ 组装车身覆盖件并检查装配间隙，如图 11.28 所示。

⑮ 在焊接以前，要再一次核实所有的尺寸。

⑯ 焊接新钢板时应从强度较高的部位开始焊接，焊接的两个板件要结合良好没有缝隙，焊接时要采用分段焊接以减小焊接应力与变形。焊接后拆除焊接夹钳，并重新测量。

⑰ 焊接表面处理，在有些部位能明显看到的焊点必须研磨至板件平齐，而要喷涂底

层漆的部位只要稍微研磨修饰即可。钢板清洁及去油脂后在焊接部位或裸钢板上喷涂防锈底漆。

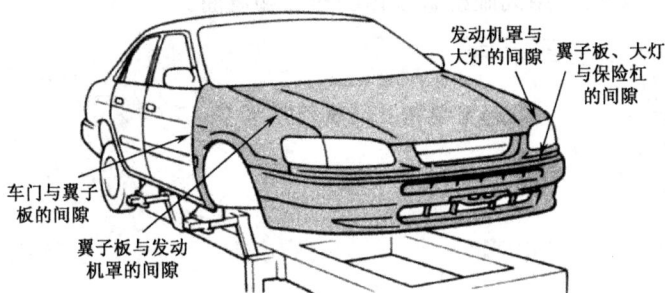

图 11.28　检查尺寸

⑱ 覆盖件装配。在完成涂装后进行车身部件装配：

● 调整发动机罩的前后方向；
● 调整发动机罩和翼子板之间的间隙；
● 调整发动机罩高度；
● 调整车门与翼子板的车身线高度和曲率。

11.4.4　更换后侧围板

① 焊点的清除。使用焊点钻来钻除焊点，针对不同的部位选择合适的工具与钻头直径。

② C柱的切割。用样板规在C柱外板划出切割线，在切割线上进行切割。对铜焊部位加热，分离钎焊区。

③ 车身结合部位的整理。用研磨机磨平焊点部位的多余金属，使金属平整，去除附着物，对焊接面板件进行整修，涂抹点焊防锈底漆。

④ 新板件的切割准备。用塑胶样板规刻划切割线，使用气动锯在切割线上进行切割，要防止钢板变形。

⑤ 暂时安装后侧围板，用虎钳夹在若干点将它固定。要保证板件的末端和边缘的匹配，如图 11.29 所示。

图 11.29　暂时安装后侧围板

⑥ 仔细调节新板件与周围板件相配合。

⑦ 将板件装配到门和后备箱盖以后，可以钻一些小孔，用自动攻丝螺钉将它固定，如图 11.30 所示。

⑧ 调整车身轮廓线和板件的搭接处，使其与后围板及后部窗式框架相匹配，如图 11.31 所示。安装尾部组合灯，并使板件与灯组件配合。当每个部分的间隙、车身轮廓线和水平偏差都已经调整好时，用肉眼检查整体的扭曲和弯曲。

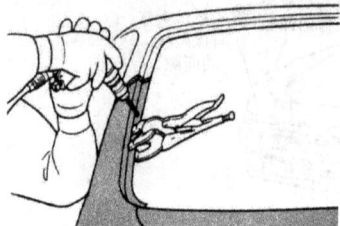

图 11.30　钻孔固定　　　　　　　图 11.31　调整配合

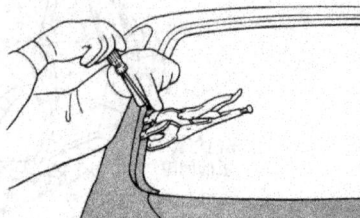

⑨ 切割搭接的板件。板件正确定位以后，用气动锯或切割砂轮切去位于连接区域的搭接部分。在分割区域进行切割时要精确，如果切割后出现间隙或板件搭接，将给下一步的焊接带来困难。

⑩ 焊接前准备，在新零件上用不同记号来辨别是要进行塞焊还是点焊，先将实施点焊部位的底漆磨除，对塞焊部位根据板厚度选择钻头来钻取塞焊所需的塞孔。确保新板件与车身的结合面吻合间隙很好，在焊接处涂抹点焊防锈底漆。

⑪ 焊接新板件，一旦新板件的尺寸和位置确定以后，就将它焊接就位，如图 11.32 所示。要采用分段焊接防止热变形和应力。对钎焊部位进行钎焊，如图 11.33 所示。

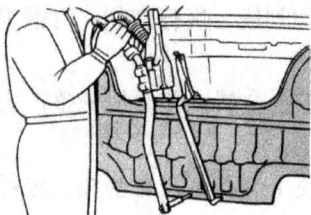

图 11.32　用点焊焊接　　　　　　图 11.33　用钎焊焊接

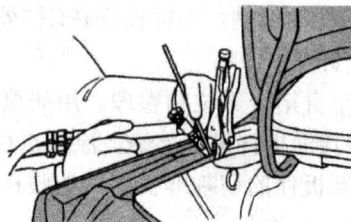

⑫ 焊接接头的处理。对表面的焊缝进行研磨，直到平滑。在没有底漆的部位实施清洁及去脂工作，车身上涂抹车身密封胶和喷涂底层漆。

⑬ 调整装配间隙。先调整行李箱盖的前后方向间隙，再调整行李箱盖的左右方向间隙，最后调整行李箱的高度，如图 11.34 所示。

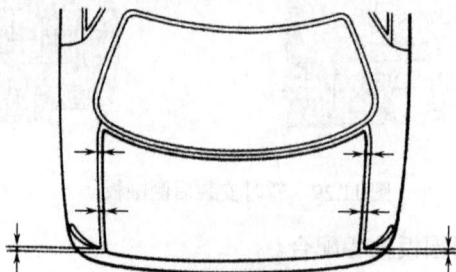

图 11.34　调整装配间隙

11.4.5　门槛外板的更换

① 用报废车身制作更换用的板件。如图 11.35 所示。
② 在需要局部更换板件的车身部位用更新板件作为模板划切割线，如图 11.36 所示。

图 11.35　制作板件　　　　　　　　　　图 11.36　划切割线

③ 切割需要更换的部位，如图 11.37 所示。
④ 修整、清洁焊接搭口并固定更换件，如图 11.38 所示。

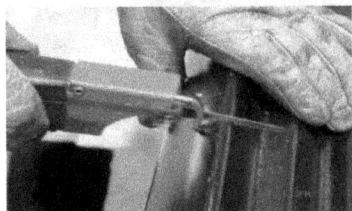

图 11.37　切割需要更换部位　　　　　　图 11.38　清洁更换板件

⑤ 用更换件作为模板在更换位置上划线，如图 11.39 所示。

图 11.39　用更换件做模板在更换位置上划线

⑥ 切除更换位置，并制作出搭接口，如图 11.40 所示。
⑦ 打磨和清洁焊接处，如图 11.41 所示。
⑧ 固定更换件，并将其焊接到车身上，如图 11.42 所示。
⑨ 打磨焊缝。

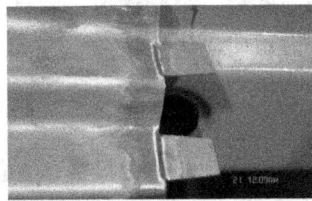

图 11.40　切除更换位置，制作出搭接口

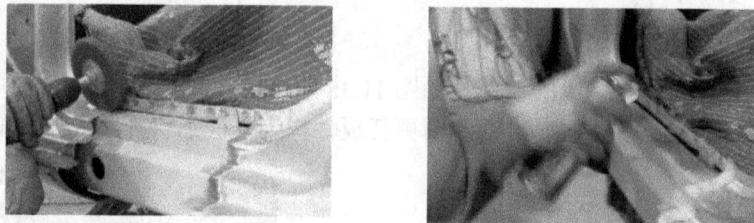

图 11.41　打磨、清洁焊接处

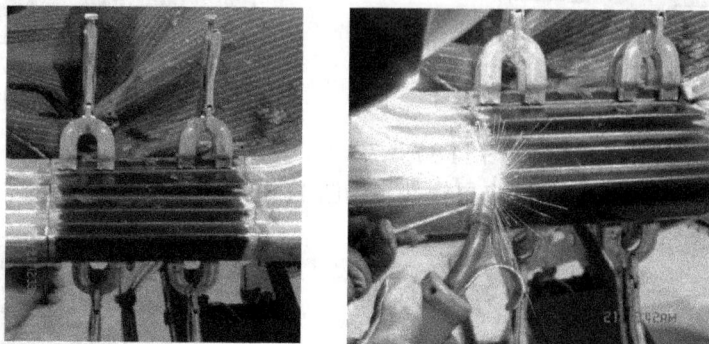

图 11.42　固定、焊接更换件

11.4.6　结构性板件的分割与连接

车身主要结构部件的位置如图 11.43 所示。

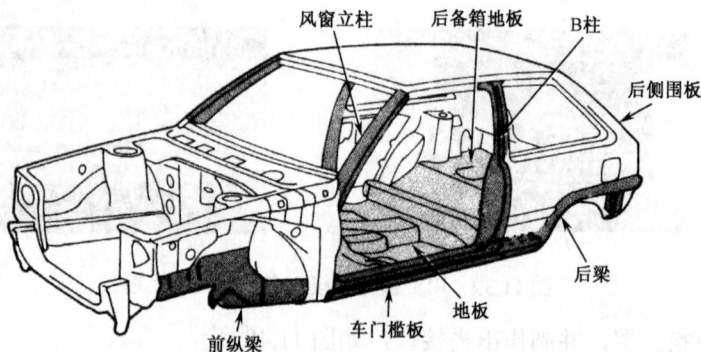

图 11.43　车身主要结构部件的位置图

1. 车身结构件的两种基本类型

① 封闭截面结构：车门槛板、立柱和车身梁。

② 开式的或单层搭接连接的组合部件：地板和后备箱地板。

2. 分割与连接有三种方法

① 有插入件的分割：车门槛板、A立柱、B立柱以及车身梁，插入物使这些构件容易装配和正确地对中连接，并且使焊接过程比较容易封闭截面部件的分割，如图 11.44 所示。

② 没有插入件对接方式的分割（偏置对接）：用于A立柱、B立柱及前梁等内部有加强

件，无法使用加强件的部件，如图 11.45 所示。

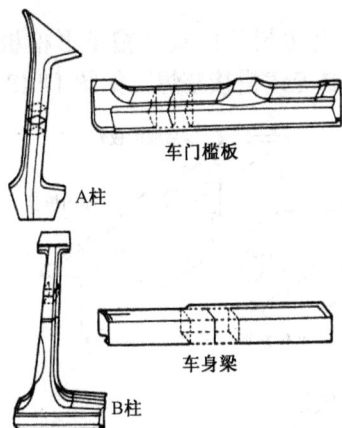

图 11.44　有插入件的连接

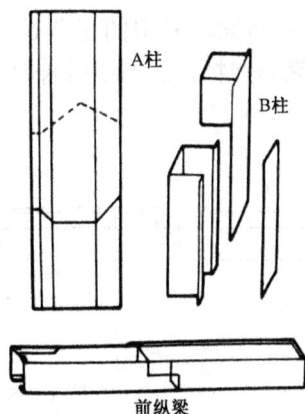

图 11.45　无插入件的连接

③ 搭接：用于后梁、地板、后备箱地板及B立柱。

根据被分割构件的形状和结构，可能采用组合的连接类型。例如，分割B立柱，可能要求在外件上用偏置对接连接，而在内件上用搭接连接，如图 11.46 所示。

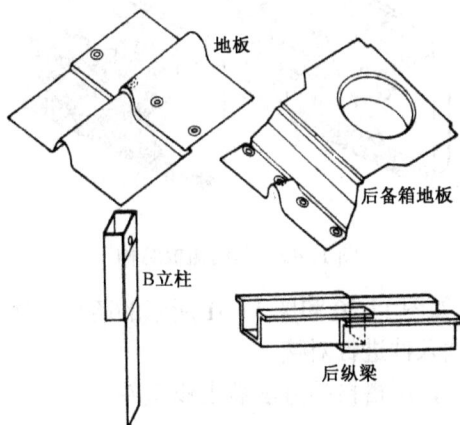

图 11.46　搭接连接

3. 防撞吸能区的分割

车身在设计时设置了防撞吸能区或皱折点，以便在撞击时吸收冲击能量。应尽量避开防撞挤压区进行切割分离，否则就会改变设计的安全目的。切割时要按照标准来切割吸能区，如图 11.47 所示。

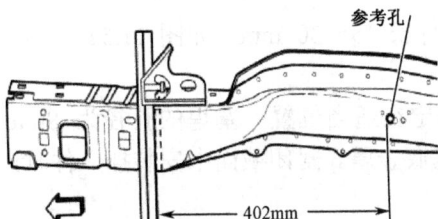

图 11.47　防撞吸能区的分割

4. 车身梁的切割与连接

修理封闭截面梁，采用的工艺是用插入件对接。当切割开口式（帽子形槽板式）梁时，其焊接工艺是在搭接区域中用塞焊并沿着搭接的边缘连续搭接塞焊，如图 11.48 所示。

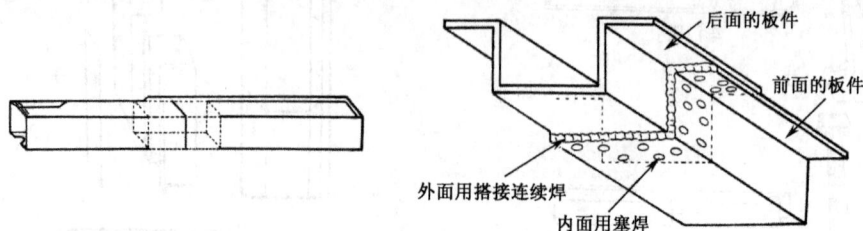

图 11.48　车身梁的切割与连接

5. 车门槛板的分割与连接

一般设计有二层板或三层板，如图 11.49 所示。车门槛板可能装有加强件，加强件可以是间断的，也可以是连续的。根据损坏的状况，车门槛板可以和B立柱一起更换，或者单独更换。

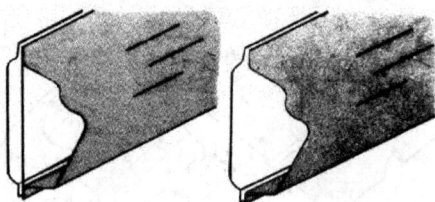

图 11.49　车门槛板结构

在切割车门槛板时，有如图 11.50 和图 11.51 所示的两种方法：

① 采用横向切割，用插入件进行对接。

② 切割车门槛板的外板，用搭接的方法装上修理件。

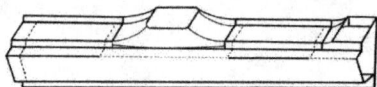

图 11.50　横向切割　　　　　　　　　　　图 11.51　切割外板

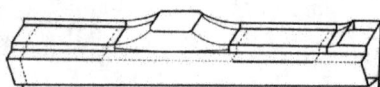

插入件对接连接门槛板的步骤如下：

① 从横向切割板件。

② 制作插入件，插入件长 15～30 mm，如图 11.52 所示。根据车门槛板的结构，纵向切成 2～4 块。

③ 用塞焊将插入件固定在适当位置。塞焊的孔径为 8mm。塞焊时要求喷枪做圆周运动，以适当地熔化孔边至基底金属。封闭截面中安装插入件时，要确保封闭焊接完全焊透插入件，如图 11.53 所示。

④ 开坡口，坡口不应小于 1.5 mm，不大于 3 mm。

⑤ 清理毛刺，焊接前，清理切割面上的毛刺，防止形成焊瘤。

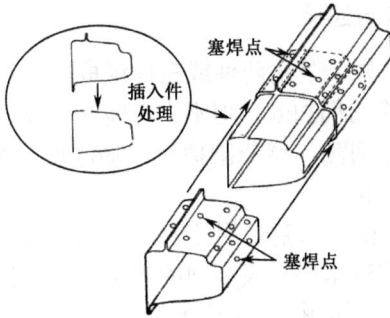

图 11.52 制作插入件

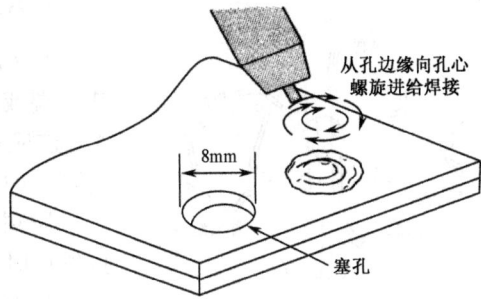

图 11.53 焊接插入件

6. 门槛外部更换

将无损伤的内加强件脱离开。搭接时可在前门的开口处进行切割。

应避开B立柱的基础50mm以上进行切割。

环绕着B立柱和C立柱的基础切割，在每一个立柱的周围留下搭接区域，如图11.54所示。

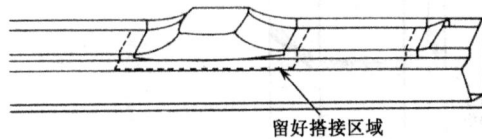

图 11.54 切割时留下搭接区域

切好新的车门槛外板，使之搭接在立柱基础的周围，同时，车门槛外板的原件也仍然固定在汽车上。

在夹紧的凸缘上，采用塞焊代替出厂的电阻点焊进行连接，如图11.55（a）所示。

采用与电阻点焊近似的等间距，绕围着B立柱和C立柱进行塞焊搭接，如图 11.55（b）所示。

然后大约以 30%的比例间隔焊缝搭焊边缘，即搭接边的每 40mm长度大约有 12mm焊缝，如图 11.55（c）所示。

在门开口的搭接区域进行塞焊焊接，并环绕着边缘搭接焊接，如图 11.55（d）所示。

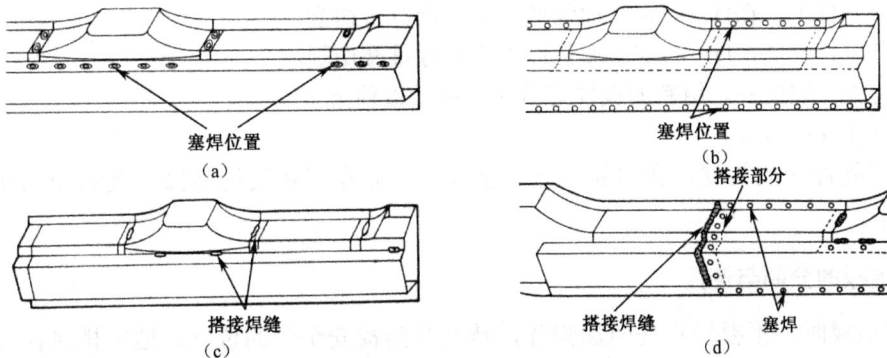

图 11.55 车门槛外板焊接

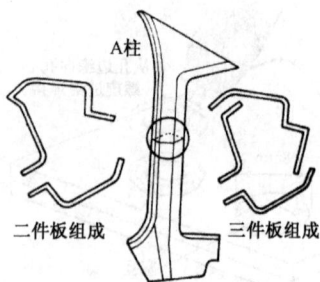

图 11.56　A 柱结构

7. A 立柱的分割与连接

A 立柱（风窗立柱）是由两件或三件组成的。在上端或下端或上下两端将它们加固，但不大可能在中间加固。A 立柱应在中间附近切割，避免割掉任何加固件对 A 立柱切割，如图 11.56 所示。

切割 A 立柱可用横向切割，用插入件对接。插入件对接修理时，采用与修理车门槛板相同的方法。插入件的长度应为 100～150mm，如图 11.57 所示。

切割 A 立柱也可采用没有插入件的偏置对接，如图 11.58 所示。内件的切割位置与其他件不同，以形成偏置。应尽量设法在制造厂的焊接点之间进行切割，以便于钻除焊点。两切割线之间的间距不得小于 50mm。将截面对接在一起并将它们的四周连续焊接。

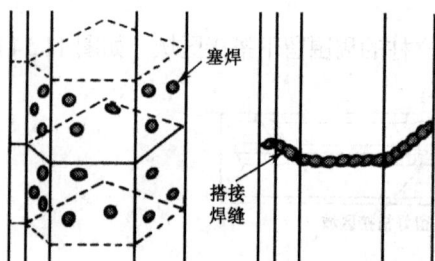

图 11.57　横向切割和用插入件连接

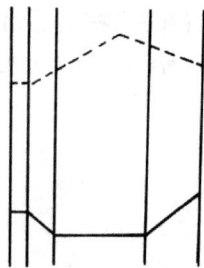

图 11.58　偏置对接

8. B 立柱的分割与连接

B 立柱没有内部加强件时，用插入件对接容易对中和相配，插入件可提供附加的强度。B 立柱仅在它的外件使用槽形插入件（图 11.59）。

在采用偏心切割和搭接相结合的连接方法时，要在现有的内件上搭接新的内件，而不要将它们对接在一起，并且焊好搭接边缘。然后用点焊把插入件焊接就位，并且用连续对接焊环绕着外立柱封闭连接。安装新件时，或者当加工分离的内件和外件时，要经常地采用偏置连接和搭接的组合方法，其步骤如下：

① 在外件上，在 D 环固定点加强件之上进行对接切割。
② 在内件上，在 D 环固定点加强件之下进行重叠切割。
③ 首先安装内件，用新的板件搭接在原有的板件上。
④ 搭接焊接边缘。
⑤ 将外件安放就位，在边缘上进行塞焊，并且在对接处用连接焊缝封闭截面，如图 11.60 所示。

9. 地板的分割与连接

切割地板时，不要切穿任何加强件，特别是坐椅安全带的位置。地板搭接在前板上，使汽车下部地板的边缘总是指向后方。地板的连接步骤如下：

① 用搭接焊连接所有的地板。

② 在搭接部位进行塞焊搭接。

③ 用弹性捻缝材料堵塞上边、向前的边。

④ 用连续焊缝搭接焊重叠的下边的边。

⑤ 用底漆、薄层保护层以及外涂层覆盖搭接焊缝。

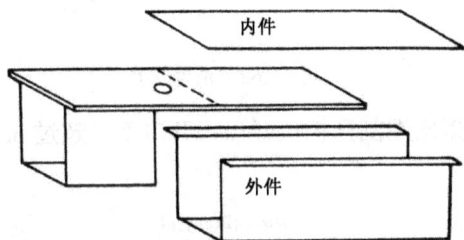

图 11.59　B立柱的结构

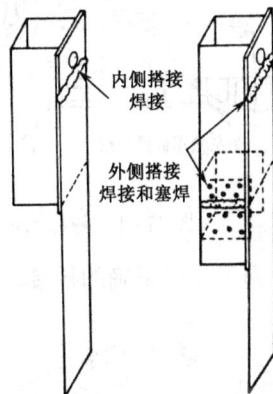

图 11.60　B立柱焊接方法

10. 后备箱地板的分割与连接

① 分割后备箱地板的基本工艺规程与分割车身地板相同。

② 在后备箱地板下面横向件的后方分割纵梁。

③ 将后备箱地板搭接到横向件上进行塞焊。

④ 像堵地板缝那样，对上部、向前的边捻缝。

⑤ 在下部，下搭接边不需要焊接，因为横向件提供了足够的强度。

⑥ 焊接完毕后，要用底漆、保护层和外涂层覆盖底边缝。

11. 搭接焊缝的分割与连接

① 在风窗底部钻掉上梁连接到盖板上的焊点。

② 清除上梁与支柱支撑后部外缘上的两个隐藏的焊点。这些焊点通过上梁后部的孔可以看见，如图 11.61 所示。

③ 清除支柱支撑连接到梁延伸板件上的焊点。清除任何覆盖在发动机室内这些焊点的保护层，如图 11.62 所示。

④ 在支柱支撑中心的前部完成下梁的分割。内部和外部下梁的切割工艺过程采用交错切割，两条切割线都是搭接。

⑤ 有两个焊点将加强件连接到下梁的里面，必须先清除这些焊点然后再进行切割。这些焊点可以从梁的轮罩一侧看到。

⑥ 在纵梁上的切割位置离盖板大约 150 mm。切割的位置靠近内加强件末端附近，如图 11.63 所示。

⑦ 当围绕着内部加强件切割时，小心不要切割到加强件。

⑧ 误切割长度不要大于 6mm，外梁的切割线（在车轮罩侧）在发动机侧切割线的后面 75~125mm，如图 11.64 所示。

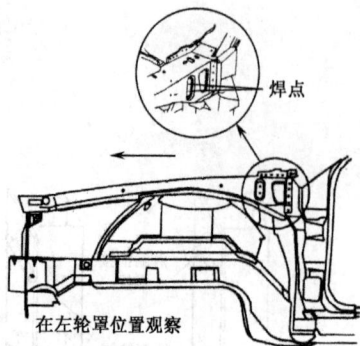

图 11.61　隐藏的焊点

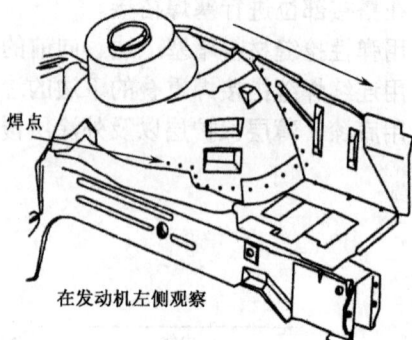

图 11.62　清除焊点

⑨ 为了完成正确的搭接，要在原有结构的露出端割开棱角开口，开口不应超过 6mm。

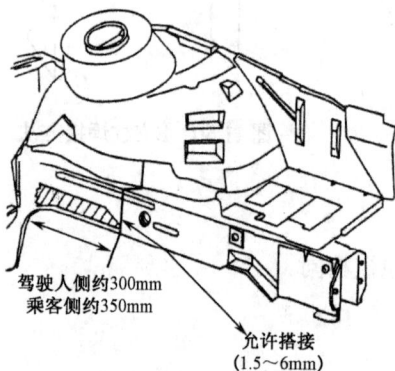

图 11.63　纵梁的切断位置

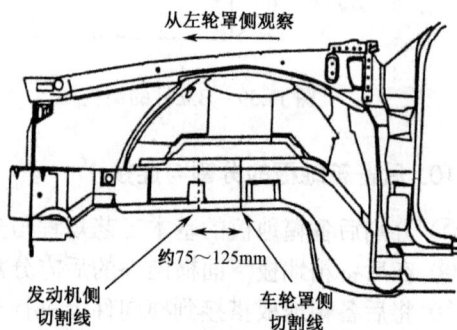

图 11.64　外梁的切割线

⑩ 更换的结构件在原有结构上的定位要正确。

⑪ 钻掉固定散热器支架和挡泥板延伸板件的焊点，将两边的下梁延伸件与下梁分开，将挡泥板延伸板件向上弯曲，露出另一些焊点。

⑫ 焊点清除并做好偏置切割后，从车辆上拆下损坏的组件。

⑬ 继续使用的组件的准备工作（例如，焊点的清除和下梁的偏置切割）与更换损坏组件的准备工作是相同的。

⑭ 在安装前对继续使用的组件进行检验、测量和必要的校正。对更换的梁要增加一定的长度，以便于搭接。

⑮ 所有毗邻的凸缘和焊接的部位要进行清洁。不要研磨和烧掉任何镀锌涂层。所有暴露的相连金属表面应涂上导电的底漆。

⑯ 继续使用的组件安装以后，用测量设备检查其位置是否正确。

⑰ 经检查所有的尺寸在公差范围内以后，可以焊接组件。焊接时每次焊接长度为 12～18mm。

⑱ 对整个（包括整修更换件的表面）区域进行防腐蚀操作。

12. 车身整体分割的注意事项

① 重复使用的零部件（包括车身零部件和机械零部件）必须是同类型、具有同等质量的。

② 切割前要小心地检查前后两部分车身是否对正。如果没有对正，那么板件的配合间隙不准确会导致接缝过大。

③ 安装车门槛板和立柱的插入件，用金属板件固定螺钉将插入件固定。

④ 根据风窗的外形和角度，将A立柱插入件插入风窗立柱的上部或下部。

⑤ 先连接车门槛板，然后连接A立柱，将两部分安装在一起。将车门槛板和立柱凸缘夹紧，以防止截面拉开。

⑥ 测量风窗和门开口的尺寸，最好装上门和风窗以检验定位是否正确。

⑦ 正确的定位后，用金属板件固定螺钉将搭接部位固定在一起，以紧固焊接区，并在焊接时保持截面靠紧。

⑧ 在将截面焊接在一起以前，用测量系统检验车辆的尺寸和截面的定位是否正确。

⑨ 用连接车门槛板、A立柱和地板的技术，将截面焊接在一起。

13. 板件分割、连接中的防锈处理

防锈剂的应用不仅在焊接以前是需要的，而且在涂漆过程的前后也是需要的。在板件焊接在一起之前，要先在连接处涂上导电底漆。在完成底漆层以前，焊缝必须用车身密封剂密封，或者在完成底漆后，对接缝进行防锈处理，以防水分侵入造成锈蚀。

14. 车门板的更换

车身的车门、发动机罩、行李箱盖等部件的外板损坏以后，如果损伤较轻，可以整平、牵拉复原。如果撞击处加工硬化的程度高、从面板背面不容易修理以及门框损坏严重，则需要整体更换，有的则需要更换外部面板。

车门板更换的方法如下：

① 在拆卸车门以前，检查门铰链是否扭曲，检查其与门开口的配合情况。

② 检查车门面板是怎样固定到门框上的，以便确定必须拆卸多少内部的金属构件。

③ 拆下车门内装饰面板并断开车门内的的线路。从门上拆卸所有的金属构件。

④ 将拆除的零件放在安全的地方。

⑤ 拆掉一些损坏的部分，有时还要校正内部门框。可能需要使用液压千斤顶。

⑥ 修理车门时，应拆下门玻璃，以防破损。

⑦ 将门从车辆上卸下，并将它移到适当的工作区域。

⑧ 用氧乙炔（氧丙烷）焊炬和钢丝刷，清除板件边缘焊点上的油漆，用钻头、点切割器或砂轮除去焊点。

⑨ 把钢卷尺贴在门框上，测量卷尺的下边线和外面板边之间的距离，同时测量面板前边缘或后边缘和门框之间的距离。

⑩ 用等离子体切割器或切断砂轮，在外面板门框连接处清除焊接部分。

⑪ 最快速地拆除门外部面板的方法是磨掉折边凸缘的边。只需要磨掉足够的金属板面板就能把凸缘分离出来。不要磨削到内面板件。不要使用焊炬或动力錾子去分离面板，否则里面的板件可能变形或被错误地切割。

⑫ 在面板的顶部分离加强条（如果安装或使用了加强条）。

⑬ 用锤子和錾子轻轻地松开两块面板。用铁皮剪刀剪切任何不能钻去或磨去的焊点。当外部的板件能自由移动时，移开板件。用虎钳夹或扁嘴钳清除里面折边凸缘的剩余部分。

用圆盘砂轮磨掉任何点焊、钎焊、铜焊和铁锈的残余。

⑭ 在移开外面板的同时，小心地检查内面板和门框结构是否损坏。如有必要，要在这时校正或修理遗留的内车门面板的损坏。用锤子或顶铁修整内凸缘上的凹痕。

⑮ 在任何点焊区都要用导电的防锈底漆。其他裸露的金属表面要用防锈的底层涂料或其他防锈处理的方法。

⑯ 准备好安装的新面板，用钻头或冲孔机为塞焊打孔。用砂轮机清除焊接和钎焊处的油漆。对裸露的金属焊缝区涂上可焊透的涂料，并为裸露的金属区涂上底层涂料。

⑰ 某些车门外面板装有消声垫。它是用黏合剂黏到车门外面板上的。为此，要用酒精或其他溶剂来洗外面板，用加热灯加热外面板和消声垫，然后将消声垫黏到外面板上。

⑱ 在安装新面板以前，要在它的背边使用车体密封剂。在离凸缘 18 mm 处均匀地使用密封剂，其厚度为 3mm。

⑲ 用虎钳夹把新的外面板附着到门上，并且正确地定位。

⑳ 用锤子和顶铁将外面板的凸缘弯曲，用布带覆盖顶铁的表面，以避免伤及面板。逐渐地弯曲折边。要小心地敲打面板的边，不要使它超出准直线。在外面板的整个轮廓线中不能产生瓢曲和皱纹。

㉑ 当加工凸缘弯至与内面板成 30° 范围以内时，用折边工具完成折边。在折边时，小心不要使面板变形，如图 11.65 所示。

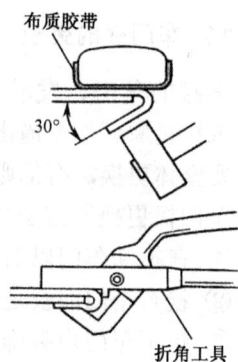

㉒ 用塞焊或电阻点焊焊好玻璃窗开口上的焊点，并搭焊外板件凸缘的折边。

㉓ 对凸缘的折边应涂上车体密封剂，而在点焊、塞焊区涂防锈剂。

㉔ 新的面板上要钻好孔，以便于安装装饰条、装饰件等。

㉕ 把车门安放在车上，以检查其匹配情况，然后卸下车门进行精整。

㉖ 在整修门的表面以前，一定安装好门玻璃，这样可防止喷溅物进入门内。

图 11.65　加工凸缘

㉗ 校正车门与所有邻接的板件，检查其是否准确地闭合或锁住，检查板件的间隙是否准确。通过以上方法就可以完成对车门外板的更换操作。

习题 11

1. 切割结构件有什么注意事项？
2. 对电阻电焊焊点进行分离可以用哪些工具？
3. 车门板的更换步骤是什么？
4. 在切割 A 立柱和 B 立柱时要注意哪些问题？
5. 结构件的基本连接形式有哪几种？
6. 更换轿车的门槛外板。

第12章 车身塑料件维修技术

本章学习任务

❖ 掌握塑料的识别方法。
❖ 掌握车身各种塑料件的维修技术。

汽车上应用的塑料件越来越多，例如保险杠、车灯罩、翼子板喇叭口、保险杠左右弧形接板、翼子板、挡泥板、格栅开口板、防飞石护板、仪表板、装饰板、燃油管、车门面板、后侧围板、发动机部件等，如图 12.1 所示。塑料件的维修技术也成了钣金工必须掌握的专门技术。

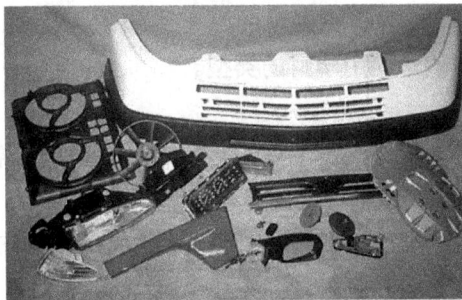

图 12.1　汽车塑料件

12.1　塑料维修安全注意事项

① 仔细阅读所有的标签说明和警告。塑料维修时必须严防明火。

② 当切割、打磨或研磨塑料件时，要注意防尘控制，最好使用吸尘式打磨装置并佩戴呼吸器和防护眼镜。

③ 使用玻璃纤维树脂或硬化剂维修时要戴上橡皮手套和有机蒸气呼吸器，穿上长袖衬衣，扣上领子和袖口。

④ 打磨时可以穿着一次性油漆服防止粉尘黏到皮肤上。

⑤ 如果树脂或硬化剂接触到皮肤，用硼砂皂和热水或酒精进行清洗。

⑥ 在进行维修操作时始终要佩戴防护镜。

⑦ 维修工作区域必须通风良好。

⑧ 维修操作时戴上合格的防尘罩，避免吸入打磨粉尘和树脂蒸气。

12.2　塑料的维修方式

1. 塑料种类及其识别

汽车结构中常见的塑料件有两种类型的塑料，一种是热塑性塑料，另一种是热固性塑料。由于不同的塑料适用不同的维修方式，所以，在维修塑料件时，要准确识别塑料的种类，以便确定修理方法和焊条。塑料件的识别方法如下。

（1）编号识别法

识别塑料件背面的国际标准符号或ISO码，如图 12.2 所示。

图 12.2　塑料件背后的标记

利用汽车维修手册。有的生产商编写的汽车维修手册上给出了每个塑料件的塑料种类，但也有的生产商只给出该车应用塑料的类型。

（2）燃烧测试法

热固性塑料燃烧时不会产生熔滴，热塑性塑料燃烧时会产生熔滴。

（3）黏结测试法

试用不同的焊条，直到一种能够黏住为止。一旦发现焊条黏结在塑料件上，就确定了塑料的基本材料，可用该焊条修补塑料件。

（4）挠性测试法

将修理用的塑料制成试件，并与塑料件的样本共同进行弯曲测试。热固性塑料在弯折后不能完全恢复形状，热塑性塑料弹性较好，可以恢复形状。

2. 塑料件的维修方式

热塑性塑料件的损坏可以用塑料焊机进行焊接维修，也可以进行黏结维修。

热固性塑料件的损坏不能用焊接方式来维修，一般用黏结的方式来进行维修。

3. 塑料件维修或更换的确定

维修塑料件时要先进行评估，根据技术、经济性和用户的需求确定该零部件应维修还是更换。

如果在弧形接板或大的塑料板上有小的裂缝、撕裂、凹槽或孔，并且这些部件更换成本较高，则维修是合理的。

如果部件大面积损坏，或者翼子板喇叭口、塑料装饰件等价格便宜的部位发生损坏，则进行更换是合理的。

12.3　塑料件维修技术

在进行塑料件维修前，必须确定该零件有无从汽车上拆下的必要。为了高质量地修复损坏，必须能够接触整个损坏区域。如果接触不到，则必须拆下零部件，零件还必须进行表面整修。

12.3.1　塑料件黏结维修基础

1．黏结法

黏结修理的方法有以下三种。

（1）溶剂黏结法

溶剂黏结方法就是把丙酮［图 12.3（a）］或乙酸乙酯滴在结合部位的边缘处，直到材料溶解为止（在呈糊状时材料就结合在一起了）。此方法用于车顶灯座、侧灯座等小件维修，聚丙烯、聚乙烯塑料板件不能使用此方法，因为丙酮不能溶解这些材料。

（2）氰基丙烯酸酯黏结法

氰基丙烯酸酯［图 12.3（b）］是一种单组分快速固化黏合剂，用来维修塑料件。它们经常在涂敷最后的维修材料之前使用，当做填料或将各个部分固定在一起。氰基丙烯酸酯也称为"超级胶"，能快速黏合塑料件。

（3）双组分胶黏结法

双组分黏合剂［图 12.3（c）］由基底树脂和硬化剂（催化剂）组成，树脂装在一个容器中，硬化剂装在另一个容器中。混合后，混合剂可以在零件上固化并与基底材料连接。在许多塑料件的维修过程中，双组分黏合剂可以代替焊接，而且比单组分的氰基丙烯酸酯强度更高。

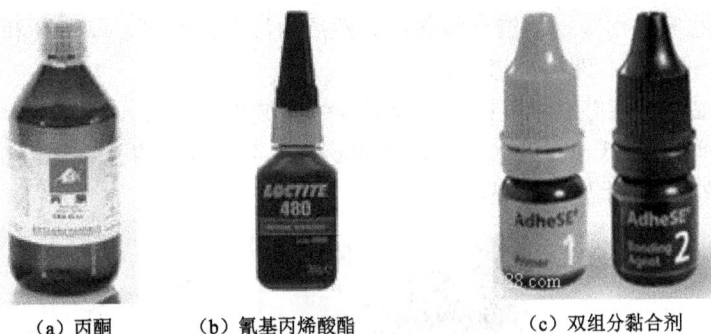

（a）丙酮　　　　（b）氰基丙烯酸酯　　　　　　（c）双组分黏合剂

图 12.3　黏合剂

2．黏合剂使用注意事项

① 大多数产品系列都有两种以上的黏合剂，可用于不同种类的塑料。

② 不同的黏合剂不能混用。选定一个产品系列，在整个维修过程中都使用它。

③ 产品系列通常包括黏合促进剂、填充剂和挠性涂料。根据说明使用每一种产品。

　　④ 一些黏合剂产品系列适用于特定的基底材料。

　　⑤ 有的产品系列可能对所有的塑料都使用一种挠性填料，而有的则可能为不同的塑料设计两种或更多的挠性填料。

　　⑥ 黏合促进剂用来处理塑料件的表面，使维修材料可以更好地黏合。

3. 确定是否需要使用黏合促进剂的方法

　　用高速打磨机和 36 号砂纸轻轻打磨塑料片上的隐蔽点。如果材料上出现粉尘，则可以使用标准的结构黏结法进行修理。如果材料软化并出现油污，或者看起来像涂了油脂或蜡，就必须使用黏合促进剂。

12.3.2　塑料件黏结修理

1. 黏结修理小划痕和裂缝的方法

　　具体的操作步骤如下。

　　① 用热肥皂水将维修部位彻底地清洗干净，然后再用水和塑料清洁剂将维修部位擦洗干净。必须将表面上的蜡、灰尘或油脂清除干净。使用黏合剂前将塑料件加热到21℃。

　　② 清洗后，用黏合剂工具包对维修裂缝进行预处理。这个工具包应含有两种成分：速凝剂和黏合剂。将速凝剂喷涂在裂缝的一侧，然后在同一侧涂上黏合剂。

　　③ 小心地将划伤或裂缝的两侧恢复到原来的位置，然后快速地用力将它们压在一起。压够 1 分钟，以获得良好的黏结强度。然后，让维修处硬化 3～12 小时，或者根据速凝剂和黏合剂标签上的说明，以获得最大的强度。

　　④ 如果原有的漆面没有损坏，并且修理部位定位准确，就没有必要重新喷漆。

2. 黏结修理凹痕、撕裂和刺穿的方法

　　具体的操作步骤如下。

　　① 先用热肥皂水彻底地清洗维修部位。然后用浸有除蜡剂、除脂剂和硅树脂溶剂的湿布彻底地清洁受损部位，然后再擦干。

　　② 为了使黏合剂能够黏结良好，需要对维修区域进行打磨（见图 12.4）。一般要使用中等粒度的小砂轮进行低速打磨（不超过 2000r / min），向后将孔边斜切 6～10 mm。斜面打磨后变得粗糙，有利于更好地黏结。

图 12.4　打磨塑料件

　　③ 使用更细粒度的砂轮将维修区周围的油漆修薄边。将油漆边缘逐渐融合至塑料件中。继续清除油漆，直到孔周围 25～38mm 的范围内没有油漆。维修材料不能覆盖到喷过漆

的表面上。

④ 仔细地擦除所有油漆和氨基甲酸乙酯尘屑。维修区必须绝对清洁，才能达到合适的黏结强度。

⑤ 也可以使用火焰可控的喷灯或烤灯进行加热处理，热处理可以提高某些结构黏合剂的黏结性能。

⑥ 在维修部位贴上汽车衬带。推荐使用一侧带有强黏性和防水衬底的铝箔。用硅树脂溶剂和除蜡剂清洁维修区域的内侧表面，然后装上衬带。完全盖住孔，边缘留下大约 25mm 的黏结表面。

⑦ 也可以用玻璃纤维布做衬底，而不是用衬带。布块可以保留下来，有利于提高维修区域的强度。将整块布的两侧都浸透黏合剂，这样可以使布良好地黏结在塑料件的背面，还可以密封布块。

⑧ 在干净无孔的表面上（如金属或玻璃器皿）准备维修黏合剂。大多数黏合剂装在两根管子中。挤出等量的维修混合物，均匀地刮动以减少气泡，完全混合两个管子中的材料，直到获得均匀一致的颜色和状态。

⑨ 用橡皮刷或塑料刮刀将黏合剂刮入孔内。必须小心地快速完成操作，因为黏合剂在 2~3 分钟内就会开始硬化。一般需要涂两遍黏合剂。第一遍用来填充孔的底部，涂抹时不必担心外部形状。

⑩ 在涂抹第一遍时，一定要尽量多地将孔填满。然后，在室温下硬化大约一个小时，如果允许加热硬化，可用使用加热灯或加热枪以 90 ℃的温度加热 20 分钟进行硬化处理。

⑪ 在打磨掉第一遍黏合剂并擦干净之后，混合第二遍使用的黏合剂，像前面那样将两根管子内的黏合剂挤在一起，大约等 2 分钟。然后涂抹第二遍黏合剂，将它刮到整个维修区的轮廓上。用挠性橡皮刷或刮刀将黏合剂抹成与板件轮廓相接近的形状。

⑫ 在黏合剂干燥之后，用 80 号粒度的打磨块将周围区域打磨，然后用打磨机先后装上 180 号砂纸和 240 号砂纸轻轻打磨维修区域，使部件表面变得非常平滑。

⑬ 最后的修薄边和精磨可以用打磨机和 320 号砂轮来进行。当最后的打磨完成后，清除所有的尘屑和松脱的材料。然后就可以对塑料件表面进行喷漆处理了。

3. 黏结修理塑料翼子板的方法

具体操作步骤如下。

① 首先用热肥皂水清洗整个外罩。然后擦干或吹干，再用塑料清洁剂清洗表面。

② 为了获得良好的黏合性和维修强度，在受损部位加工出V形槽，然后在V形槽顶部打磨约 40 mm宽的斜面。

③ 用 180 号砂纸和打磨机将受损部位周围的油漆修薄边［图 12.5（a）］，然后吹去粉尘。根据损坏范围，背部可能需要增加强度。打磨后在裂纹终点处打止裂孔［图 12.5（b）］。

④ 为了加强维修区域，打磨翼子板的背面，用塑料清洁剂清洗干净，然后根据需要涂上一层黏合促进剂。

⑤ 将双组分环氧树脂黏合剂的两个组分等量地配好，混合至颜色均匀。用塑料刮刀将材料放到一块玻璃纤维布上［图 12.5（c）］。

⑥ 将涂满黏合剂的玻璃纤维布贴到翼子板的背面，在布中再添加一些黏合材料，如图 12.5（d）所示。

⑦ 在背面得到加强之后，在打磨过的维修部位的正面涂上一层黏合促进剂，等待黏合促进剂完全干燥，如图 12.5（e）所示。

⑧ 在正面涂抹黏合剂材料，用刮刀修整黏合剂的形状，以符合部件外形，直至完全硬化，如图 12.5（f）所示。

⑨ 先用 80 号砂纸对维修部位进行粗打磨，然后用 180 号砂纸打磨，最后用更细的 240 号砂纸打磨。

⑩ 如果需要在凹点或小孔中弥补一些黏合剂材料，一定要再涂一层黏合促进剂。

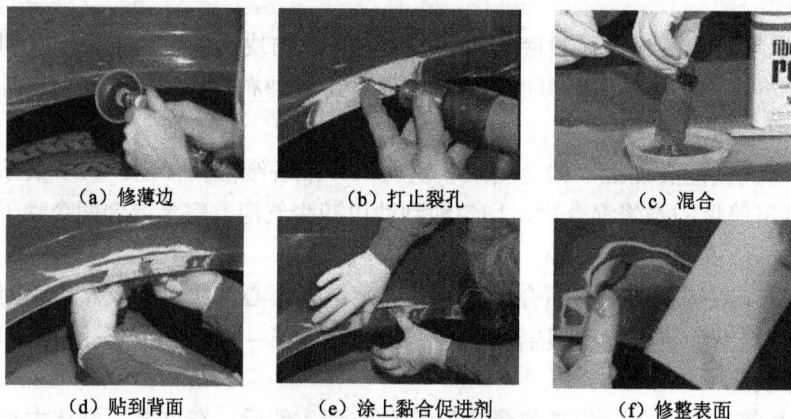

（a）修薄边　　　　　　（b）打止裂孔　　　　　　（c）混合

（d）贴到背面　　　　　（e）涂上黏合促进剂　　　　（f）修整表面

图 12.5　黏结修理塑料翼子板

12.3.3　塑料件焊接修理

塑料焊接有三种类型：热空气塑料焊接、无空气塑料焊接和超声波塑料焊接。

1. 热空气塑料焊接

热空气塑料焊枪（图 12.6）产生 230～350℃的热空气，通过喷嘴喷到塑料上，使塑料熔化。热空气塑料焊炬有三种焊头类型。

图 12.6　热空气塑料焊枪

① 定位焊头［图 12.7（a）］。用来在焊接之前对塑料件的断开部位进行临时点焊。临时点焊处可以轻易地断开重新定位。

② 圆形焊头［图 12.7（b）］。用来进行短焊、焊接小孔、焊接难以触及的部位以及焊接尖锐的拐角。

③ 快速焊头［图 12.7（c）］。可以固定住塑料焊条向前递送并自动预热。这种结构可使焊条进入基底材料，从而加速焊接，主要用于长而直的焊接处。

（a）空位焊头   （b）圆形焊头   （c）快速焊头

图 12.7 热风塑料焊枪的三种焊头

2．无空气塑料焊接

无空气塑料焊接利用电热元件熔化直径为 3mm的较小焊条，不使用热空气。根据塑料类型来调整无空气焊机的温度调节旋钮到相应的位置。焊机完全加热通常需要 3 分钟左右。

3．超声波塑料焊接

超声波塑料焊机（图 12.8）依靠高频振动能量使塑料黏合，而不必熔化基底材料。手持装置的可选频率为 20～40 kHz。它们都适用于焊接大的部件和空间狭窄难以到达的区域。焊接时间通过电源可以进行控制，焊接周期短，不超过 0.5 秒。

图 12.8 超声波塑料焊机

4．塑料焊接注意事项

① 塑料焊条往往用颜色编码来表明它们的材料。但各生产商采用的编码不统一。利用提供的参考信息是非常重要的。如果焊条与基底材料不兼容，则无法焊接。

② 温度过高会使塑料烧焦、熔化或变形，温度过低则无法将基底材料和焊条熔透。

③ 压力过大会拉伸焊接处并导致变形。

④ 焊条和基底材料之间的角度必须正确，如图 12.9 所示。如果角度过小，则无法正确完成焊接。

⑤ 焊接速度要正确。如果焊枪移动过快，则不会产成良好的焊接，如果焊枪移动过慢，则会烧焦塑料。

⑥ 焊条必须与基底材料兼容，才能得到与原来的部件相同的强度、硬度和挠性。

⑦ 一定要测试焊条与基底材料的兼容性。测试时，将焊条熔化在损坏部位的隐蔽处，然后使焊条冷却，试着从部位上拉离焊条。如果焊条是兼容的，那么它会黏在上面。

⑧ 不同的塑料有不同的焊接温度，把焊机调整到所需的温度设置。

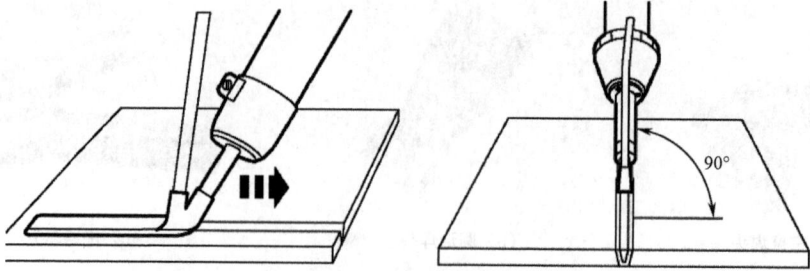

图 12.9　焊条与基底材料夹角

⑨ 不要在潮湿区域使用塑料焊机、加热喷枪或类似的工具，小心触电。

⑩ 要练习一定的焊接水平后，再进行难度高的垂直焊接和高架焊接。

⑪ 焊接的表面积越大，黏合力越强。

⑫ 开始无空气焊接之前，先用一小段焊条穿过焊机，将焊头清理干净。

5．塑料件维修的方法

（1）塑料焊接的基本维修程序

● 预处理受损区域。

● 将受损区域定位。

● 进行焊接。

● 使其冷却。

● 进行打磨。

● 涂上保护漆。

（2）塑料焊接中的临时点焊

在难以支撑或较长撕裂处，在进行永久焊接之前进行小的临时点焊将两侧固定到位。对于较大区域，可以用一块塑料板制作一个衬板，然后点焊固定到位。

临时点焊操作步骤如下：

● 用固定夹将受损部位固定对齐。

● 使用定位焊头，沿着裂缝的底部将两侧熔合，形成薄薄的铰接焊。这对于长裂缝特别有用，因为它可以轻易地调整和定位塑料板边缘。

● 沿着焊缝进行临时点焊。用力压焊头，确保裂缝的两侧都接触到。沿着断裂线平稳地移动焊头（临时点焊时不使用焊条）。

● 焊头会熔化两侧，在裂缝底部形成一条细线。熔合在一起的部分会保持两侧对准。

（3）高速焊接

塑料高速焊接时使用快速焊头，可以用较高的速度进行更均匀的焊接。焊接前必须将焊条和基底塑料都进行预热。焊条在通过高速焊头的内部滑道时被预热，基底材料由焊头通风口内吹出的热气流进行顶热。

高速焊接的操作步骤如下：

● 将快速焊枪的焊头放在起点上方，距离基底材料 75mm 以上。避免热空气影响部件。

● 将焊条切出 60°，插入预热管。立即将焊头的尖头端放在基底材料的起点位置上。

● 保持焊枪垂直于基底材料。推进焊条，直到其抵在基底材料上的起点位置。如有必要，稍微抬起焊枪一些，使焊条移动到焊头尖端下面。

- 给焊条轻微的压力，只将焊枪的重量作用在焊头尖端。然后，慢慢移动焊枪，开始高速焊接。在最初开始焊接的 25～50mm 处，轻轻地将焊条推入预热管，如图 12.10 所示。
- 开始后，将焊枪与工件呈 45°。焊条此时会推进，不需要施加压力。随着焊枪的移动，检查焊接的质量。

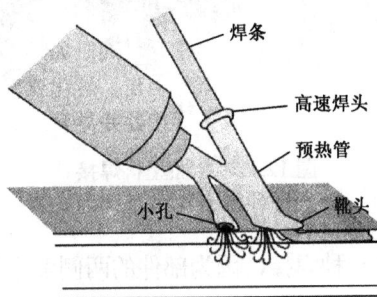

图 12.10　高速焊接

（4）无空气熔流塑料焊接

熔流塑料焊接是无空气焊接方法中最常用的。它既可以用于单面维修，也可以用于双面维修。熔流焊接程序如下：

- 将焊条装入预热管，将焊头的端部放入V形槽。
- 将焊条固定到位，直到其开始熔化并从焊头端部向外流出。
- 焊条不能自动进给，要用少量的力将焊条推过预热管，注意不要过快推进焊条。
- 慢慢地移动焊头，在槽内来回移动，直到里面填满熔化的塑料。
- 将熔化的塑料焊入基底材料，特别是V形槽的顶部。
- 一次焊接大约 25mm，这样可以在塑料冷却前磨光焊接位置。

（5）塑料填缝焊接

塑料填缝焊接主要用于硬塑料，例如ABS和尼龙，以确保基底材料和焊条混合良好。用熔流程序完成焊接后，移开焊条。翻转焊头，将焊头的尖头端慢慢地移入焊接区域，将焊条和基底材料黏合在一起，将整个焊接位置填缝。填缝后，用焊头的平头端使焊接区域平滑。

（6）单面塑料焊接

当部件损伤轻微或不能从汽车上拆下时使用单面塑料焊接。单面焊接操作的步骤如下。

- 根据塑料的焊接温度调节焊机上的温度调节旋钮，使其升温至适当的温度。
- 先用热肥皂水，然后再用优质的塑料清洁剂清洗部件。
- 用固定夹定位断裂处。
- 在受损部位开V形槽，深度为基底材料的 75%。在受损部位的每一侧，使用打磨机或类似工具将撕裂边缘斜削至少 6mm，如图 12.11（a）所示。
- 清理预热管，然后插入焊条。将焊头放到V形槽上方，推进焊条，开始焊接。慢慢地移动焊头，以便更好地熔合和热透，如图 12.11（b）所示。
- 当整个V形槽填满后，翻转焊头，用焊头将焊条和基底材料黏结在一起，沿着焊接长度方向形成良好的熔合。

- 用焊头的平头部分重新将焊接区域修平滑，慢慢地再进行一次。然后用潮湿的海绵或湿布使其冷却。
- 用砂轮机将过多的焊痕修整平滑，如图 12.11（c）所示。

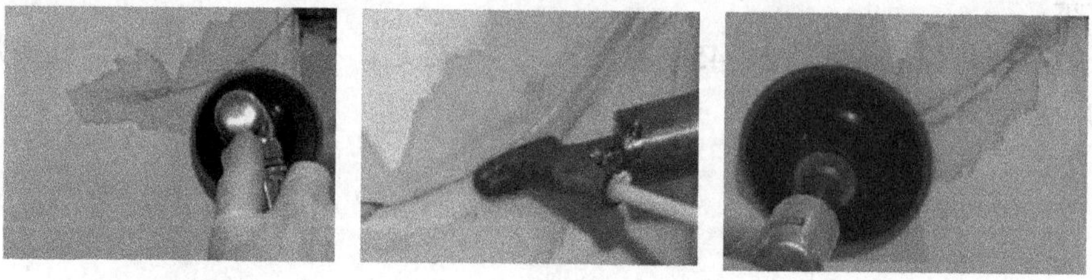

　　（a）斜削　　　　　　　　　（b）焊接　　　　　　　　　（c）修整

图 12.11　单面塑料焊接

（7）双面塑料焊接

双面塑料焊接是强度最高的一种焊接，因为部件的两侧都进行了焊接。其操作步骤如下：

- 等焊机温度升高后再清理预热管。
- 用热肥皂水和塑料清洁剂清洗部件。
- 将断裂处板件对准，用硬刮刀向外将焊接处修光滑。
- 在受损部位开V形槽，深度为板件背面的 50%。
- 用熔流法焊接板件的背面，慢慢地移动以获得良好的熔合。
- 焊接完成后，用焊头的头部将焊接处修平滑。
- 用潮湿的海绵或湿布使焊接部位快速冷却。
- 在原V形槽的反面加工一个V形槽，槽的深度要渗透到第一次V形槽的焊接处。
- 焊接焊缝，完全填满槽。
- 用打磨机重新修整轮廓。

（8）聚乙烯材料的修理

聚乙烯是一种柔软有弹性的薄塑料，经常涂在内饰件泡沫填料上，常见部件有仪表板、肘靠、车门内部装饰件、座罩和车顶外罩。仪表板或装有衬垫的仪表板成本高，更换起来比较耗时。修复的方法有三种。

一种是修复表面凹痕。大多数仪表板用包有聚乙烯的氨基甲酸乙酯泡沫制成，比较柔软，在碰撞期间可以对人进行保护。在碰撞修理中，泡沫仪表板、肘靠或其他带衬垫的内部件的表面凹痕是常见的。修复方法如下：

- 用湿海绵或湿布浸入凹痕大约 30 秒，使凹痕区域保持潮湿。
- 使用加热喷枪，加热凹痕周围的区域，加热枪距离表面 250～300 mm。从外侧开始，不停地环状移动加热枪。
- 将维修区域加热至大约 50～60℃。过度加热聚乙烯会使其起泡。一直加热，直到维修区域摸起来烫手。可以用数字温度计测量表面温度。
- 戴上手套，按压仪表板，朝着凹痕中间压维修材料。维修区域有时只要加热就可以修复，也可能需要不止一次地重新加热和按压。
- 当凹痕消除后，用湿海绵或湿布快速冷却该区域。
- 在部件上使用聚乙烯或防腐剂处理。

第二种是喷涂聚乙烯漆。聚乙烯维修漆通常作为包层快速喷涂。因为聚乙烯漆无法用稀释剂或其他添加剂控制，所以喷涂气压是一个非常重要的因素。

第三种是加热恢复塑料件的形状。塑料有记忆效应，塑料件总是想保持或恢复至原来的形状。如果塑料轻微地弯曲或变形，对它进行加热就可以使其恢复到原来的形状。许多弯曲、拉伸或其他变形的塑料件常常可以用加热的方式进行矫正，例如挠性保险杠外罩和汽车内部包有聚乙烯的泡沫件。用加热法修复变形的保险杠外罩的程序如下：

- 用热肥皂水彻底地清洗外罩。
- 用塑料清洁剂进行清洗。仔细地清除所有的道路柏油、机油、油脂以及内层涂漆。
- 用浸水的抹布或海绵浸湿维修区域。
- 直接加热变形部位。使用集中热源，如加热灯或高温加热喷枪。当罩板的另一侧摸起来烫手时说明已经加热得差不多了。不要过度加热表面有纹路的聚乙烯，否则会损坏表面。
- 如有必要，使用油漆刮板或木块帮助修整部件。
- 用海绵或抹布浸上冷水快速冷却维修区域。

12.4　加强型塑料件维修

车身加强型塑料件（图 12.12）包括片状模塑料（SMC）、纤维增强塑料（FRP）、增强型反应喷射模注聚乙烯的氨基甲酸乙酯（RRIM）。它们都属于热固性塑料。

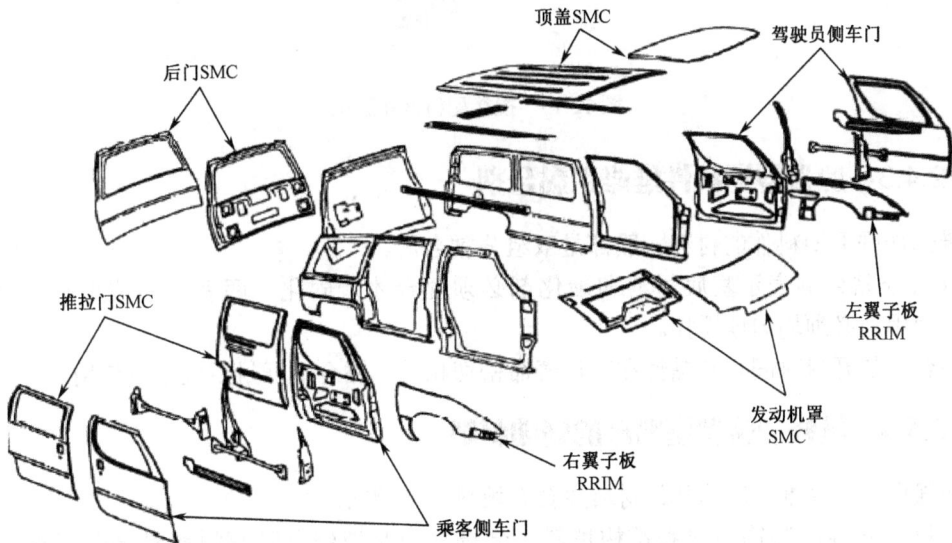

图 12.12　车身加强型塑料件

12.4.1　加强型塑料板上发生的损坏类型

① 单侧损坏，如擦伤或凹槽。
② 刺穿和破裂。

③ 板件从金属空间构架上被拉离。

④ 严重的损坏，需要更换整个或部分板件。

⑤ 空间构架发生较小的弯曲和变形，可以通过拉拔和矫正来进行修理。

⑥ 与空间构架结合的塑料件发生严重打褶和弯曲，需要沿着工厂焊缝或采用结构分割的办法进行更换。

12.4.2　加强型塑料件维修工具

加强型塑料件维修用的工具主要是胶枪和搅拌配料器，如图 12.13 所示。

加强型塑料件黏合剂配料器可以使双组分黏合剂以恒定的速率进行配比。使用配料器时注意事项如下：

① 遵循厂家的说明；

② 检查材料流动是否正确；

③ 检查双组分黏合剂是否混合均匀；

④ 换筒时，进行新的测试；

⑤ 如果仅用了筒内一部分材料，不要拆下搅拌配料器的混合喷嘴。

图 12.13　搅拌配料器和胶枪

12.4.3　加强型塑料件维修用黏合剂

维修加强型塑料件的材料一般都是双组分黏合剂。

双组分黏合剂表示基底材料和硬化剂必须混合才能固化，两者应当按正确的比例混合，在使用前必须均匀地搅拌。

黏合剂的开封时间与其黏性和工作寿命密切相关，黏合剂开封后应尽快使用。

12.4.4　维修加强型塑料件的辅助材料

加强型塑料件维修用的其他材料主要有填料和玻璃布。

填料有两种：装饰填料和结构填料。装饰填料是双组分环氧树脂黏合剂或聚酯黏合剂，用于遮盖小的缺陷。结构填料用来填充板件上较大的缺口，同时保持一定强度，结构填料还可增加部件的结构刚性。

玻璃布一般选择单向织布、机织玻璃布或尼龙网。布必须织得足够松，使黏合剂可以完全浸透，使织纹周围不留空隙。粗纱型不适用于加强型塑料件的维修。

12.4.5　加强型塑料件的维修方法

加强型塑料件的维修方法有四种：单面维修、双面维修、板件切割和整块板件更换。

1. 加强型塑料件和玻璃纤维的单面维修

单向损伤是指未穿透板件背面或未造成板件背面断裂的表面损伤。板件可能到处都发生了损伤，但没有裂开。如果裂纹清晰并且所有的玻璃纤维都在原位，那么用单面维修就可以修复损伤，如图 12.14 所示。

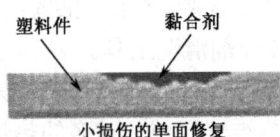

图 12.14　单面维修

进行单面维修打磨时，必须斜削得很深，穿透板件上的纤维。断开的纤维必须与黏合剂接触良好。

加强型塑料件的单面维修操作步骤如下：

① 用热肥皂水清洗修理区域。
② 用温和的脱蜡脱油脂清洁剂再次清洗。
③ 用 80 号砂纸磨去周围区域上的所有油漆。
④ 刮擦损伤部位周围的区域。
⑤ 斜削损伤部位，使黏合区域够大。
⑥ 根据厂商的说明混合双组分黏合剂。
⑦ 施加填料，按推荐时间进行硬化。
⑧ 打磨好填料后，根据需要再涂一层，层与层之间要重新打磨。

2. 加强型塑料件和玻璃纤维的双面维修

当板件各个方向都被损坏时通常需要进行双面维修，如图 12.15 所示，其操作步骤如下：

图 12.15　双面损伤和维修

① 用脱蜡脱油脂清洁剂清洗损坏部位周围的表面。用 36 号砂轮清除超出维修区域至少 70mm 的所有油漆和底漆。
② 从维修部位孔中清除所有裂开或碎裂的材料。
③ 从维修部位背面清除所有的污垢、隔音材料等。用还原剂、油漆稀释剂或类似溶剂进行清洗。
④ 用 80 号砂纸摩擦孔的周围，形成良好的黏合表面。
⑤ 将维修部位的正面背面孔的边缘斜削呈大约 30°，使衬板更好地黏合。

⑥ 彻底地清洁维修区域。

⑦ 切割几块足够大的玻璃纤维布，盖住孔和刮擦区域。确切片数取决于原始板件的厚度。

⑧ 根据标签上的说明，准备好树脂和硬化剂的混合物。

⑨ 用小油漆刷将活性树脂混合物刷涂到两层玻璃纤维布上。

⑩ 将黏合剂涂到维修部位的背面，确保玻璃纤维布与孔周围的打磨区域完全接触。

⑪ 用黏合剂混合物浸透至少两层以上的玻璃纤维布。然后将其放在外表面上，这些布层必须接触到打磨好的维修区域。

⑫ 当装上所有的布层后，上面会形成一个碟状凹陷。使用刮刀赶出所有气泡。

⑬ 操作完毕后，立即用油漆稀释剂清洗工具。

⑭ 涂满树脂的布固化较慢，可以使用红外线加热灯来加速固化过程。使用时，将灯距离布面 300～400mm。不要过度加热维修区域，过多的热量会导致变形。

⑮ 用 50 号砂纸和砂轮在板件轮廓下面轻轻地打磨衬板，使黏合区域低于板件原来的高度，如图 12.16 所示。

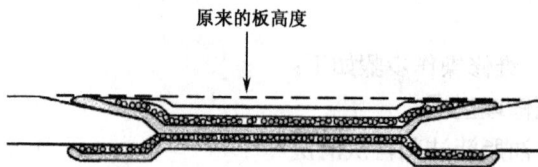

图 12.16　打磨衬板

⑯ 准备更多的树脂和硬化剂混合物，用塑料刮刀填充维修区域上的凹陷。需要使用层数足够多的材料，以便打磨光滑和修平。

⑰ 等待衬板硬化。可以用加热灯加速硬化过程。

⑱ 当衬板完全硬化后，向下打磨过多的材料，直到形成基本轮廓。用 80 号砂纸和磨块，也可以使用 120 号或更细的砂纸精磨。

⑲ 用金属薄板螺钉将金属板固定至板件的背面，同样可以完成双面维修。打磨金属板和塑料板的结合部位，以便黏合牢固。在坚固金属板之前，将孔边两侧涂上树脂和硬化剂的混合物。

⑳ 如果孔的内侧深度过大，那么只将玻璃纤维衬布黏合在外侧。经过一般的清洗和打磨操作后，将孔的外侧再贴几层玻璃纤维布。在其干燥之前，布上会形成一个碟状凹陷，使维修材料的深度更大。

3．加强型塑料件和玻璃纤维板的分割

维修人员需要在正确的分割部位进行分割。同时要知道如何避免水平支撑、铆钉和隐藏零件出现问题。更换板件取决于损伤的程度和位置。以左后侧围板为例，有三种处理方法：定购整块板、只定购前半部分和只定订购后半部分。

因为后侧围板在轮拱处分裂，不能确定分割点就在那里。用适当的背条加强连接处后，几乎可以在任何位置进行分割。

铣垫和钻垫是汽车厂家在黏合剂硬化过程中用来夹紧板件的，它们也可用于更换部件的固定、对齐和放平。在对板件进行分割时，分割位置应当处于铣垫和钻垫之间。

4. 更换加强型塑料板

① 先拆下内饰，露出水平支撑以及铣垫和钻垫。仔细检查板件的背面，测量损坏的范围。还要确定水平支撑、铣垫和钻垫，以及电气部位、机械部位的位置。

② 拆下内饰件，然后切割，准确控制切割深度。空间构架部件（如电气管线和加热制冷元件）可能在板件的后面，将切割深度限制在 6mm 以内，以避免造成损坏。

③ 窗门被割出后，板件的其余部位可以从空间构架上拆下。可以通过加热并使用油灰刀来进行这一操作，也可以小心地使用气动凿分离板件。操作时注意不要损坏空间构架。

④ 如果车门周围的板件要保持与汽车的连接，最好不要使用气动凿来分开两块板之间的焊缝，应加热并使用油灰刀来分开焊缝，避免损坏车门周围的板。

5. 安装加强型塑料板

① 拆下报废的板件后，准备将新的板件装入空间构架。首先，从空间构架上清除旧的黏合剂。有时必须加热和使用油灰刀或打磨机从构架上剥离黏合剂。

② 保留板件的外缘要打磨形成一个 20° 的斜角。打磨和清洗板件上要黏附背条地方的背面。背条由报废材料制成，并且尽可能地复制原来板件的轮廓。背条应超出分割位置的两侧大约 50mm。清洗背条，在涂抹黏合剂的地方将油漆清除。

③ 测量更换的板件是否合适。修剪板件的尺寸，再次检查是否合适。在留下的板件和更换的板件之间留一个 13mm 的缺口。正确地装上后，准备将黏合剂涂抹到新板上。在板件与保留板件相交的位置，打磨出斜面，如图 12.17 所示。

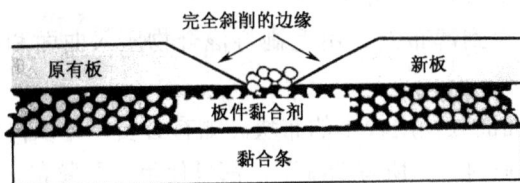

图 12.17　板件黏合

④ 将新旧板的相交边缘打磨成浅锥形，就像保留板件上的一样。确保将整个板都修出斜面。不要留下凸起部位。

⑤ 将板件周围连续涂上黏合剂，检查支撑是否水平。然后将板安装到汽车上并夹固到位。安装铣垫和钻垫螺母并牢牢地拧紧。

⑥ 黏合剂制造商会推荐工作寿命。应该遵照这个时间以确保安装正确。

6. 使用型芯修理

加强型塑料板的曲面部分上的孔修理起来比平面板上困难，最好的修理办法是使用型芯（图 12.18）更换法来解决，它是修理曲面最快速、最便宜的方法。型芯是一种曲面车身维修部件，通过在部件上涂上塑料维修材料，硬化后去除而制成使用型芯，维修步骤如下。

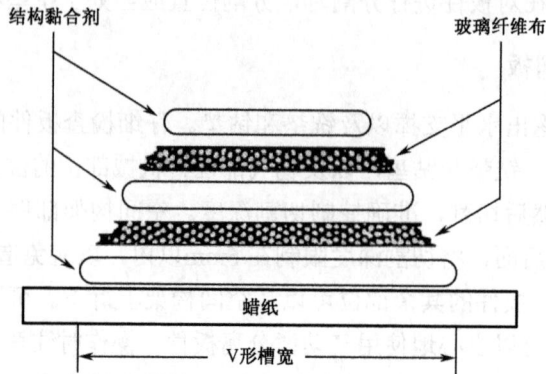

图 12.18　型芯

① 从另一辆汽车上选择与损坏的板件位置相当的未损坏的板件。可以用它作为模型。所用的汽车可以是新的或是旧的，但表面必须完好。

② 在模型汽车上，罩住比受损区域稍微大一些的区域。将蒙纸和遮蔽带贴到周围区域上，特别是板件的下侧，这样可以避免树脂黏到漆面上。

③ 用膏状地板蜡涂在该区域上。将所有表面都湿涂一层蜡。一张蜡纸可以代替涂蜡，但要确保蜡纸牢牢地贴好，如图 12.19（a）所示。

④ 切割几块玻璃纤维薄布，尺寸比要维修的区域大一些。

⑤ 按照标签上的说明将玻璃纤维树脂和硬化剂混合。

⑥ 从模型部位的一个角开始，将几块玻璃纤维布放到包蜡区，使每个边缘与下一块重叠，只使用一层布，如图 12.19（b）所示。

⑦ 用油漆刷将树脂涂到薄布上。用毛刷将混合物压入曲面和拐角周围，如图 12.19（c）所示。

⑧ 在边缘和特别的曲面处使用较小的布块。如有必要，可以再涂一层树脂，只能朝一个方向刷，将材料压入凹痕内。在所有情况下，都只使用一层薄布。

⑨ 薄边覆盖了整个包蜡区域后，型芯硬化至少一个小时。

⑩ 型芯硬化后，轻轻地从模型汽车上取下型芯，精确地复制板件的这一部分，如图 12.19（d）所示。

⑪ 从模型汽车上清除蜡或蜡纸。然后抛光板件的这部分。

⑫ 型芯一般比原来的板件大一些，所以将其放在损坏的板件下面，然后对准。如有必要，在需要调整对准的地方稍微剪去一些型芯和损坏的板件。损坏板件和型芯的边缘还必须进行清洁。

⑬ 将原来的损坏板件边缘研磨成锥面或斜面。

⑭ 使用黏合剂，在板件的背侧将型芯黏合到位。

⑮ 将浸有树脂的玻璃纤维布贴到锥面或斜面上，覆盖住整个型芯。衬布硬化之后，涂一层玻璃纤维填料将其修平。然后，准备开始喷漆。

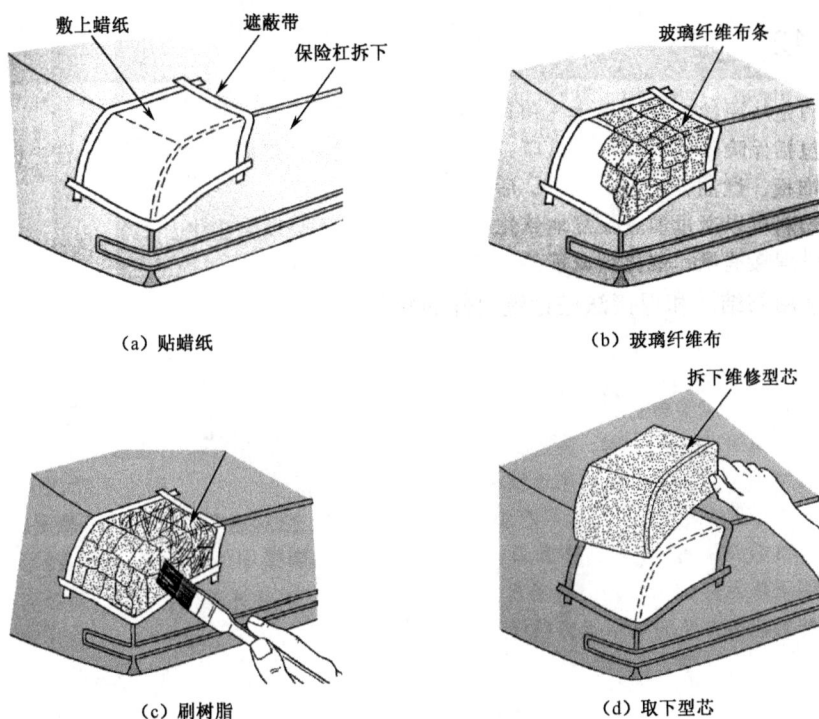

（a）贴蜡纸　　　　　　　　　　　　　　　　（b）玻璃纤维布

（c）刷树脂　　　　　　　　　　　　　　　　（d）取下型芯

图 12.19　型芯的制作

7．SMC车门板的更换

车门板更换是一项简单的维修工作，因为大多数车门板是由黏合在一起的SMC内板和外板制成的。车门外部可以用单面维修法或双面维修法进行修理，或者也可以更换车门板，车门外板也可以作为维修配件买到。

分开车门板的方法如下。

（1）加热并使用油灰刀

● 用气动打磨机磨去门板凸缘。

● 将门板边缘加热。

● 将油灰刀插入门板之间，分开黏合剂。

（2）使用气动凿

● 将凿子插入门板之间。

● 不要损坏内板。

● 凿子开始要穿透门板时，将其移开并从外部方向进行分割。

清洁内板的配合边缘，除去松脱的黏合剂、SMC或玻璃纤维部分。两个前门或滑动车门通常在整个长度上都使用超高强度钢进行内部加强。还有一些内部SMC加强件直接连接至SMC外部车门板。

拆下车门内板，查看是否有内部加强件。车门里边的前缘和后缘用金属加强件来黏合，嵌入的车梁就用螺栓来连接。

如果车梁受到撞击，仔细地检查这些部位，看是否有损坏。

习题 12

1. 怎么识别塑料？
2. 塑料有哪些维修方式？
3. 塑料的黏结有哪三种方法？
4. 塑料焊接有哪些类型？
5. 分别用黏结法和焊接法进行塑料件的修复。

反盗版声明

电子工业出版社依法对本作品享有专有出版权。任何未经权利人书面许可，复制、销售或通过信息网络传播本作品的行为；歪曲、篡改、剽窃本作品的行为，均违反《中华人民共和国著作权法》，其行为人应承担相应的民事责任和行政责任，构成犯罪的，将被依法追究刑事责任。

为了维护市场秩序，保护权利人的合法权益，我社将依法查处和打击侵权盗版的单位和个人。欢迎社会各界人士积极举报侵权盗版行为，本社将奖励举报有功人员，并保证举报人的信息不被泄露。

举报电话：(010) 88254396；(010) 88258888

传　真：(010) 88254397

E-mail: dbqq@phei.com.cn

通信地址：北京市万寿路 173 信箱

　　　　　华信大厦电子工业出版社

邮　编：100036